岡波巴大師法相

圖片提供：大寶法王中文官網

林谷祖古仁波切法照

願惑顯智

岡波巴大師大手印心要

Confusion Arises as Wisdom: Gampopa's heart advice on the path of Mahamudra

作者：岡波巴大師 (Gampopa)
注釋：林谷祖古仁波切 (Ringu Tulku)
中譯：呂家茵

目次

第十七世大寶法王序

以法教供養世界

在噶舉傳承與一種名為「tsok cho」的教法傳授類型之間，有一種特殊的連繫。在本書中，tsok cho 被翻譯成「對大眾的開示」。這一類對於團體的開示，或是大眾開示，已經成為由岡波巴大師在十二世紀最初期所創立的達波噶舉傳承的一部分。

自從空行母在某一次示現中告訴岡波巴，比起從事更進一步的閉關，傳法對他來說會是更好的選擇後，大師在他的主寺達拉崗布寺 (Daklha Gampo) 已經吸引了成千上萬的弟子前來求法。如同馬爾巴譯師 (Marpa)、密勒日巴尊者 (Milarepa)，以及這個傳承中的其他前人，岡波巴大師以最高形式的關懷，也就是傳法，來照護那些圍繞著他的群眾。追隨前人的腳步，大師也在許多弟子的禪修練習中，給予他們個人指導；對那些前來求法、特別是成群的弟子，同樣也會給予法教的傳授。這些公開的開示，就是我們所說的「對大眾的開示」。

在岡波巴大師的教法全集中，包含了五篇這樣的大眾開示。它們之中的大多數，是由參與這些課程中的弟子所寫下。認同那些從上師處所聽到無與倫比的教授，這些弟子以將這些文字保存下來留予後世來表達他們的感激。這個模式，也被持續到後世——岡波巴大師的弟子杜松虔巴 (Dusum Khyenpa)，也就是第一世大寶法王，也在當時留有「對大眾的開示」的紀錄；帕莫竹巴

(Phagmo Drupa) 與其他日後噶舉傳承中的許多善知識，也都這麼做。

就像所有讀過這本書的人之後都會清楚明白的，岡波巴大師是一位不同凡響的師長。他可以以一門單一的法教課程而觸動許許多多、形形色色的弟子。不曾離開達拉崗布寺，大師卻能夠以這樣的單一技巧將法傳入這個世間，讓他所創立的這個達波噶舉傳承，在將近千年之後的今天，依舊如此興盛。

距離人們拋下他們的世俗關注，一股腦湧入西藏那些以堅石建造的僻靜處中接受大善知識的訓練到現在，這個塵世間已經大幅改變。我們這個噶舉傳承，很久以前就離開了自己在深山中的閉關房。居住在喧囂的山谷與城市中的今天，我們面臨保存傳承修行精神的挑戰，不過，我們也因此獲得一個隨處隨地可以從事法供養的機會。

秉持這股現代調適版的噶舉精神，林谷祖古仁波切不是只坐在某個山頂指引那些來看他的弟子們，相反的，他周遊列國，盡其所能尋求在每個地方從事法供養。經由出版這本以岡波巴大師大眾開示為題的翻譯與注釋，我欣然見到林谷祖古仁波切依循岡波巴大師傳授法教的精神。我有信心看見法本與注釋、岡波巴與林谷祖古仁波切，這兩種結合，它們將成為這個世間裡，一個善的源頭。

第十七世大寶法王 鄔金欽列多傑

2011 年 6 月 16 日

供養尊勝嘉華噶瑪巴，

他是擊退四魔所有成就者之佛行事業的成就者。

噶瑪巴的教法，是一切教法的精髓，

遍滿十方，周遍且恆常，

願他永遠茁壯，願這份茁壯吉祥。

願這個實修傳承的法教，

這份吉祥的燦爛榮耀，爲這個世界增添光彩的莊嚴，

在西藏這個王國之西的雪域中興盛茁壯。

願世間處處充滿吉祥平和。

祈請您，爲這個世界帶來和平。

～林谷祖古仁波切

作者序

以大手印鎔鑄金剛乘

這本書收錄岡波巴大師所給予十八篇簡短但意義深遠的佛法教學，岡波巴大師是藏傳佛教噶舉傳承的其中一位祖師。法本原本的藏文名稱為 rje dvags po rin po che'i tshogs chos chen mo，中文大概可以翻譯為傑達波仁波切的法會開示，或是岡波巴在大眾集會的重要教學❶。除了對藏文法本進行翻譯，這本書也收錄我在 2004 到 2009 年間，在歐洲與美國講授或撰寫的某些註疏。

岡波巴出生在西元 1079 到 1153 年之間的西藏，他是西藏最有名的瑜伽行者密勒日巴尊者（Milarepa）最重要的弟子。密勒日巴則是馬爾巴大譯師（Marpa the Translator）的弟子，馬爾巴正是將噶舉傳承的法教從印度帶入西藏的人物。從密勒日巴尊者處，岡波巴大師領受了噶舉傳承中主要的金剛乘修持法門——大手印（Mahamudra）以及那洛六法（Six Yogas of Naropa）。

遇見密勒日巴尊者之前，岡波巴是一位在噶當傳承下受訓的僧人，這個傳承強調的是大乘佛教中的菩提心、空性以及悲心等特質。岡波巴日後將他在噶當傳承中學習的大乘法教與大手印、那洛六法等金剛乘法教結合；這個結合方式，塑造了日後噶舉傳承

❶ 這部法本出自《岡波巴全集》（the dvagspo'ibka''bum）, vol. kha, 1a–33b。

的研習與修持特色。❷

岡波巴大師的法教全集，後來由一位名喚雪波夏努（Sherap Shönu）的僧人集結成冊，雖然我們不能肯定，不過，雪波夏努本人也許就是岡波巴大師的一位弟子；關於他，我們所知少之又少。也有可能有其中的部分法教，是後來由其他弟子補上的。

儘管這本書中涵蓋少許大乘佛教的綜合教授，大部分的指導仍是大手印禪修與金剛乘的見地與修持方法。第一章是以依循傳統方式揭示這些法教的傳承歷史與岡波巴大師的部分生平展開這本書的內容。第二章，是一篇有關虔敬心的重要性的詳盡討論。以七種分類說明虔敬心，是岡波巴大師在其最具影響力的論述《解脫莊嚴寶論》（Jewel Ornament of Liberation）中眾所皆知的特色教授。第三章講述的是一個短故事，關於一位能夠直接與代表悲心的菩薩，也就是觀音菩薩交談的僧人，以及他代表噶當派創始者阿底峽尊者（Atisha Dipankara）向觀音菩薩提出問題。第四章，是岡波巴大師對於其被稱之為岡波巴四法（the Four Dharmas of Gampopa）的內容給予的個人指導。大師在此所給予指導的方式略顯不尋常，同時，在本章的最後片段，大師引入俱生智（coemergent wisdom）這個大手印的主要名相，為接下來講述的金剛乘法教搭建了一座橋。

接下來三個章節，是以更加詳盡的方式，從不同角度來探討大手印法門。第五章探討將俱生智慧運用在我們的體驗中，其中包括某些非常務實、將負面事物帶入修行道的建議；第六章是有關心

❷ 針對達波噶舉傳承的法教以及其歷史所整理出的一篇概述，特別是岡波巴大師傳下的弟子所創立的四大八小傳承，相關內容請參見我的另一部作品：《the Ri-me Philosophy of JamgönKongtrul the Great》，(Boston: Shambhala, 2006)。

之自性的一個直指教導（pointing-out instruction）；而在第七章，我們就體驗與體悟對於大手印的涵義進行了探討。在本書稍後，第九章與第十二章同樣著重在討論大手印法門；第九章是關於堅定對於心之自性的認知，第十二章則討論了明瞭平常心（tamel gyi shepa）深遠的重要性。

第八章對於生起次第，也就是本尊瑜伽，提出了詳盡的解釋，同時對於它如何轉化我們對於自身以及這個世界的看法有所強調。第十章探討的是如何辨別一位心靈上的師長是真是假；第十一章與十三章則以兩種極為不同的觀點驗證金剛乘的見地、禪修、行動與結果。

第十四章是關於聽聞法教時，所抱持的正確與錯誤動機，言簡意賅的解說。第十五章〈體驗過患與見地偏差〉點出了人們在修持禪修與理解空性時發生的某些典型錯誤。第十六章突顯的是菩提心那虛幻如夢一般的本質以為悲心與智慧的不可分割性。

第十七章是岡波巴大師對於從事長期閉關的弟子的衷心建議。你可以想像大師正對著一小群全心專注於修持的修行者說話，給予他們非常個別，有關必須如何行持而能獲致解脫的尖銳建議。第十八章是最後一章，列舉了弟子能夠侍奉他們上師的十種理想方式。緊接著是一篇附錄，是法本原文的英譯。（編註：中文版按慣例，將法本原文放在最前面。）

這本法本的翻譯，我是與美國的安漢姆（Ann Helm）女士共同完成的，安同時也為我編輯了這篇評註。我要感謝她所做的一切。同時要感謝錦巴喇嘛（Lama Jinpa），他是我在巴塞隆納講學時的西班牙語翻譯；還有我在漢堡講學時為我進行德語翻譯的蘿西福克斯。也要感謝瑪麗亞溫多芙凱撒為我統籌課程音檔的謄稿與存檔工作，她自己其實也承擔了這其中的許多謄稿。然而這還只是瑪麗亞過去這些年來為菩提行國際協會（Bodhicharya International）❸所付出諸多心力的片段，非常感謝她。我也要對瑪格麗特福特道謝，感謝她為我們完成，以及持續進行的那些出版與組織事務。有許多弟子們也投入了謄寫講課內容以及為這本書製作音檔等過程，我也要表達對這些人的感謝，包括加布里埃爾、伯納凱瑟、依納梅耶、瑞秋默非特、傑特摩特、保羅歐康諾、拉依瑪沙耶、大衛杜菲爾德，以及艾瑞克維諾。

最後而同樣重要的是，我要感謝十六世大寶法王促成了這本書的最初寫作因緣，以及極為仁慈的十七世大寶法王為本書寫序。祈願這本譯註能為噶瑪巴與噶舉傳承的法教興盛帶來些許的貢獻。

林谷祖古

書於甘托克，錫金

❸ 譯註：「菩提行國際協會」是一個由林谷祖古仁波切於 1997 年在比利時成立的非營利教育文化協會。這個協會收錄、謄寫、翻譯並且出版與佛教有關的教學與教育資料，同時也援助世界各地的教育與健康照護計畫。

原典

法會大開示錄

作者：岡波巴大師

藏譯英：林谷祖古仁波切

中譯：呂家茵

皈依珍寶上師❹

第一章、教法傳承（法本各章標題為英譯版，意義與藏文相近但用字略有不同）

這些教法的法脈，源自第六佛金剛總持，是帝洛巴、那洛巴、梅紀巴（Maitripa）、塔蘭（Tharlam）❺、馬爾巴譯師，以及密勒日巴與四個口傳傳承的法脈。獲得密勒日巴尊者加持的達波達梭努，或叫岡波巴，他領受了這個傳承，證得無上的成就，並且，由於在藏地傳授這些教法，岡波巴尊者為西藏這塊土地，播下了後世誕生眾多成就者的種子。

岡波巴大師將這些教法傳授給第一世大寶法王杜松虔巴，從杜松虔巴再到佐貢瑞千（Drogön Repa Chenpo），再到朋扎巴（Loppön Rinpoche Pomdrakpa），然後是第二世大寶法王噶瑪巴希。對於這些教法，灌頂之河從未消失，圓滿與解脫的旗幟不曾倒下，如水流般的加持未曾中斷，而覺醒的秧苗並未枯萎。這些教法，一視同仁地饒益著眾生，支撐住噶舉傳承的莊嚴地位。

在過去，佛陀為饒益眾生而授予達梭努菩薩灌頂，並且預言這位菩薩將會在未來投生於西藏這個冰雪之地。在這裡，岡波巴大師以珍寶上師（Ratna Guru Punya Ratna）或珍貴的索南仁欽喇嘛（Precious Lama Sönam Rinchen）這位善知識為眾人所知悉。大師以無瑕疵的堅信至心學習了阿底峽尊者與偉大上師那洛巴的教誨，進而將它們傳授給其他眾生。一位名為雪波夏努的僧人，將岡波巴大師的一些教法有系統地記錄了下來。

❹ 釋論第一章，即在講解法本這個章節。
❺ 參見釋論第一章註釋 35。

第二章、理解虔敬為必須

岡波巴上師說❻：總而言之，為了能夠修行佛法，我們需要虔敬、勤奮與智慧。虔敬是基礎，勤奮為道路，而智慧則為輔助。《中觀寶鬘論》說：

因為心懷虔敬，某人得以精進修行；
因為具備智慧，某人得以明白真理；
智慧為兩者之首，
然而，虔敬才是根本。❼

《佛說大乘十法經》（Sutra of the Ten Dharmas）：

善的特質，不會在缺乏虔敬的人們身上生起，
就像是綠色植物，
不會從燒焦的種子裡長成。❽

這個真實的基礎，藉由以下七個觀點說明：

一、生起虔敬的原因；
二、如何判斷虔敬心已經生起；
三、虔敬的類別；
四、虔敬的本質；
五、一個說明虔敬的類比；
六、虔敬的活動；

❻ 釋論第二章，即在講解法本這個章節。
❼ 編註：原漢譯經文作「具信故依法，具慧故正知，二中慧為主，信是彼前導。」
❽ 編註：原漢譯經文作「不信善男子，不生諸白法，猶如焦種子，不生於根芽。」

七、衡量虔敬的堅定程度的方法。

第一個觀點談及的是引發虔敬心的四個原因。

（一）閱讀經典時，你會生起虔敬之心。最好以供養做開始，念誦一篇祈請文，然後再誦經。

（二）虔敬，也來自與擁有虔敬心之人為友，共度時光。這裡說的，是如果與藍色染料為伍，你便被染藍，如果與紅色染料為伍，則會被染成紅色。所以結交具備虔敬心的朋友，是重要的。

（三）依止一位名符其實的心靈師長，也能讓人生起虔敬。一位真實的心靈上師，是一位知道如何能不違背任何教法而修行的人。虔敬，會在你與像這類的人相處時油然而生。

（四）禪修生死與無常，將讓你對修行這件事生起虔敬。你會明白，自己的死期是如此不確定，死亡讓人措手不及，變化迅速發生，而我們沒有任何時間可以浪費。虔敬心，也會在對於這個事實具備徹底堅定時產生。

第二個重點，是如何判斷自己已經生起虔敬心。藉由明白死亡與無常，你不再視這個世界為真實存在；經由信服因果業力，你對造作善業與惡業一事將變得謹慎，並且精進於積集資糧與淨化罪業。顯而易見，沒有什麼事會比修行這件事要更加重要，也不會有什麼東西會比法教更為重要，更值得我們思維。

第三、虔敬可分三個類別——啟發、篤定與渴望。

內含虔敬心的啟發，出自看見真正的善知識與名符其實的上師，也來自聽聞法教。虔敬心也會在拜訪神聖之處時，那種讓你感動到淚水充滿眼眶、汗毛直豎的地方時油然而生。

無論是詳盡或濃縮的教法，在你對佛陀的任何教法都再無懷疑時，帶有虔敬的篤定將油然生起，於是你修持佛法。

因為這種帶著虔敬的啟發，你渴望迅速淨化自己的障礙，以便在修行上獲得成就，這道理，或多或少，在任何一種法門修行上，都是說得通的。你渴望擁有那些更高境界的正面特質與幸福，並且解脫。

第四、虔敬的本質是不會與不含虔敬兩者攪和在一塊的。它不應該是像內部結冰、僅僅只是表面為液態的冷水，或是一個只有上層是麵粉、裡面卻是灰的容器。具備虔敬的人，會以全然正面的方式行為舉止。

第五、是一個比喻——虔敬心就像是一個能夠淨化水質的珍寶。把這類的珍寶放在汙濁的水裡時，它能使水變得清澈。同樣的，虔敬心可以消除汙垢，心於是變得清澈。

第六、虔敬的行為將導致非善行如弦月一般地縮小，而善行，則將如滿月那樣增長。

第七、關於衡量虔敬心的穩定程度，它是這麼說的：

一個不會因為欲望、憎恨、恐懼或無知而捨棄真實佛法的人，據說就是具備虔敬心的人。

如其所言，具備虔敬心的人不會因為欲望、憎恨、恐懼和無知而捨棄佛法。

第三章、向觀音菩薩提問的僧人

珍寶上師說❾：在印度，曾經有位剛出家的僧人來到大成就者東必巴（Dombipa）跟前——他是那八十四位大成就者中的其中一位，並以曾在空中騎著一隻老虎的事蹟而為人所知，僧人求訪東必巴，向他頂禮、獻曼達，並且向他表達祈求。東必巴問他：「你想要什麼呢？」

新出家的僧人說：「請求您給我一些指導。」東必巴回答他：「不。我很抱歉，但我們之間沒有法緣。去找我的學生阿底峽吧，請他給你一些指導。你跟他之間是有緣的。」

於是，這位僧人動身求訪阿底峽尊者（Atisha Dipankara）——這位以覺沃傑（Jowo Je）這個名字而為西藏人所知的偉大善知識。僧人對尊者說：「您的老師東必巴說，我應該來向您求法。請您慈悲地給我一些指導吧。」尊者傳授了他一個向觀音菩薩（Chenrezik）祈請的簡便儀軌，以及修持的方法。

僧人將這部儀軌修持得極好，產生了所有成就觀音菩薩的顯兆。他能看見觀音菩薩示現，聽見觀音菩薩的言語，而且還能碰觸觀音菩薩。他的修持是如此成功，讓他能對觀音菩薩提問，而觀音菩薩也會回答他的問題。

過了一段時間，僧人再次拜訪阿底峽尊者，向他稟告：「情況是這樣的，我可以跟觀音菩薩對談，向他提問任何問題。可是，我應該問什麼問題呢？」

❾ 釋論第三章，即在講解法本這個章節。

尊者告訴僧人他可以提問以下六個問題：

一、什麼是一切修行的本質？
二、障礙從何產生？
三、修持中，我們應當把握的重點是什麼？
四、在一切見地中，哪個見地是最重要的？
五、有多少的覺知存在？
六、如何圓滿積集資糧？

觀音菩薩答：

一、菩提心，是修持一切法的本質。
二、障礙是由於業果成熟而產生。即使是最微細的普通舉動，一旦業果成熟時，也會成為一個障礙。
三、修行的重點，應該是業力因果。
四、在所有見地中，正見是最重要的知見。
五、至於究竟有多少種意識存在，你可以說存在著六種意識，也可以說是八種意識；或者，如果把它們聚在一塊，你可以說就只有一種意識。舉個例子，意識，就像是待在一間擁有許多扇窗戶的房子裡的一隻猴子。
六、積集資糧，藉由般若波羅蜜而圓滿。

第四章、岡波巴四法

尊貴的上師告訴我們⓾：無論從事的是研習也好，思維也好、或

⓾ 釋論第四章，即在講解法本這個章節。

是聽聞、教學、持戒、積集資糧、淨化，還是禪修，不論是哪一項良好的佛法修持，都不該變成僅僅是某一項活動。相反的，佛法修持應該是具有轉化性質的。如果你好奇這是什麼意思，有段經文是這麼說的：

貪愛，瞋怒與妄相，還有那些因它們而起的行為，是不具美德的。⓫

同樣的，如果從事它們的理由，是為了獲得這一世的天人之樂，或是出自墮落或者基於俗世八風的考量而造作，那麼即便是有德之行，也會變得只是一般的作為。

因此，我們的行為是不會像那樣的。仁波切提到四法：

第一、我們所說的「法」，是依佛法而修持；第二法，是佛法成為我們的修行之道；第三法，這條修行之道能去除我們的妄相；第四法，則是妄相如智慧般生起。

在世間修行，你知道了死亡與無常，並且篤信業力因果的作用。因為害怕在惡道中受苦，為了避免自己在未來世中落入那些地方，因此，你造作所有種類的善行。你修行，是為了讓自己在未來世中獲得平靜與快樂。比如說，你是為了獲得一個暇滿人身、或是在善趣中成為天人等目的而修行，是貪圖身為一位天人或是人類的舒適，或是為了獲得身為一位天人的歡愉而修行，這就是所謂的修持世間法。

⓫ 參見釋論第四章註釋 42。

在這第二種方法，也就是出世間法的修持中，你已經理解所有輪迴存在的過患，因此對於這個肉身、天與人趣中的歡愉，不再懷有貪著。因為明瞭輪迴就像一個火坑、一座監牢、地牢、暗處或是髒兮兮的沼澤，厭惡感與悲傷於是油然而生。因為堅定相信輪迴只是一片痛苦之海，對於它的任何喜悅或優點，你再也不感覺貪愛，你想著：「我想要快點從輪迴之中解脫。」

在渴望獲得解脫的同時，你將看清較淺層的聲聞乘以及它的證悟境界存在著哪些缺點。人們會全力修持，令自己跳過苦難，進入平靜與極樂。在瞭解那個方法有何過患後，你會將自己的善行累積與淨化修持導向完全的證悟。具備獲得完全證悟的目標，這句話一語道盡出世間法，也就是如法修行這第二種層面的法。

第二、轉法為道同樣涵蓋兩種觀點——一是成為道之基礎的法，以及成為實際修行道的法。首先，是道之基礎，因為明白較淺層佛乘的不足之處，你懷抱愛、悲心與菩提心等動機去從事一切修持。這是就累積與淨化來說，或多或少你從事著各種修持，為了讓無止盡的眾生成就圓滿證悟，你心裡想著，「我希望成就三身、五智，以及佛陀的一切遍知能力。」這便是以法為修行之道的基礎。

第三、在將修法成為一條實際的修行道的過程中，你記起相對的真實（世俗諦）就像一個妄相，或是一場夢。無論多寡，你帶著愛、悲心與菩提心去做一切修持，然而在此同時，你視它如幻、如夢。既然你的修行已經兼備善巧的方法與智慧，而它們是不可分開的，你的修行，就是一條真實的修行之道。

修行之道上去除妄念，有兩個層面。第一種妄念，是攀緣於存在與不存在或恆常與虛無。這個，需要藉由練習將其視為一場夢境或是妄相的方式予以消除。

第二種妄相，是為了一己之利而行小乘佛教的修行。我們可以藉由禪修愛、悲心與菩提心對它加以消除。

第四、妄相依據般若波羅蜜多的經乘系統以及密咒的金剛乘兩種方式，如本初智慧般生起。

依據《般若經》，去除妄相的這個意識，是相對真理的一部分。這讓意識本身如同一個錯覺或一場夢。這顆觀察的心與其所觀察的事物從未被分隔，它們的無二本質，是與生俱來的純淨。究竟來說，沒有觀察，也沒有被觀察的事物。當你體悟攀緣與被攀緣的事物其實超越任何概念性的捏造、它們其實是完全和睦共存時，妄相，便如本初智慧那般生起。

金剛乘中所謂的妄相如本初智慧生起的方式，是像這樣的——一切妄念與非妄念，在你心中是無法分隔的。未被區分，它們是心之本質，是心之精髓，也是心那魔術般的展現。在本質上，被妄相化的意識，是非概念的明性。

明空，是無法被指認的。明空，是不間斷的。明空沒有一個中心或邊界。覺知，則是無根據並且不加掩飾的。

我們得直接並鮮明地明白這就是法身。心的俱生智本質，就是法身的精髓。那些共生的樣貌，就是法身的放射。一切外在看來像是明顯存在的事物，就輪迴與涅槃的所有觀點來說，它們與心的本質都是無法分割的。它們是不二的平等與簡單，生起如大樂。

把這件事濃縮成一點，那就是——妄相就是非覺知，一旦覺知如智慧般生起，妄相也就如智慧般生起。

第五章、應用俱生智慧

尊者仁波切說⓬：這是上師指導我們的，有關如何在你的修持中運用俱生智慧⓭。我們必須戴上兩種盔甲——見地的外在盔甲與智慧的內在盔甲——來將俱生智慧帶入修行之道。

穿上外在的見地盔甲，這句話的意思是，即使是為了要挽救自己的性命，你也不會去造作任何負面行為。你要持續正面地行事。

穿上這付內在的智慧盔甲，也涵蓋兩種觀點——就外在來說，是對於身體上的病痛不加以抗拒，而內在層面上，那是指你不去抗拒心中的想法與情緒。

提到不對外在生起的痛苦與疾病有所抗拒，有三種辦法——心想情況本來有可能比現在還要更糟；藉由審視分析以直驅苦的根源；以及將這種苦帶入修行之道上。

首先，是對於病痛你不會加以抗拒。過去，你並不覺得自己的痛苦只是一樁小事，不過，在你想像自己本來可能還要比這情況更糟之後，你會覺得好過一些的。

第二個方法，是要去找出痛苦的根源，著手探討這感覺從何而來？它停在哪裡？它會往哪裡去？你會發現它並未出自任何地

⓬ 釋論第五章，即在講解法本這個章節。

⓭ 參見釋論第五章註釋 46。

方，也沒有停在哪裡，更沒有要去的地方。當你清楚地理解到這件事，你的念頭，也已經平息。

將病痛帶入修行道，去理解所有的良好覺受與不舒服的覺受其實是無法分割的。是這顆心感覺生病，也是這顆心執著於自己生病的這個念頭。一旦理解這件事，你會想：「我要利用這個病痛去成就某件有益的事。」

關於不抗拒內在生起的念頭與情緒，你可以懷抱感激之心去看待自己的念頭。要不生起念頭，是不可能的。念頭、情緒、感知與感受，都是我們相當必要的東西。⑭念頭與情緒其實是美麗的！生起念頭，是自然而然的事。念頭，是我們的朋友；念頭，是修行之道；念頭，是生起智慧之火的燃料。

要著手進行這個練習，就別刻意專注在念頭上，或是去培養念頭。當你的練習正在進行中，別讓任何心境在身上逗留，最後，是別對它們心心念念。

首先，為了不讓自己刻意專注在念頭上或是去長養它們，先下個這樣的結論——不論在你心中浮現了什麼，那都是一個念頭。將念頭與情緒視為就是這顆心，視這顆心就是那個未生的法身。

對於初學者來說，運用正面的念頭去消除負面念頭，是必須的。不過，就像是壞的念頭一般，一位禪修者也會被好的念頭所束縛。就像太陽不但會被烏雲遮住，也會被白雲遮蔽，或者無論是

⑭ 普遍譯成「念頭」或「妄念」的藏文字 namtok (rnamrtog) 意思泛指在心中生起的任何事物，其中包括念頭、情緒、覺察、與感受。在這句話中，namtok 這個字的所有意涵都被提及。

黃金或鐵所打造的鎖鏈，都能把人給鍊住同樣的道理。

這裡，負面的念頭與情緒看起來就是我們的心；正面的念頭與情緒看來也就是我們的這顆心。這顆心本身看起來就是那個未生的法身。這個理解，被稱為突破的空性。

在中等程度這個層次，我們要練習的，是別讓情緒在精神狀態中延續。在如上述突破了所有正面念頭之後，如果你的心感覺到疲累，並且變得平靜，別讓自己停留在那樣的覺受上。如果有一種無念頭的體驗發生了，別停滯在那樣的體驗裡；如果對於空性產生了某種認知，也別讓那樣的認知停住。將這些體驗突破，將它們轉化為精神狀態。將這些精神狀態理解為本初智慧。視這顆心為那個未生的法身。

不攀緣的最終境界，是你克服一切精神狀態，對於突破這件事也不抱著堅持。別堅持視它為修行之道，別執著視它為修行之果，別執著於視它為見地、禪修或是行為。

提到各種不同心靈狀態是如何與空性匯合，這部分有三種比喻——經由接觸而明白，往回走，以及火與蛇。首先，經由接觸而明白的這個比喻，就像是你遇見某個以前認識的人。在念頭與情緒生起的那一刻，你馬上能察覺它們如同法身。

用來說明往後退的比喻，則像是你遇到一位素未謀面的人，或者是落入湖中的雪。雪不會立即溶解，不過一段時間後它會的。同樣的方式，你可能一時之間無法體察念頭的本質，不過，因為以前曾經見過，或是經過思維後，理解於是展露曙光。

火與蛇，是第三個比喻。火勢微弱時，風可以將其熄滅；不過，一旦火勢變得猛烈，風又會助長火勢蔓延。所以，某些針對你的嚴重指控出現了、或者你患了痲瘋病，或是任何其他可怕的情況發生了，於是你禪修，將這些情況視為精神狀態而加以突破。精神狀態被果斷地視為是這顆心，而這顆心，則被視為、並以如同未生法身的狀態而禪修。

還有四個關於如何在修行中應用俱生智的重點——第一、能夠重新建構你的理解；第二、能夠轉化不利的情況；第三、能夠去除虛妄，以及第四、運用智慧去打開佛法之門。

首先，藉由明白某個念頭或情緒是法身來重新建構你的理解力，於是，你將明白所有的念頭與情緒都是這個法身。

比如說，當你啜飲海洋中某個區域的水，你就能知道整個海洋是什麼樣的滋味。類似的道理，在你理解某根吸管的內部是空心的，你就知道，所有的吸管都是中空的。當你明白一株西藏一種名為扎布的植物的根，是怎麼長在其上時，你就會明白，根是如何長在其他所有扎布上。

其次，具備轉化逆境的能力，意思所指是藉由訓練你的心，讓所有的負面情況都成為你獲得證悟的助緣。這就像是前一個比喻中的風助長火勢那樣。

第三、說的是去除妄念，因為沒能察覺念頭與情緒的本質，因此曾經存在妄念。不過，當你直接切掉心的那些不同狀態的根底時，你察覺到它們如同法身，因此，也就沒有生起妄相的原因了。

第四、藉由智慧開起佛法之門的譬喻，是在空中疾轉一支矛。這是有關認知一切事物皆處於平等境界的體悟。

第六章、心之自性

上師仁波切說⓯：依據六度的方法，你從突破這些外在察覺的事物著手。用來說明這個道理的比喻，是藉由用力摩擦一根水平與一根垂直的棒子後所生的火。那火可以燒掉整座森林，甚至連灰燼也不留。類似的道理，我們可以運用像是「非一亦非多」這類的推理來審視各種現象，然後獲得一個明確的結論。當你突破了外在察覺的事物，這顆察覺它們的心，也就自然獲得鬆綁了。

在大手印法門中，當我們突破了這顆觀察的心，這些被觀察的事物，也會自然而然被鬆綁。提到突破這顆觀察的心，仁波切傳授我們三點——心的特徵、精髓與自性。

這心，具有兩種特徵——它以各式各樣彩色、外在的形式顯現，而且放射出各種正面與負面的精神狀態。換句話說，存在著心的精髓與兩項特徵。在天空中，也有各式各樣的彩色顯現，像是厚雲與薄雲，它們從天空裡生成，再融入天空消失。同理，各種念頭與情緒的放射，以及像是形狀，聲音，氣味，滋味與碰觸等等，各式各樣的感官的顯現，也都來自於這顆心。以這樣的方式顯現，就是心的特徵。

所謂「心之自性」，指的是你自己的覺知，也就是那些你以主格的我（I）或以受格的我（me）思考的部分。心的自性，是明空（clarity-emptiness）。它無法被確切指認出來，但也從未停止。覺知是無基礎、剛發生、赤裸裸，並且不由自主的東西。

⓯ 釋論第六章，即在講解法本這個章節。

心的本質像什麼呢？它不存在，不過，也不是不存在；它並非恆常，卻也不是空無一物。不受這兩種極端所侷限，但也無法在介於兩者之間找到它。至於切斷它，它是無法被切斷的；要說摧毀它，它也無法被摧毀。本質，是無法被改變的。就對於讓它停下來這件事，它也無法被停止。無時無刻，它都不受來去的限制。

既然這個本質無論在過去、現在與未來都不間斷，於是，它是無法被切斷的。它無法被混合。它是根本賦予、自發性的呈現，因此，它無法被摧毀。它缺乏形狀或顏色，也不是某種物質或某個事件，因此，它無法停止。當你理解它所代表的意思，那就叫做自性。它被稱為大樂，被稱為俱生智慧，被稱為非二元。

你必須了解，心之要素與它以各種念頭與情緒所呈現的發散，並不是兩件不同的事物。當你明白心的要素與特徵其實在自性上是無可分割的，那便稱為本質。當你理解這個道理，那就是三世諸佛的心要。

佛性普及眾生。
沒有一位眾生不是如此。
培養盡可能最大程度的菩提心吧，
因為一切眾生都具備成佛之因。[16]

為了要理解這是什麼意思，請以精進與虔敬心去修持，避免分心。在修持有相禪修時，就別修持無相禪修；而相反地，修持無相禪修時，也別有任何參考點。有人說，我們應該將心中的野象，以正念這條繩索栓在禪修物這根柱子上，然後以警覺心修行。

[16] 參見釋論第六章註釋 48。

不管你正從事的是哪一類的修行，努力別讓自己分心。不管從事的是哪一類的修行，運用適合於當下的上師教誨。如果你的心總是浮動而上下起伏的話，是永遠不可能達到禪修的。要了解這會是一個障礙。

第七章、大手印的意涵

上師仁波切說：⓱對於一位欲以一輩子的時間就要獲得證悟的人來說，禪修大手印是重要的。大手印是三世諸佛無二的智慧心。如果你好奇在哪兒可以找著它，看看你的心便是。

在藏文中，大手印讀作「恰嘉千波」（chagya chenpo），我們可以由藏文這個字彙去理解這個法門的涵義。龍樹菩薩是這麼解釋第一個音節「恰」（chag）的：⓲

就像把水倒進水裡，
像把奶油搗入奶油，
恰（chag）是每個人的本初智慧，
完全理解自己。

第二個音節是 gya，亦為「封印」，則涵蓋三個層面——自性封印、經驗封印、以及體悟封印。自性封印所指為「佛性徹底普及於一切眾生」。自性封印指的是心的自然狀態，沒有眾生是不具備這種自性的——即使在最深地獄中的眾生或是最小的微生物亦是如此。《喜金剛本續》（The Hevajra Tantra）中說：「腸菌

⓱ 釋論第七章，即在講解法本這個章節。
⓲ 參見釋論第七章註釋 49。

之類的生物，也擁有這種最初的自性。」

也許有人會問，只是擁有這個自性是不是就足夠了呢？並不是這樣的，這樣是不夠的。你還需要具備從禪修智慧中所獲得的體驗。那是心之自性的直接體驗，直接體驗超越生起與消逝的那道明光。

這顆心，具有兩項特徵——以各種念頭與情緒顯現的光輝，以及以各種色彩繽紛的外相所呈現的樣子。這些特徵，都與心的本質並不分離；它們是這顆心如魔術般的展現。

要把它濃縮成一點來說的話，就是——這顆俱生的心本身就是法身，而這些俱生顯現，就是法身的發散。

一切輪迴與涅槃的可能顯相，毫無例外，在本初自性上都是完全純淨的。它們完全圓滿，並且超越生起、停留與消逝。它們跳脫文字、念頭與概念，這說明所謂的體驗封印。

第三、說到體悟封印。我們剛才所說的真相，並非是由因緣關係而生。它並不是以某件事或某個實物來安立。它是無色、無形狀，並且超越任何形式的主張或反駁——比方像是存在或不存在。它是簡單而自發呈現的。要明白這項自性，即為體悟封印。

沒有什麼能夠超越這種境界，沒有什麼比它更為高深，所以藏文的用字為 chenpo，意思是「偉大」。

有關體悟 chagyachenpo，或名大手印的教誨裡，存在著禪修後生起的四種智慧：

第一、對於有情眾生，存在更大的悲心。
第一、對上師與三寶，存在更深的虔敬心。
第二、對於業力因果將變得更為謹慎。
第三、對於此世的所有貪著將變得消褪。

第八章、修持生起次第的六個觀點

上師仁波切說⓳：為了將你的修持帶進體驗中，要將無常與死謹記在心；對於業力因果有所警覺；謹記小乘佛教的不足，以培養愛、悲心與菩提心來超越它。

以此為基礎，生起與圓滿次第這兩種方法，成為了金剛乘——這個與眾不同的偉大法門——的入門。經典上是這麼說的：

對於那些在生起次第中堅定不移、並且希望從事圓滿次第修持的行者，這些一步步循序漸進的善巧方法，是由佛陀所傳授的。禪修這兩個次第的平衡，就是金剛總持教導我們的法。

修持生起次第，可以由下列六個觀點說明：第一、類型；第二、本質；第三、定義；第四、目的；第五、堅固以及第六、結果。

首先，有三種類型的生起次第修持——第一是依據某個特別的成就法（sadhana），觀想是由許多步驟所生起；第二、觀想是經由三個步驟後生起，或是第三、觀想是經由即刻憶及整個形體後生起。

⓳ 釋論第八章，即在講解法本這個章節。

其次，生起次第修持的本質，是將你的凡夫念頭與情緒轉化為本尊的清楚顯現。

第三、關於生起次第的定義，可分三部分來談。首先，是這顆心產生出本尊之身的；其次，是身與心清楚示現如本尊，以及第三，本尊被認知為心的一種唯名。⑳

有關這顆心產生了本尊之身，與其視你的身體如同某個平凡的血肉之軀，它是以本尊的形體清楚示現。

說到將你的身心視為本尊這件事，是你知道這個本尊的形態，就像魔術或一道彩虹那般，其實是一種心的展現。

說到本尊是心的一個唯名時，本尊的形態，就像一個魔術幻象。你知道它不具基礎，就只是個名號，它只是個標誌，只是一個唯名，一種定義。

第四、說到修持生起次第的目的，修持生起次第存在一個全面以及一些特定的目的。全面的目的，最好的情況，是獲得無二無別的體悟。在中階或是較低的層次，修持生起次第的全面性目的，是讓自己免於對世俗的貪著。

修持生起次第有著十二個特定目的。這些目的，與三昧耶尊、智慧尊、加持與灌頂相關。

首先，有三個理由生起三昧耶尊——它讓你的平凡妄念消失；讓你了解自己與本尊是不可切割的；以及生起三昧耶尊以讓你如同

⑳ 中譯註：唯名是指只有名稱，本質上沒有任何真實存在。藏文作 མིང་ཙམ，ming tsam。

一位持明（vidyadhara）般地守護自己的三昧耶戒。

第二、智慧尊將圓滿這三個目的——你會明白自身與本尊是不可分的；因為理解了這個不可分關係，於是你獲得本尊的加持；以及它被運用以快速獲得那至高與一般的悉地成就（siddhis）。

第三、是加持身、語、意成就三種目的：加持會將你的凡人身、語、意轉化為如來藏的純淨身、語、意；加持，是一種保護你免於人與非人危害的殊勝保護；經由加持，你將完整成就本尊之身。

第四、接受灌頂所成就的三個特殊目的是：它讓金剛乘與波羅蜜多乘（Paramitayana）有所區別；經由灌頂，所有情緒性的障礙將被淨化；以及經由灌頂，你將完整成就這個本尊之身。

第五、衡量修持生起次第的堅固，從修行者的角度來說，有三項指標，從他人的角度看來，也有三項指標。

從你的角度來說，當你在行走、坐著或睡眠時能將自己視同本尊時，你已經獲得最低層次的堅固了；達到中階層次的堅固時，你將外在的世界視為一座宮殿，而所有的眾生對你來說都已經成為本尊；還有，除此之外，當你視所有的本尊為一個幻夢、魔術，或是水裡的月亮時，這是成就最高層次的堅固。

從他人角度來衡量堅固的方法，首先是當你證悟，別人視你為本尊時，這是最高層次的堅固；中階層次，是你無時無刻都以本尊顯現；而當餓鬼們視你為本尊時，那是成就最低層次的堅固。

修持生起次第的第六點，是結果，這部分擁有暫時與究竟兩個層面。究竟的結果，是生起兩種身。暫時的結果則有三個層次——

最好的情況，是你在此生就了悟真理；中等情況，是你在來世成為一位轉輪聖王；而最低層次，你能獲得一個身為人或天人之身的好的轉世。

這也總結了岡波巴大師關於修持生起次第的六個觀點。

第九章、穩定對於心之本質的體認

請好好利用這艘暇滿人身之船；
讓自己可以從悲傷的洪流中出脫！
這艘船日後並不容易獲得，
愚癡之人哪，現在你擁有的時間，並不是用來睡大覺的！㉑

在此時，我們已經擁有這個珍貴的人身。我們已經進入珍貴的佛法教授之門。我們已經聆聽到珍貴的佛法，已經遇見珍貴而具格的善知識。現在正是去修持這些教誨的時候了，而那需要精進。有人說，「在穩定這個根基，也就是虔敬心之後，你必須穩定菩提心。」

首先，是為了在你的存在中生起的一般之道，安定你的虔敬心是非常重要的。然後，為了要堅定維護你的菩提心，你必須體認自己的心之本質，因為，那正是整個佛法的心要。

關於理解這件事，外在存在我們觀察的目標，而內在，則是這顆觀察的心。這顆內在的心，以心與心的所緣等兩種形態生起，這些被稱為心的本質與特徵。「外在事物」泛指一切位於這顆心之

㉑ 釋論第九章，即在講解法本這個章節。

外的事物，其中，包括我們自己的這個身軀。

開始時，必須體認心之自性為何；到了中間過程，你需要熟悉它；最後，那必須成為一體。

想要對此詳加解釋的話，首先，體認存在三個層面——第一，心之自性被直接、經由經驗而被體認為俱生智慧；它是無法被指出的明空。

第二、是體認到各種念頭與情緒的發散，與其本質其實不可分。

第三、是明白這些各式各樣五彩繽紛的外在事物與我們的心是不可分的。這三者之間，是無法分割的。

在中等程度階段，是有熟悉度，要藉由在僻靜處或是某個塚間適當並勤奮地修持而產生。

熟悉度會在三個階段中生起——禪修與禪修後，是不同的，禪修與禪修後，是可比較的，以及禪修與禪修後，是不可分的。

第一、當你對於自性的體認是在禪修時存在，在非禪修時卻不存在時，禪修與禪修後是不同的。在這個階段，內在的念頭與情緒並不會傷害你，不過，你也無法把它們消除。因此，請待在僻靜處，並且持續向你的上師祈請。除了保有不退失的虔敬心，將心專注於安住在平穩中，也是非常重要的事。

第二個層次，當這個自性在禪修與禪修後展現時，禪修與禪修後是可以比較的，它不受行、住、坐、臥四種日常活動所損害。對於所有發散的念頭與情緒與心之自性是不可分的這件事，你將變得更為篤定。然而，有時候，對於外在五光十色的顯現，你視之為妄想與空洞，然而在其他時候，你視它們為真實且確定的事物。在這個階段，有些禪修者會感受到一種強烈的催促，使其這麼想：「比起待在這裡，出外旅行對我來說，是比較好的。」不過，這時要持續留在某個僻靜處，這一點非常重要。

在最後一個階段，禪修與禪修後是無法分別的。俱生智慧是法身的發散。心的俱生本質，就是自性。涅槃，以及輪迴中的一切外在事物與現象，都化現為無概念性的平等大樂。在禪修與不禪修之間，並無分別。無論從事的是四個日常活動中的哪一種，都不會讓你從平穩的安住中動搖。時時刻刻，你的修持如同河水般持續流動。無需保持留意、專注，或是去思考與檢視，自性，就只是時時刻刻存在。在這一點，無論你是移動中或者停留在某個地方，並不會造成差別。既然禪修者從事的是修持，停留在某處，會比離開要來得更為恰當。有此一說，通常，禪修者可以分成兩種類型——一種是把自己的鞋子給穿壞，另一類則是把他們的坐墊給坐破。兩者之間，停留的那一種，將會更加喜悅。

舉例來說，密勒日巴尊者在深山中待了四十二個年頭，直到八十四歲圓寂前，他在山與山之間來去。我們尊貴的師長岡波巴大師曾經問過尊者：「上師，您為何總是待在山裡頭？」尊者是這麼回答的：「對我來說，身處在僻靜處或是某個市集裡，其實沒有差別。然而，在此身此世，我已經把眾生放在心上，並且努力要將他們自輪迴之中解脫了，住在城裡，並不是一名禪修者的真實之道。」

尊貴的岡波巴上師，也曾以這相同的方式修持。我們必須從事他所做過的那些修持與訓練。對於這件事，我們要非常清楚。

第十章、具格上師的特質

上師仁波切說：㉒在人們開始探索這個共通的修行之道後，如果他們想要進入非比尋常的金剛乘領域，找到一位具格的大乘佛教的師長去服侍，是非常重要的事。一位具格的上師，具有以下幾項特徵——第一、那會是一個與金剛乘傳承有所連結的傳承；第二、他是一個與仍在流傳的教言有連結的傳承；三、他的教言能連結某個可信的傳授；以及第四、那是一個與加持有所連結的真實傳授。

第一、這位師長的傳承與其出身傳承是有所關連的。這句話的意思，是指這些證悟者的傳承，是自佛陀時代至今未曾間斷的傳承。這個傳承，不能是一個含有違反三昧耶戒或是牴觸戒律而傳下的傳承。

第二、這會是一個與世上仍在流傳的語言相互連結的傳承，意思是這個口語的傳承，是由口傳口，耳傳耳，心傳心而延續的。它不該是一個只以書寫文字、或是破破的舊書所呈現的傳承。

第三、這個傳承會是一個與某個可信的傳授有所連結的傳承，意思是它的上師們確定明白這些教授的涵義，並且專精。

第四、這位師長的傳承會是一個與加持相連的可信傳授，這句話的意思，指的是既然傳承從未間斷，其中就有能讓他人心中生起美德這類的加持。因為這些緣故，我們要去尋找一位擁有以上特質的上師。

㉒ 釋論第十章，即在講解法本這個章節。

換句話說，一位大乘的善知識將具備所謂的佛法之眼，或是所謂的智慧之眼。

或者，一位具格上師，會被以以下三種方式描述——第一、憑藉著偉大的智慧，這位師長具備能在修行路上引領其他人的能力；第二、憑藉深度的悲心，沒有一位有情眾生會被遺棄；以及第三、這位師長對於世俗關注之事，不具一絲一毫的貪著。

或者，可以這麼說，這位師長必須具備下列四項特徵——對於三寶具有真實的虔敬；對於眾生具備真實的悲心；對深奧的涵義具備真實的理解，以及具備並非出自考量個人利益而從事佛法教授的發心。

我們應該要承事一位具有這些特質的出家眾。一位行為舉止有如狐狸或猴子般的出家人，對於護送我們從輪迴出離到涅槃這件事，是沒有用處的。

第十一章、如何落實見、修、行、果

尊者仁波切說㉓，就一位已對世俗關注斷除貪著之心的優秀修行人來說，首先，所謂的見，是與體悟有關的；第二，所謂的禪修，是與體驗相關的；第三，所謂的行，會與時間有關；而最後的果，則是關乎利益眾生。

首先，是見地包含兩個主要層面——心的俱生自性為法身，以及俱生顯相為法身的發散。心之俱生自性——也就是法身——在每

㉓ 釋論第十一章，即在講解法本這個章節。

一位有情眾生的心緒中呈現；而那些俱生顯相，則以各式各樣的念頭與情緒展示，以彩色般事物的模樣出現。這兩個層面——俱生顯相為法身的發散以及俱生之心本身——在自性中，是不可分別並且完全純淨的。

它們是完美的，是超乎文字或言語表達的完美；它們是原始並且自然而然地任運而生；它們是簡單的——並非由於因緣或條件而創造。一切現象的基本空與本初智是不可分的。這是延續的根本方式。那並不是某種由遠古時代的佛陀所創造的事物，也不是由某些聰明的有情眾生所捏造出來的事物。這種存在形式，被稱為見地。

這是某種必須被體悟的事物。沒有體悟，就不會帶來任何幫助。上師仁波切說：未被體悟的見地，被稱為易為極端所影響，不過，那仍然就只是一個心理上的構思。

要體悟的，是心的俱生自性就是法身，而這些俱生顯相，就是這個法身發散的光輝。一切輪迴與涅槃的顯相，都如平靜的大樂那般生起，無一例外。

這種體悟，並不是經由學習與思維後而產生的智慧，它是來自內在深處，透過大量禪修所生起的理解。具備這個體悟後，你的見地會連結到這樣的體悟。

第二、至於禪修與體驗有所連結，你體驗到的是什麼呢？你體驗到的，是體悟。體悟，就是體驗的意思。

不過，有些偶然發生的體驗，是不會連結到真實的禪修的，其中包括當我們的脈與風能同時發生時；包括眼睛看到的不同顯現；

耳朵聽見的不同聲音；以及在禪定時感受大樂、明性與無想等體驗。在這些情況裡，沒有要觀察的事物或是正在觀察事物的體驗；那就像一片完全清澈的藍天，存在的感受完全隱沒入空性之中。即使這些偶然發生的體驗將停留一段時間，稍後，它們仍將消失不見。在薩迦派的道果——也稱為修行之道與其果實——教授中，這些屬於間接體驗。

那麼，什麼樣的體驗會與真實的禪修連結呢？那是對於本質，對於俱生，以及對於自性狀態與大手印具備個人經歷的體驗；這一切所指的，都是理解你的心的自性。這種自性像什麼呢？心的自性，並不是某個存在的事物，因為它一絲一毫也無法找著；不過，它也不是不存在的東西，因為你能體驗，能體悟它。心之自性，是無法被直指辨識的明空。明空會自然生起，而且從未被打斷，一旦這件事變得顯而易見，禪修與體驗便相互連結。這也被稱為體驗與體悟同時發生。

第三、接著，修行連結了時間，這部分具有四個層次——一位初機行者的行為舉止，表現地像是一位年輕的君主；一位瑜伽士則是遵照密咒乘而行事；一位修行有成的大師，或稱為大成就者，會遵行瘋狂的智慧行事；而一位智慧的傳承者，舉手投足則是依據偉大的平和之心。

第一個層次，是一位年輕君主必須觀察，同時不讓自己違犯任何已經領受的戒律，其中包括別解脫戒（the pratimoksha vow）或優婆塞戒（the upasaka vow）。這個人還必須受持自己對於踏上生起願心與實踐菩提心的這條菩薩道修持之路，以及對於一位持明持守三昧耶的承諾。數十萬條戒律，可以濃縮成十四條根本墮罪及分支。我們要從學習與理解各式各樣的戒律著手，持續守護它們，避免墮落；最終，如果違反戒律，我們必須致力修護它、淨化它、然後維護它。

第二個層次，是一位密乘瑜伽行者的行為舉止，是依循轉化之道而行事的，這需要做到在某個僻靜處——像是塚間——進行閉關修持。在這一類的修持中，觀修我們的身體轉化為禪修的本尊，語言轉化為咒鬘，至於心意則轉化為本尊的自性。在《幻化密續》（The Mahamaya Tantra）中是這麼說的：

咒鬘、形體，以及這個絕對自性
它們是三種智慧。
藉由這三種智慧，
我們不會再被輪迴的過患所染污。

轉化身體為本尊，這裡指的是禪修中產生虛幻之身、以本尊的形態顯現的這些階段。在最高階的層次，轉化語言為咒鬘，是禪修智慧之風墻達利（chandali）——也就是拙火（Inner Heat）。在中階層次，是去計算平日呼吸中的吐氣、吸氣與閉氣。最低階層次，則是持誦本尊咒鬘。轉化心為自性，指的是你瞬間進入像是大手印這類不具形態的禪修，同時修持著金剛乘中各種特殊的法門。

說到咒鬘或秘密真言，這裡說的祕密，所指為何呢？那是你閉口不談自己的本尊，不讓人知道自己的上師究竟是哪一位，也不讓人知道自己曾經領受哪些教法，並且暗自以守護自己的身、語、意進行修持。

一位已經成就的大師，是依循瘋狂的智慧而行為舉止的。與以上描述的這種瑜伽行持有關，這位成就者的身軀，已經被轉化為本尊；言語已經轉化為咒鬘，而心思也已經轉化為自性。因此，有人說這樣的人可以讓人起死回生，還能讓事物發生與消失。這些就是一位狂智大師的行為舉止。

一位智慧持有者的行事舉止，將反應其對大平等的體悟。在日常生活的四大活動中，這個人能夠自然處在一種不被打擾的大樂空性中。這是一種超脫禪修與禪修後、一種不再學習的一致狀態。沒有什麼事情要去做或不去做，就本質上來說，一切行為舉動，都是應運而生的；一位持有智慧的人，是沒有設定計畫的。

就這四種人來說，最上乘者不應該如較低階者那般行事，而那些道行較為低的人，其行為舉動也不該如同上乘者那般表現。一旦我們的行為與自身能力產生共鳴，我們的行為，也就與此處所說的時間連結上了。

第四、就結果與利益他人有所連結這一點，一位真實的瑜伽行者不會具有觀察者與被觀察物的二元差別。他不需要刻意保持正念，或是刻意去思考任何事情。毋須費力，這位瑜伽行者自然而然便沉浸在大平等的體悟中。在果的層次，當身體結構在死亡屆臨時分崩離析，然後，你的身、語、意與那個大樂的證悟之身將變得無二無別。這個果，會在我們的體現應運而生時獲得。至於這個果將如何與利益他人建立連結，從法身開始，這些化身將自然而然、不費吹灰之力地顯現，為了他人的利益而賣力。

我們之中的每一個人，都需要運用這裡所說的見地與行持。請謹慎思量這一切。

第十二章、認得「平常心」的重要性

尊者仁波切說[24]：身為修行者，請記得提醒自己死亡與無常；別忘了業力因果；要體認輪迴以及小乘佛教的缺失；要串習慈愛心、悲心與菩提心。從此刻起，如果你想要從輪迴中解脫，就必須對tamel gyishepa，也就是所謂的平常心有所體認，因為，那正是一切佛法的核心。

平常心，那是什麼呢？它是你不摻和任何雜質的自身意識，未經任何世俗意識所破壞的意識。無論被任何種類的遲鈍或念頭隱藏起來，它仍舊保持在自己的自性狀態中。一旦你體悟它，那是所謂嶄新覺知的智慧；如果你無法認出它，那是俱生的無明。當你體悟到這件事，那被稱為「本覺」（rigpa），被稱為本質，被稱為俱生智慧；它也被稱為平常心，被稱做是本初狀態，被稱為遠離二邊。它被稱為明光。

如果能夠體悟到這一點，你已經比一位五明學者擁有更大的功德。[25]這是因為那些學者是透過概念與文字理解知識，他們也許無所不知，不過，這件事可要難倒他們了。而你，要是理解這個平常心，那麼藉由明白一件事，你將明白每件事。既然你已經掌握到要點，因此也就擁有更大的功德。

理解這個平常心，要比獲得那種如此穩定以至於不知晝夜的禪定成就來得好些。那種禪定是常見的，甚至連長壽的天神與土撥

---

[24] 釋論第十二章，即在講解法本這個章節。

[25] 這五項傳統學術為語文學（聲明）、論理學（因明）、工藝學（工巧明）、醫藥學（醫方明）以及宗教學（內明）。

鼠、熊以及其他的穴居動物，也都有這種能力。然而平常心是不常見的，這就是為什麼它擁有更大的功德。

比起依次第接受四灌頂、修持本尊生起以及體驗接觸、耳聞與親見本尊等這些事，理解平常心會是更好的事。親見本尊是純淨的相對真理（譯註：世俗諦），也是某人的障礙已經窮盡的一種徵兆；不過，理解平常心才是究竟真理（譯註：勝義諦），所以是更大的功德。

比起具備更加靈敏的眼耳等五種覺察力（譯註：神通），能對平常心有所理解，是更好的事。那些神通都伴隨著染污，即使是鬼界與動物，也能擁有這些能力的。一旦你理解了這種平常心，你所具備的更高覺察力是無垢的，因此也就更加不可思議。有段經文是這麼說的：[26]

智慧啊，智慧是那個顯著的區別。[27]
具有智慧者，明瞭存在與不存在。

與其不去體驗覺察，或是讓那裡沒有可覺察的事物，去擁有那些體驗的閃現，或是沉迷在有如一片完全清澈的天空般的那種空性狀態中，去理解平常心的意涵會是更好的作為。這麼說，是因為上述都是經由推論而生的歸納；然而，對平常心具備理解那才是真正獲得了要點；那是以直接的覺察為基礎，因此具備了更大的功德。

[26] 參見釋論第十二章註釋 52。

[27] 在目前我們能找著所有《聖妙吉祥真實名經》藏文版本裡，這句話的用語都和岡波巴大師引用的版本用字有一處出入。在其他版本中，第 57 行是智慧、智慧是那個偉大的源頭，至於大師引用的版本則是智慧、智慧是那個偉大的分別。我們依照的是岡波巴大師的文本來翻譯這一個句子。

對於平常心具備理解，這是無上知識之王。既然平常心並不是辨識理解的對象，它被這麼描述：

憑藉深厚的知識，在一剎那時間內
一切現象（法）完全被理解，
一切現象徹底被實現。

這正是它身為本初智慧之王的緣由。本初智中的五種智慧，都包含在平常心之中，因此，那是現象的基本空。藉由理解領會者與被領會之事並非兩件事，那是具有區別 - 覺知的智慧。它說：

在一瞬間，一切細節被了知，
在一瞬間，佛性圓滿。
在心的一瞬間，一切遍知。

毋須藉由這五條智慧修持之道前進，也毋須急在一時前進。在一瞬間，一切希求都被圓滿，那便是成所作智。由於在這個相對世界中的一切事物都被理解如鏡中影像一般，於是達到大圓鏡智。所有的輪迴與涅槃都是某人自身的覺知，那是平等性智，因此，經文是這麼說的：

佛性沒有起點或終點。
本初佛是沒有起因的。
智慧那無垢而單一的眼，
智慧的具體實現，即為如來藏。

這就是平常心如何成為智慧之王的由來。平常心，是一切功德之王。沒有比上述那些神通要來得更為高深的覺察力了，不過，平常心還要比它們再更高深一些。平常心是所有三摩地之王。無論曾經體驗任何形式的三摩地，一旦體悟它，任何三摩地都將形同為外殼或莢了。平常心，是整個佛法的精髓，也是所有輪迴與涅槃之根，因此，追根究柢，那是有關你是否已經體認平常心的問題。所以，能認出這種平常心，是非常重要的。

第十三章、瑜伽行者的解脫之道

尊者仁波切說：㉘對於一位已經體悟大手印的瑜伽行者，第一點，所謂的見地，是免於兩種欲望的；第二點，所謂的禪修，是免於三種階段的；第三點，所謂的行，是遠離有所謂前後（不在當下）的行為；以及第四點，其結果，是免於希望與恐懼的。

就見地遠離兩種欲望這件事，首先，在已經體現遵循的根本之道後，我們也許想在毫無異議的態度下希望他人的見地跟自己的見地相似。第二，我們也許想要在自性的修持中，一個接著一個地獲得成果。我們需要讓自己免於這兩種欲望。

第二、禪修是超脫這三個階段的。有別於將禪修分為前行、正行與結行等三個階段進行，我們的修持，應該隨時遠離這三階段。我們的禪修，必須是瑜伽禪修，就像某條河裡從未間斷的水流那般，永遠不會從真實的自性偏離。

第三、所謂的行，是遠離稍早與稍後作為的，這句話指的是摒除像是「首先我要做這個，然後我要做那個」之類的念頭。簡言之，行者是沒有計畫的。另一個闡明這個道理的說法為行者是免於造作拒絕與接受這兩種行事的。行者已經自在於想要擺脫情緒上的

㉘ 釋論第十三章，即在講解法本這個章節。

折磨以及想要以成就智慧作為解脫之藥的欲望。我們需要讓自己免除一切的否定與肯定行事。

第四、體證的結果，是免於希望與恐懼的。這裡指的是擺脫希求證得涅槃及懼怕在輪迴中流轉。簡言之，藉由理解輪迴與涅槃是不可分的大樂，對於上證佛性便不再具有希求，對於墮入輪迴也不再感覺恐懼。

請明白，一位具備體悟的瑜伽士，必須要是像這個樣子的。

第十四章、聽聞佛法的理想方式

尊者仁波切說：[29]一般說來，聽聞佛法涵蓋兩個層面——理想的動機，與理想的應用。

完美的動機包含四種態度：第一、「我希望聽聞佛法，並不是因為我想變得有名，而是為了帶領所有眾生橫渡這片輪迴受苦的汪洋。」第二、「我希望聽聞佛法，並不是為了獲得榮耀與收穫，而是為了獲得遍知一切的智慧。」第三、「我希望能聽聞佛法，不是為了贏得辯論，而是想要戰勝我心中的那群煩惱敵軍。」第四、「我想要聽聞佛法，並不是因為想讓自己的師長露出破綻，而是展現我對師長與其教法的尊敬。」

在佛法上下功夫的最好方式包括三個部分——前行，正行，以及結行。第一、前行是由菩提心所策發，在此同時，行者明白萬物皆如一場夢，或是一個幻象。第二、所謂的正行，是在聽聞一切

[29] 釋論第十四章，即在講解法本這個章節。

法教的同時去修持六度。第三、結行，是將自己聽聞的成就迴向眾生得以獲得證悟。

統整上述這些要點進行修持時，心裡要這麼想：「我將立足於無數有情眾生的圓滿證悟之上，眾生，就像是一個幻象或夢境。為此之故，我將成就圓滿證悟。為了要完成這件事，我要聽聞珍貴的教誨，去理解它們，實踐它們並且奉行它們。」我們需要生起這類的特殊動機。總的來說，聽法時具備一個完全純淨的動機，這是重要的。

第十五章、體驗的陷阱與見地的偏差

尊者仁波切說：[30]所有的過患中，何者為最？那是對於世俗之事的貪愛。除非將我們的心從世俗之事上移開，否則，我們是不可能成為一位偉大的禪修者的。

修行時，存在三種與體驗有關的陷阱與四種遠離正確見地的偏差。在三種與體驗相關的陷阱中，首先是在意自己擁有一個舒適之身、快樂之心，以及遍滿全身的大樂體驗。

透過對於這些事物存在貪著以及毫不隱瞞的執著，其結果，是讓這些事物對我們來說變得異常重要，而這正是我們長久在欲界中輪迴的原因。倘若在那樣的心境下臨終，人們將投生到欲界。在經歷大樂以及欲界中的狂喜後，要在惡趣中無止盡輪迴是毫無困難的。

[30] 釋論第十五章，即在講解法本這個章節。

第二個陷阱，與在不帶睡意（譯註：昏）與暗鈍（譯註：沉）的情況下所產生的明性體驗有關。由於對明性有所貪著，而將其看成是最重要的事，此人將會因此投生到色界。在經歷這般大樂與色界的極樂體驗後，想要墮入惡趣，那是毫無困難的。

第三個陷阱與不為念頭與情緒之風所影響的體驗是有連結的。對於這種心理狀態感到貪著，並將其視為無上之事，那是導致我們無止盡在無色界中存在的原因。如果人們在那樣的心境中死去，他們會投生到無色界。在體驗了大樂與那個境界中的極樂體驗後，某人將無止盡在三惡趣中游移。

即使沒有上述三個方向偏差，還有四種偏離空性的可能。

第一、那是一種把存在的根本基礎視為一門知識科目的偏差。也許有人會說：「一切攀著心與攀著之物，最初都是純淨、是解脫的。從一開始，證悟就存在；從一開始，自然呈現就存在。禪修不會讓事物變得更好；不禪修，事情也不會變得更糟。沒有什麼正面或負面的問題。正面舉止不會帶來幫助；負面舉止也不會帶來傷害。把你的頭伸進一只黑色袋子，以及把你的頭放到一隻山羊的腸子裡，這兩件是同等的事情。」這麼說，只是嘴上空談。這就是一個人如何把空性偏差成了一門知識科目上的見解。

第二種偏差，是將空性視為一帖解藥。一般說來，我們從事學習、思維與禪修，都是為了使它們成為煩惱的解毒劑。這種說法，從論頌——那是一位新進僧侶要學習的戒律法本——到《密集根本續》（Guhyasamaja Tantra）都能應用得上。這說法也可以應用在與禪修相關的主題上，從死與無常到無生自性，也到持戒、積集資糧與淨化業障等修持上。

斬斷煩惱之根，這很重要。倘若能從根部就斬斷煩惱，那就像是從根部砍樹。無法做到這一點的話，一旦生起五毒或三毒，你也許會做出假設，那是以分析為基礎的行事，認為既然它們的自性為空性，所以它們並不是真的存在 。也許，雖然以它們從未被創造的這個觀點來進行禪修感覺上似乎對我們會有幫助，然而那並不會削弱或壓制它們，要比從根部就把它們砍掉來說少很多。這就是將空性視為煩惱之解藥的一種偏差。

第三種偏差，是將空性加諸在一切現象上，有如一帖欲消除執著於視事物或行為舉止具有堅實存在與特徵的解毒劑，你也許會邏輯地藉由推理將它們分析為「非一也非多」，以此證明它們為空性的存在。或者，你可能試圖以空性或觀空咒淨化它們 。再或者，你也許藉由表達三輪清淨這種非概念性的無上認知試圖證明它們是不存在的。起初專注於視某物為堅實存在，然後再以空性置於該事物之上，以此創造它為不存在的自性，這是將空性施加在眾多現象之上的一種偏差。

第四、最後，還有一種偏差，是將空性視為修行之道。一般說來，體悟這個或稱大手印的真實自性時，根、道、果這三者已經在這個單一的自性中圓滿。真實自性並不是由這顆心所造；它是由內在生起。對此，《聖妙吉祥真實名經》是這麼說的：

正覺無垢亦無邊，
最初正覺亦無因。
獨一智眼無垢染，
具足智身即如來。

缺乏具備這層理解的話，你也許會想：「經由以禪修空性為修行之道，我將獲得三身五智、擁有成為一位遍知一切的佛陀的徵兆與印記這樣的成果。」這是將空性視為修行之道的偏差。

總結來說，不讓自己犯下這些錯誤，是很重要的。

第十六章、如幻、如夢的菩提心

尊者仁波切說：[31]在大乘佛教體系中，不管是持戒、集資淨障、或者是布施，這一切修持的層次本身，都不是最重要的。修持者的發心，才是其中最重要的因素。以一個純淨的動機開始任何的佛法行持，這是非常重要的。為了要生起一個特別的發心，一位修持者要以一種精巧、適中，或簡潔扼要的方式來產生菩提心。

發起菩提心的詳細儀軌，是思維：「我必須帶領無邊無際的眾生橫渡輪迴之海，這如夢或幻覺一般無邊無際的眾生，我不會將他們帶往小乘的聲聞乘或辟支佛的證悟之境，我要將他們安置在無上的證悟之中，因此，我自己必須獲得完全而圓滿的證悟。為了做到這件事，我會完成各種不同類型的禪修、修持與修法。」

中儀軌的發菩提心，為了要讓一切如假相、如夢一般的有情眾生擁有完全的證悟，我會做這個跟那個。」短儀軌的發菩提心，則思維：「我會圓滿這個修法來利益所有如假相、如夢般的眾生。」

一般來說，無論是何種形式的淨罪集資，在最初，都是藉由虛幻如夢般的菩提心，以擴大、適中或濃縮等形式的動機而策動。在正行的部分，佛法是以如同一個幻象或一場夢那般修持。結行

[31] 釋論第十六章，即在講解法本這個章節。

時，這個如假象與夢一般的功德迴向給有情眾生。這個迴向者（本人）以及被迴向的對象（有情眾生），還有這些被迴向的功德效果，全都如同幻覺與夢一般，因此，它們與自身這顆心是無法分割的。它們都是心之自性的魔幻展示，本質上是無二無別的。

第十七章、給閉關者的由衷建議

尊者仁波切說：[32]所有集聚在此的偉大修行者啊，如果想要從事真正的修行，你們必須切斷對於此世的關注，要達到可以放棄一切的程度，連你的身體與性命都可以捨棄的程度。

將你的食物與衣服減低到最低的需求程度，然後從事修行。為了真正從事修行，你必須保持在一個僻靜的閉關。最高等的修行者，是如同一隻獅子般前往雪山之中修行；中等層次的修行者，是如一隻老虎般走入森林修行；至於較低層次的修行者，是如一隻禿鷹般走入岩石多的山裡。別像一隻狐狸那樣繞過城鎮邊緣，潛入陰森森的墓地。

通常，如果你對食物與衣服過度貪著，那是無法待在山裡的。能夠只穿著一件棉布衣，只靠著少許食物過活，這是很重要的。不管你想要成就的目的為何，無論目的是大是小，當生活順遂時，你沒問題；而當事情變了樣，那也沒關係。不管發生什麼事，我們的思考方式，必須是這個樣子。

[32] 釋論第十七章，即在講解法本這個章節。

一般而言，要從事修行，你不該期盼從他人身上獲得太多。別變得難以取悅，或是輕易就容易被惹惱，最好是不要去計算自己對他人做了多少善行。我一直不讓自己記起我對人們做的善行，雖然，我真的認為自己應該對你們都帶來很大的幫助。

總的來說，無論是弟子的行為使師長蒙羞，或是師長的行為讓弟子感到羞恥，這兩件事，其實是一樣的。而我並不想使你們丟臉。最好的結果，是我讓所有的弟子都能在此生獲得無上證悟。再其次的最好情況，是讓我的弟子能在中陰身時獲得證悟；最差的情況，至少是他們會在某個來世達到證悟。

我要對你們提出請求，請別斥責自己。如果能對自己展現真實的仁慈，事情將會如我所希望的那樣發生。

總的來說，當你修行，別做那種只在嘴上談修行的人，也別做那種只沾一點邊的人。別挑那些簡單的法門修持，也別一年只做一回修行。

即使人們已經知道你是一位修行者，而你也認為自己是一位修行者，還是存在你可能會如一位凡人那般死去的風險。禪修三士道、念死無常以及業力因果，這是非常重要的。這些禪修，將成為使我們精進的那條鞭子。

通常，對於那些已經進入佛法修持之路的人來說，這種轉化的作用方式，是最高等的修行者會在死時帶著微笑往生，他們充滿喜悅與深度的自信。他們，是從快樂啟程前往快樂。

面臨死亡，中階層次的行者是已經對它不會帶有恐懼的。再低階一點的層次，行者不會有任何後悔遺憾，不會想著「我的身、語、意已經做完這件事，也做完那件事了。」

偉大的修行者選擇留在僻靜的閉關處，是因為他們已經放棄一切活動，放棄一切娛樂消遣，他們想要在與世隔絕的環境下，一心一意地從事心靈修持。如果你喜歡參與娛樂消遣活動，喜歡留在城鎮中、過著社會群居生活時，那看來是合宜的；然而，如果真的開始從事閉關，別再比住在城市中時更加創造你的休閒娛樂活動了。勤加修持你的心靈修練吧，因為佛法是一個如此偉大而無窮無盡的珍寶，是一個就像如意寶那樣的寶物。那是你生生世世的累積，是無比重要的事物。

一旦開始修持佛法，你必須經由熟悉它來獲得完美。見地，必須在禪修中被運用。這麼做能保證他人的福祉。少了這麼做，利他的舉止將可能傷害自身，也會讓它變得難以帶來任何幫助。因此，最開始的步驟，應該是成就自己的目標，在那之後，你也能培育弟子。為了要成就你自己的目標，讓自己保留在一個與世隔絕的狀態，這是非常重要的。

說到要在閉關中生存，歷代大寶法王，教導我們五項重點：

第一、是行為舉止擺脫偽善；第二、確定這個方法會在各式各樣的情況下支持自己；第三、是對於這些開示達到精通；第四、透過虔敬心來激勵自己；第五、具有克服小問題的能力。

同樣地，我們的這位啟蒙師長岡波巴大師，也提出與閉關有關的四個觀點：第一、對於教誨具備信心；第二、對於自己的能力具備信心；第三、對於你的體驗具備信心；以及第四、對於見地具備信心。

要依照這些重點行持，必須視你的師長為佛。持續向你的師長頂禮，並且長時間追隨你的上師。像一隻雞在搶食那般的對於法教囫圇吞棗，然後再放自己大假，這並不是正確的作法；另外一方面，也別與師長變得過度熟悉。別對這些教誨感到厭煩，也別讓自己的虔敬心失去新鮮度。這些，是非常重要的觀點。

我們必須這麼想：「我已經獲得一個暇滿的人身，已經進入珍貴的佛法教誨之門，領受了珍貴的佛法，已經遇見一位如此珍貴並且具格的師長，也被授予珍貴的教誨。我現在有修持的自由。這一切的吉祥條件已經聚合，所以，我必須從事禪修。」如果你是在這樣的時間點禪修，這個禪修的狀態絕對不可能不發生。要是它不發生，那是因為你不去做這件事。

為了要取悅師長，最好的承事，就是弟子身體力行地去修行。中等層次的承事，是透過身與語供養師長；最低層次的承事，才是物質供養。如果真實去行佛法修持，將會成就一切目的——那包括你自己的，還有別人的都算在內。然而，如果不是依循這種方式修行，那麼，你就有苦受了。人們會藐視你，奚落你，其結果，是讓你投生惡趣。

要以一種真誠的方式來修持佛法，來生起虔敬的力量、敬意、喜悅的努力，還有解決問題的方法。別讓你的上師、金剛師兄弟蒙羞。別成為令別人造作負面行為的那個原因。至少，我請求你們每一個人，讓自己遠離以一種負面的風格生活。

第十八章、承事上師的十種方式

依據噶當派傳承，尊者仁波切傳授我們弟子應該如何承事自己上師的十種方式。㉝

第一、是以虔敬心承事這位心靈大師，對此不曾感覺疲倦或乏味。要這麼做，你應該依循那些大成就者的典範。

第二、是以不懷吝嗇的心來供養物質財富以承事師長。這與經典《事師五十頌》中所說：「甚至是供養那些不會被用於供養的事物，像是你的子嗣，妻子以及自己的生命。」

第三、要以一種沒有瑕疵並且高尚的發心來承事師長。此處瑕疵所指的可以是以一位聲聞或獨覺、或是任何其他較為淺層的發心。相反的，我們的發心，必須完全純淨並且高尚。

第四、以未妄化的智慧來承事這位善知識。這句話的意思，是你不應該被上師的教誨，包括教誨中的邏輯所困惑。

第五、以崇敬與不傲慢來承事這位師長。這裡的意思，是你要視上師為一位醫生，視自己為一位病患，而佛法，則是醫藥。以如同病患稱揚他們的醫師那般地去稱揚你的上師。

第六、要以毫無遲疑的奉侍來承事這位師長，意思是不管上師說了任何事情，弟子不帶一絲懷疑。

㉝ 釋論第十八章，即在講解法本這個章節。

第七是要誠實、不帶欺瞞地承事這位師長。摒棄說謊與欺騙，要對師長懷抱由衷的崇敬心。

第八、以帶著彈性——而不是一絲不苟或著驕傲的心態——去承事你的師長。與其鋒芒畢露，或是對於自己的出身感到自負，你必須行事謙卑並平和。比如說，如果你正在寫字，而這位金剛乘的師長要你把英文字母 P 的底部切掉的話，你就是會這麼做。你必須去做上師所說的任何事。

第九、以耐心、並且沒有憤怒情緒去承事這位善知識。這句話的意思，說的是你必須像上師那洛巴那樣去經歷十二個考驗。

第十、視這位師長如一位非比尋常的本尊化身那樣地承事他。無時無刻，都要視你的上師為佛，而不是把他當作凡夫俗子。

為了承事一位師長，具備這些特質是重要的。只是做自己想做的事，那是不合適的。

這些就是由僧侶雪波夏努收錄寫成、珍貴上師岡波巴大師的部分教授。願此成為善緣！

釋論

岡波巴大師法會大開示錄

釋論者：林谷祖古仁波切

第一章

教法傳承：

穿越時空的呼喚

灌頂之河從未消失，圓滿與解脫的旗幟不曾倒下，
如水流般的加持未曾中斷，而覺醒的秧苗並未枯萎。

楔子

幾年前，我與香巴拉出版社的創辦人山姆貝茁茲（Sam Bercholz）碰面，得知他與第十六世大寶法王及丘陽創巴仁波切曾經有過一次會面，應該是1970年代在美國的事。山姆對我透露，這兩位大師告訴他，有一本收錄了岡波巴大師對大眾開示教法的小書，當時在印度已經找不到，如果未來他能找著這本書，希望他能讓這本書被翻譯成英文，並且出版。所以，山姆見到我時，請我為他找這本書，如果可能，請我將這本書翻譯成英文版本。

不久之後，我看到一套那時剛剛出版，一共六冊的岡波巴大師作品集。在閱讀過程中，我讀到許多優雅而簡潔的開示。我不能確定，它們之中有哪些是出自第十六世大寶法王與丘揚創巴仁波切提到的那本岡波巴大師的小書。儘管如此，我翻譯成英文的這部法本廣為人知，所以就算它並不是兩位師長所說的作品，依舊是

一部非常優質的法本。

就讓我們從這部法本的標題開始看起——《岡波巴大師法會大開示錄》[34]。法本的藏文標題中，是以傑·達波仁波切稱呼岡波巴大師。在西藏語，傑意指上師，達波是大師居住的地區名稱，至於仁波切的意思為珍寶。說到大師最廣為人知的稱呼，岡波巴，則是源自岡波達兒（Gampo Dar）這個地名，那是他的寺院所在。

達波與岡波都是地名，而且，也許它們根本是同一個地方。岡波巴本人也有好些不同的稱呼，包括「達梭努」（Dao Shönu）以及索南仁欽（Sönam Rinchen）。不過，大師在西藏是以達波仁波切（Dakpo Rinpoche）這個稱呼較為藏人所熟知，這也是這部法本中提到大師時使用的稱謂。接下來是法本的藏文名稱—— tsok chö chenmo，tsok 是集會或大眾，chö 是教法、開示，chenmo 的意思則是莊嚴，所以，這部法本涵蓋的內容，是大師對大眾的開導訓示，或可說是大師對法會的偉大教授。

再下來是一句簡短的禮讚——皈依珍寶上師。這句話表達出對師長敬意的簡潔禮讚，就字面含義來說它是「禮敬這位如珍寶般的上師」。禮讚以梵文而非藏文書寫，藉以顯示出印度才是這些教法的源頭。在藏文法本中，使用梵文為開頭呈現禮讚，是非常常見的情況。

[34] 譯註：智學法師完成之中文版譯名為《法會開示錄》，原書英文作 Gampopa's Great Teachings to the Assembly。

灌頂之河從未消失

> 這些教法的法脈源自第六金剛持——偉大的金剛總持，它是帝洛巴（Tilopa）、那洛巴（Naropa）、梅紀巴（Maitripa）、塔蘭（Tharlam）、馬爾巴譯師（Lord Marpa）以及密勒日巴（Milarepa）與四個口傳傳承的法脈。

這些特殊的教法傳承，都源自偉大的金剛總持，也就是本初佛。這麼說也許令人感覺困惑，所以我們先來看看本初佛這個名號。有許多金剛乘教法都將自己的傳承回溯到金剛總持，據說他是第一佛的本初佛。然而，我們也說每一位獲得證悟的眾生的作為也如同金剛總持。這是怎麼發生的呢？看起來，你可以成為本初佛這件事，是有矛盾的。為了成為覺悟者，你必須研習並實修已經證悟者的教言，所以你顯而易見地不會是那第一位佛。

這裡需要理解的，是當人們證悟時，他們並不是覺得：「喔，太棒了！我今天證悟了。」他們的感覺應該是：「我一直是覺悟的，為什麼以前我都不明白這件事呢？」他們醒悟到的是自身恆常存在的佛性。這便是每位眾生如何能如金剛總持，也就是這位本初佛，以一樣的方式獲得證悟。

佛陀的所有教法，都是出自這位覺悟者的親身經歷，所以人們說，金剛乘中所有教法的傳承都追溯到金剛總持。即使是釋迦牟尼佛所傳授的教法，這麼說也是真實無誤的，因為世尊就是以金剛總持的化身來傳授金剛乘的教法。即使不是釋迦牟尼佛親自傳授的密續，也主張自己的源頭，始於本初佛金剛總持。

總而言之，我們說金剛乘的教法始於金剛總持，有時釋迦牟尼佛也被稱為金剛總持，有時候你也稱自己的根本上師為金剛總持。當你由於明白自性而獲得證悟時，那樣的你也稱為金剛總持。

帝洛巴尊者被公認是噶舉傳承的創始者，有時候我們說這個傳承是金剛總持直接傳承給尊者的。從某方面說來，當帝洛巴尊者證悟時，因為他的覺悟與本初佛有直接關係，所以看起來好像尊者是無師自通。然而，這並不表示尊者從未自任何人身師長處獲得教授。尊者曾經師承過許多師長，這是接下來我們為何要提四個口傳傳承的理由。

四個口傳，指的是帝洛巴尊者所依循、隸屬於那洛六法的四個主要傳承——它們分別是龍樹傳承，恰雅巴（Charyapa）傳承，拉瓦巴（Lavapa）傳承以及偉大紅空行母蘇卡悉地的傳承。尊者自龍樹菩薩處獲得幻身與明光等教法；他向恰雅巴學習拙火（Tummo），又稱內在之熱（Inner Heat），這個法門運用我們體內的輪（chakras）與脈（channels）來產生熱度與大樂空性（bliss emptiness）。

密勒日巴尊者與他的弟子修習這個法門，讓自己能在藏地的嚴寒氣候中僅僅穿著一件單薄棉衣。在拉瓦巴座下，帝洛巴尊者獲得睡夢瑜伽的教法；在蘇卡悉地（有時我們會以另一個名字嘎娃桑姆（Kalpa Zangmo）稱呼她）座下，帝洛巴學習到頗瓦法（Phowa）——就是遷識，與中陰（Bardo）——說的是四個或六個中間狀態。我們常常稱為那洛六法的這些法門，事實上是由帝洛巴傳給那洛巴，所以它們其實應該要被稱為帝洛六法才是。

傳承中的下一個主要人物，就是那洛巴。早年，他名列那瀾陀大學中成就最高的學者之列，日後成為印度境內最偉大的瑜伽士之一。那洛巴將這六個法門傳給西藏的馬爾巴譯師。在印度期間，馬爾巴譯師也追隨梅紀巴與塔蘭㉟兩位師長學習，特別是前者的大手印。正如你可能已經知道，那洛六法與大手印，是噶舉傳承中最究竟的教法。後來，馬爾巴譯師將這些教法傳授給他的學生密勒日巴——他是西藏最有名的瑜伽行者。因為習慣以唱誦像是《密勒日巴十萬道歌》那樣的歌唱方式傳授教法，人們也稱密勒日巴尊者為「那位吟唱的瑜伽行者」。於是，這些教法從帝洛巴傳給那洛巴，從那洛巴傳到梅紀巴和塔蘭，然後是馬爾巴，再從馬爾巴傳到密勒日巴以及岡波巴，然後傳給了今天的我們。

獲得密勒日巴尊者加持的達波達梭努，或叫岡波巴，他領受了這個傳承，證得無上的成就，並且，由於在藏地傳授這些教法，岡波巴尊者爲西藏這塊土地，播下了後世誕生眾多成就者的種子。

大手印教法與那洛六法，從密勒日巴傳承到岡波巴。世人稱呼岡波巴的名字，包括達梭努（Dao Shönu），意思是年輕的月光。證悟後的岡波巴也引導了為數眾多者邁向證悟，因此，整個西藏，充滿了「成就者」（siddhas），也就是覺悟者。

岡波巴大師將這些教法傳授給第一世大寶法王杜松虔巴，從杜松虔巴再到佐貢瑞千（Drogön Repa Chenpo），再到朋

㉟ 塔蘭是印度大成就者庫庫里巴的另一個稱謂。馬爾巴譯師將庫庫里巴尊稱為是「那位向我展示出解脫之道的師長」（此句藏文表達是 tharpelamtön，日後被精簡為 tharlam，成為這個稱謂的由來）。庫庫里巴在梵文中的名喚「Jnanagarbha」，藏文中則是「YesheNyingpo」。在廓譯師雄努剖（GöLotsawaShönu Pal）於 1476 年出版的《青史》中提到，馬爾巴在西印度一個名為 Tulakshetra 的城市裡，向塔蘭學習《密集根本續》（the Guhyasamaja Tantra）。（譯註：The Blue Annals 意為西藏教法流通與教說者出現順序之青冊，為西藏佛教史籍之一。本書為西藏佛教史書中最可信憑者，所述自松贊干布時代迄成書年代（1478）止，共歷時八百四十八年。）

扎巴（Loppön Rinpoche Pomdrakpa），然後是第二世大寶法王噶瑪巴希。

自岡波巴處，這些教法全數傳授給予第一世大寶法王杜松虔巴，形成一個未曾間斷的傳承，從杜松虔巴到佐貢瑞千、朋扎巴，然後是第二世大寶法王噶瑪巴希（Karma Pakshi）。從那時至今，不曾間斷。

所以，內容如詩一般的法本說：

對於這些教法，灌頂之河從未消失，圓滿與解脫的旗幟不曾倒下，如水流般的加持未曾中斷，而覺醒的秧苗並未枯萎。這些教法，一視同仁地饒益著眾生，支撐住噶舉傳承的莊嚴地位。

這裡所要強調的是一個不間斷的傳承。真正的傳承，不僅僅是一位師長將教法傳授給一位弟子；一個真正的傳承，指的是一位證悟者將教法傳授給弟子，這之中的有些學生經由修行這些教法而獲得證悟，然後再將這些教法傳給其他更多的眾生，而這些眾生中，日後也將出現因此而證悟的成就者，依此類推。所以可能只有一位傳承者，也有可能出現多位傳承者，這就是所謂不間斷傳承的意涵。

為山後的人許下心願

在過去，佛陀爲饒益眾生而授予達梭努菩薩灌頂，並且預言這位菩薩將會在未來投生於西藏這個冰雪之地。

在西藏，人們流傳著一個岡波巴大師的故事，這是經典中記載的故事。在釋迦牟尼佛的時代，岡波巴大師是一位非比尋常的菩薩，在某一回提及未來的教法傳授時，佛陀曾預言，他的法教將在亞利安人的土地——也就是印度——趨向衰滅。這些教法有可能傳向北方，並在當地興盛——除了一群住在山後的人們除外，他們就如同堅硬的盾牌一樣難以度化。佛陀將他們描述成如野蠻人一般，或是吃人妖怪的子嗣。佛說的一定是西藏人，因為，我們據說就是某隻猴子或者某個吃人妖怪的子嗣。

那時，佛繼續問大家，有沒有哪位菩薩，願意到這樣一個住著如此難相處的人們，不討喜的地方去度化眾生？這時有一位特別有勇氣的菩薩站了起來，說道：「是的，無論如何，我願意到當地傳揚佛法。」在他發言之後，有五百位菩薩被他的勇氣所激勵，也起立表達願意協助這項傳法工作。岡波巴大師據說正是那位最有膽量，第一個起立承擔的菩薩。因為向佛陀許下這個堅定的承諾，岡波巴大師成為一位得以利益許多眾生的偉大善知識。不單單只是如此，由於眾多承諾協助岡波巴的偉大的菩薩也投生在西藏，大師因而建立了一個非常強大的傳承。

> 在這裡，岡波巴大師以珍寶上師（Ratna Guru Punya Ratna）或珍貴的索南仁欽喇嘛（Precious Lama Sönam Rinchen）這位善知識爲眾人所知悉。大師以無瑕疵的堅信至心學習了阿底峽尊者與偉大上師那洛巴的教誨，進而將它們傳授給其他眾生。

許多人都知道岡波巴的生平故事了，所以我只簡單介紹大師的幾項事蹟。大師出生於一個非常富裕的家庭，成年後，他成為一位醫生，與妻子和一雙子女組成家庭。不僅僅身為一位執業醫師，岡波巴也研發出各種醫學治療方式，其中的有些療法，至今仍然被人們所沿用。比如有種名為達波胃腸藥（藏文：dakpo menmar)，意思為「達波巴的紅藥」，直到今天仍是藏人用來治療胃疾的良藥。

為愛出家

改變岡波巴大師人生的事，是子女過世，接著連妻子也突然病倒。尤其是妻子，雖然病情已經瀕臨將死，她卻以意志力支撐著生命。岡波巴對妻子說：「一定是某件事讓妳還存在著非常強烈的貪著，拉著你不讓你離開。請告訴我那是什麼事，讓我可以為妳圓滿心願。」妻子回答他：「在這個世界上，除了你，並沒有任何事情是讓我還留戀的。我沒有辦法放下你。」

於是岡波巴大師告訴妻子，無論她是否能夠活下來，自己都已經下定決心出家。他說，因為看盡輪迴，因此希望以接下來的餘生修行，成就證悟。妻子要求他當著她的面發誓，說他絕對會棄捨這個世間而出家為僧。大師答應了妻子的請求，當面立下誓言，在那之後，他的妻子終於往生。

第二天早上，岡波巴的叔叔來探望他，他心想，岡波巴大師可能會因為遭逢喪妻之痛而痛不欲生，但是他發現岡波巴大師看來心情輕鬆，因此，他對他的鐵石心腸非常生氣。岡波巴向叔叔保證，他是因為自己從現在起可以全心全力投入修行而感到歡喜。他已經下定決心，要讓自己成為一位為廣大眾生帶來利益的人。

岡波巴隨即將自己的財產分為三份——第一份用於供養寺院與救濟窮人；大師將第二份財富供養給為自己妻子做佛事的僧眾；最

後一份，則留作自己的生活開銷。之後，岡波巴在由阿底峽尊者創立的噶當傳承中出家，因為非常精進，加上本身就是個極富學識的人，大師在學習噶當派的教法上，成就非凡。住在噶當派的寺院時，岡波巴開始做著一個夢，夢中有位藍色的瑜伽士走向他，給他加持，然後離去。岡波巴不斷做著這個夢，因此他請教了自己的師長，想知道老師是如何看待這個夢的。他的老師回答他：「我不知道。不過，也許那表示你是需要做不動明王的閉關修行了。」不動明王，藏文是 Miyowa，梵文為 Achala，是具有帶領我們去除內心障礙的一位觀想主尊。

乞者的大願

於是，岡波巴在寺院外進行一場以不動明王為主尊的閉關修行。當時正值饑荒，周遭有很多乞丐。特別有三位乞丐，都睡在靠近岡波巴閉關處的一顆大石頭上。有一天，其中一位乞丐說了：「我希望明天能有一位施主來到寺院，供養非常美味的糌粑湯和有著大骨的肉湯，然後邀請我們在內的每個人享用。我真的想喝點美味的湯啊。」

第二位乞丐聽後對第一位乞丐說：「要許，就許比那更大的願吧！不要光想這種小事情。許大願並不礙事。你可以許願自己成為西藏之王，像杜松德贊和松贊干布那樣統治了大半個世界的偉大統治者，國力強大到足以攻打中國，而且還把佛法帶進西藏。他們的所作所為，為百姓帶來無數利益。要許，就許像那樣的願望吧。許個能喝一碗湯之類的小願望，你不覺得丟臉嗎？」

然後第三個乞丐也發言了：「如果要許願，就許個比當國王還要更好的願望吧。許願能像密勒日巴那樣完全出離輪迴。他已經完全證悟，不再需要任何飲食或衣物，可以從這一村飛到另一村，並且也教導自己的學生獲得同樣的證悟。就許像那樣的願望吧。在那塊岩石上，有位閉關者，通常在每天的這個時間會繞著寺院步行，如果讓他聽見我們許下如此狹小而世俗的願望，那可是很丟臉的。」

岡波巴果然在這時經過該處，也聽見了這段對話。當他聽見密勒日巴的名字時，精神為之一振，就像是遭逢雷電那樣地被打動。從那時起，岡波巴毫無疑問相信，自己應該找到密勒日巴這位師長，追隨他學習。

第二天早上，岡波巴做了一道如同第一位乞丐先前提到的那種糌粑湯，送給這三位乞丐享用。然後他說：「抱歉，昨天我無意間聽到你們的對話。請告訴我，我可以在哪裡找到密勒日巴？」較年長的乞丐知道答案，於是為岡波巴指引了方向。

你終於來了！

為了見到密勒日巴，岡波巴跋山涉水走了很長一段路。他住在西藏中部，密勒日巴則是在西邊很遠的某個地方。有回，岡波巴在旅途中病得很嚴重，而密勒日巴是知道這件事的。密勒日巴告訴他的弟子們：「我看到我的心子就要來了。他是一位偉大的菩薩，轉世要來幫助佛法在西藏弘揚的。他正在來此的路上，而他現在生病了，請為他祈福。」密勒日巴同時還告訴弟子：「帶這位菩薩來見我的人，不論是誰，都將不再投生惡道，並且快速證得解脫。」

當岡波巴抵達密勒日巴居住的地區，他碰到一位老婦人，問了他是誰，又來自何方。當他告訴老婦人自己是一位來自西藏中部的僧侶，老婦人回答說：「噢，請進，請進。您必定就是我的師長所說的那位偉大菩薩了。他說，不論是誰引領您去見他，都將不再投生惡趣，所以，請允許我的女兒帶您去謁見密勒日巴。」岡波巴聽了這話，他想：「真的嗎？我一定是個了不起的人吧。」心裡因此產生了一點慢心。第二天，老婦人的女兒領著岡波巴去到密勒日巴的住處，密勒日巴不見他。密勒日巴察覺到岡波巴的慢心，因此刻意讓岡波巴等了十五天。

終於，密勒日巴願意接見岡波巴了。岡波巴在兩側各坐了一位身穿棉袍瑜伽行者的密勒日巴跟前頂禮，然後坐下。密勒日巴遞給岡波巴一個盛滿了西藏酒的頭骨酒杯，要他喝下。當然，出家人是不能喝酒的，而岡波巴是個出家人。岡波巴卻毫不遲疑，舉杯喝完，一滴不剩。看到岡波巴這麼做，密勒日巴很是歡喜。他告訴岡波巴：「你做得很好。這表示，對於學習我的教法，你會是一個好根器。」

密勒日巴傳授了岡波巴所有的教法與禪修指引，同時指點岡波巴的禪修體驗。其實，岡波巴跟隨密勒日巴的時間並不是很長，不過，他的確從密勒日巴處學習到那洛六法與大手印，並且對這些教法有所體驗。有一天，密勒日巴對岡波巴說，他自己所有的教法已經傾囊相授，就像是把飲料從一個杯子倒進另一個杯子中那般。密勒日巴告訴岡波巴，接著，他應該要回到自己的家鄉，在當地修行。密勒日巴尊者還告訴岡波巴，當他視自己昔日的師長密勒日巴與佛陀無二無別時，就是岡波巴應該開始傳法的時候。

老師的終極指導

最後，當密勒日巴與岡波巴道別時，密勒日巴傳授岡波巴他最後一個教法，這件事變成一個很出名的故事，因為密勒日巴給岡波巴的最後開示，就是轉身拉起自己的袍子，展現他由於長年坐禪而生出的老繭。密勒日巴給岡波巴的最後開示就是——精勤修行，是證悟的唯一途徑。

有關岡波巴的生平故事，我不再多說。你可以閱讀他的傳記，其中對於大師修行那洛六法與大手印，以及如何展現神通與教導學生等事蹟皆有詳盡描述。[36]有關岡波巴遇見密勒日巴的故事，在《密勒日巴十萬道歌》中提到密勒日巴的生平時也有記載。[37]

說到岡波巴的教學方式，則是結合阿底峽尊者傳下的噶當派中廣義大乘教法以及他自密勒日巴處所學習的那洛六法與大手印等金剛乘教法菁華。這些成為噶舉傳承的教法基礎。因為傳承自世人也稱傑達波仁波切的岡波巴大師，這個傳承，有時候以達波噶舉之名為人所知。現在這部同時涵蓋大乘與金剛乘教法的特殊法本，是這個傳承經典教法之中的代表作。

一位名爲雪波夏努的僧人，將岡波巴大師的一些教法有系

[36] 有一本 Jampa Mackenzie Stewart 以英文書寫，以岡波巴大師生平為題材的長篇傳記《The Life of Gampopa》，已於 1995 年出版 (Ithaca, N.Y.: Snow Lion, 1995)；另外，在《解脫莊嚴寶論》(Ithaca, N.Y.: Snow Lion, 1998) 中也收錄了一篇由堪布昆秋嘉稱仁波切所翻譯，記載岡波巴大師生平的中等長度傳記。至於短篇的岡波巴大師傳記，在網路上可以找到很多不同的版本。

[37] 這些書包括了由 Lobsang P. Lhalungpa 翻譯的《The Life of Milarepa》(Boston: Shambhala, 1985)，以及由 Garma C. C. Chang 翻譯的《Hundred Thousand Songs of Milarepa》(New York: Harper & Row, 1970)。

統地記錄了下來。

彙集整理這套教法的僧人，可能是岡波巴尊者的親傳弟子。到這裡，前言的部分已經結束，接著我們將探討經文的實際內容。

第二章 理解虔敬為必須：

從這裡開始擁抱虔敬

佛法的主要目的，是去學習在受苦與面對難題之外，
如何以自在的方式體驗人生。

> 岡波巴上師說：「總而言之，爲了能夠修行佛法，我們需要虔敬、勤奮與智慧。虔敬是基礎，勤奮爲道路，而智慧則爲輔助。」

大師以告訴我們要以虔敬做為修行的根本起頭，然後以精進態度依循修行之道，而上述兩項特質，仍必須要以智慧為輔。為了支持這個論述，岡波巴引用了一些經典。首先是龍樹菩薩(Nagarjuna)的《寶鬘論》(Precious Garland)，經中說：

> 因爲心懷虔敬，某人得以精進修行；
> 因爲具備智慧，某人得以明白眞理；
> 智慧爲兩者之首，
> 然而，虔敬才是根本。

接著是《佛說大乘十法經》（Sutra of the Ten Dharmas）中的一句偈文點明我們必須具備虔敬的理由：

善的特質，不會在缺乏虔敬的人們身上生起，
就像是綠色植物，
不會從燒焦的種子裡長成。[38]

虔敬的深度比你想的還深

準確來說，虔敬到底是什麼？我翻譯成虔敬的這個藏文字是 depa[39]，這個字有時候被翻譯成信仰或信任，不過，它的意思不只如此。Depa 具備了三種特質——激發、渴望與篤定。篤定與信心兩個字加起來的意思，看來是比信任要更為貼切的翻譯。因為，對於所相信的某件事物，你有可能在稍後發現，它並不值得相信。藏文 Depa 這個字，是以理解為基礎，以具備充分的理由因而心懷虔敬。

這個眞實的基礎，藉由以下七個觀點說明：
一、生起虔敬的原因；
二、如何判斷虔敬心已經生起；
三、虔敬的類別；
四、虔敬的本質；
五、一個說明虔敬的類比；
六、虔敬的活動；

[38] 譯註：經文為「《佛說大乘十法經》卷 1：「不信善男子，不生諸白法，猶如焦種子，不生於根芽。」《大正藏》第十一冊，頁 764，中。

[39] Dad pa 是這個字的威利轉寫系統拼寫。
（譯註：威利轉寫（英語：Wylie transliteration）是一種藏文轉寫系統，於 1959 年由特瑞爾·威利（Turrell V. Wylie）精煉原有的轉寫系統而成，只使用基本的 26 個拉丁字母，而不需添加字母和添加符號。在此之後，這套方案成為藏學界尤其是美國藏學界的標準轉寫方案，並以威利的姓氏來命名。）

七、衡量虔敬的堅定程度的方法。

借問虔敬心何處來？

岡波巴大師以這七個不同的角度來描述虔敬，現在就讓我們逐一對其檢視。首先，大師提到四種生起虔敬的原因或行為：

（一）閱讀經典時，你會生起虔敬之心。最好以供養做開始，念誦一篇祈請文，然後再誦經。

當你讀到有關萬物是如何存在的敘述，你會得到啟發，然後心想：「是的，事情真的是這樣。」研讀佛陀的教法，可以為我們帶來這類的啟發與堅定。而當你篤定某件事情是真實無誤時，那會啟發你的虔敬心，讓自己依照它行持。

我記得，自己曾因為一則有關耶穌智慧的聖經故事獲得啟發。有一次，耶穌到了某個地方，在那裡有一群人正對著一個女人丟石頭，想要置她於死地。這個人犯的是賣淫或與人通姦，或是這類的過失。這時，耶穌告訴眾人：「住手！等一下。因為她犯的錯，你們可以對她丟石頭，殺了她。不過，這第一顆石頭，必須是由某位從來不曾犯錯的人來丟才行。看看你們自己，有沒有做過任何一件不應該做的事；如果你一件錯誤也不曾犯過的話，那就撿起一塊石頭去丟她吧。」當然，沒有人夠格撿起石頭。這些話啟發了我，因為我可以看見它們是真實無誤的。

虔敬與信仰不同，虔敬在你認為某件事為真實時生起。當某件事物觸動你內心最深處時，你會得到啟發，然後引導出渴望與篤定。虔敬，是以理解佛法為基礎。如果你不了解佛法，如何能被它所啟發？不曾被啟發，你又為什麼要修行呢？你並不是因為某人說你應該這麼做，而從事修行的。只是因為別人告訴你把腿盤著，坐在一個蒲團上幾小時這件事是好的，這理由並不特別有說服力；不過，如果你知道這種靜坐練習可以帶來平靜與智慧，那麼，你也許就會去做這件事了。這就是我們為什麼說被啟發的虔敬，是修行法教的基礎。

岡波巴大師說，閱讀經典能夠令人生起虔敬心。他的意思，不只是因為經典內容都是佛說的話語，他這麼說，是因為那些內容也都是真實無誤的。大師接著說，最好的方式是先做供養、念誦祈請文，然後再讀經。換句話說，你以展現自己的敬意開始，來研習佛的教法。在佛教傳統中，經書因為收錄真理並向人們展現如何邁向解脫之道而受到人們無比恭敬的對待。

在佛陀示現過的所有神通中——比如把水變成火，或是把火變成水等這一類的神通裡，最具饒益的神蹟，就是傳授了這些教法。即使是升天以及在眾神圍繞下化現等這一類神通，都遠不及傳法這件事來得神奇。

（二）虔敬，也來自與擁有虔敬心之人爲友，共度時光。這裡說的，是如果與藍色染料爲伍，你便被染藍，如果與紅色染料爲伍，則會被染成紅色。所以結交具備虔敬心的朋友，是重要的。

這是產生虔敬的第二個原因。因為是如此容易受到他人影響，如果我們花時間與那些已經受到啟發、具備虔敬之心的人為友，漸漸地，我們也會發展出這些特質的。這是僧眾的存在因此如此重要的原因；他們是一股正面的影響力。在此，岡波巴大師舉了一個比喻——與藍色染料為伍，你的身體會染成藍色，與紅色染料為伍，你的身體會染成紅色，類似這樣，如果你與具備堅定與啟發的人來往，你也會變得像他們那樣的。

（三）依止一位名符其實的心靈師長，也能讓人生起虔敬。一位眞實的心靈上師，是一位知道如何能不違背任何教法而修行的人。虔敬，會在你與像這類的人相處時油然而生。

依止一位善知識，是另一種增長虔敬的方法。岡波巴大師將一位名符其實的善知識定義為一位知道如何能夠不違背任何教法從事修行的人。一位名符其實的師長將了解在佛陀的所有教法與法門之間，彼此相關並且不會相互牴觸。

這讓我想起與阿底峽尊者有關的一個有名故事。抵達西藏後，阿底峽尊者問過幫他翻譯的人之前學習過哪些法門。那位譯者回覆了一長串的經典、密續、以及釋論名稱，這讓尊者非常佩服，但他也感到疑惑，在如此情況下，西藏王為什麼仍然認為需要邀請他到這個國家來傳法呢？尊者再問譯者，他是怎麼修持這些教法的？譯者回答尊者，他是依照每種法門的法本介紹修持的。聽完譯者的話，阿底峽尊者明白了西藏的確需要他，因為藏人還不明白，一切法門應該以同一個見地去修持。

一位好的師長明白佛陀的所有教法都是能調理這顆心的有用方法。這位師長會知道它們之間如何契合，並且不相牴觸。具備如此理解的人，將樹立正確的示範。以一位明白這些教法並且知道如何修持它們的人為師，這是另一種產生虔敬心的方式。

（四）禪修生死與無常，將讓你對修行這件事生起虔敬。你會明白，自己的死期是如此不確定，死亡讓人措手不及，變化迅速發生，而我們沒有任何時間可以浪費。虔敬心，

也會在對於這個事實具備徹底堅定時產生。

第四點，禪修無常與死亡，也能讓我們生起虔敬。無常，指的是每件事在每個剎那間都在改變。既然不確定自己什麼時候要死，而死亡又能極度迅速地降臨，我們是沒有時間可以浪費的。如果你已經確知這件事，你就會認真投入修行。真實體認了生命與死亡的真相，你會覺得自己被啟發，會運用自己所擁有的時間，去做自利利他的事情。

如果你是真心的

第二個重點，是如何判斷自己已經生起虔敬心。藉由明白死亡與無常，你不再視這個世界爲眞實存在；經由信服因果業力，你對造作善業與惡業一事將變得謹愼，並且精進於積集資糧與淨化罪業。顯而易見，沒有什麼事會比修行這件事要更加重要，也不會有什麼東西會比法教更爲重要，更值得我們思維。

在讀過岡波巴大師以虔敬為主題的開示之後，你也許會懷疑自己是否具備虔敬心。當你具足堅定的虔敬心，你的生命中會發生一些改變。由於理解生命的無常與死亡的真實情況，對於此生的私事與世俗所關注的那些事物，你的執著會減少一些。此外，對於因果的篤定將有所增長，使你更加警覺，以行善取代造惡。對於如何修行——如何累積資糧而獲得更好的生命，以及淨化自己的負面習氣——你會有更清楚的概念。生起虔敬心的另一個跡象，是你已經徹底篤定，沒有什麼事情會比研習佛法與修行來得更為重要。具備這樣的篤定時，虔敬心將展露無遺。

觸動內心深處

第三點，虔敬可分三個類別——啓發、篤定與渴望。

第三點要討論的是虔敬的主要層面。首先，啟發來自許多不同的源頭，其中之一是看見事實，明白何者為真。你也能夠藉由看見或感受到他人的某些特質，比如大悲心，而受到啟發。這一類的啟發，是非常清楚的。第二種層面的虔敬，是對法有信心。你的心很篤定；你覺得法教是珍貴的，而且值得信賴。第三種虔敬，則與渴望求法、渴望對佛法加以體現相關。

內含虔敬心的啓發，出自看見眞正的善知識與名實相符的上師，也來自聽聞法教。虔敬心也會在拜訪神聖之處時，那種讓你感動到淚水充滿眼眶、汗毛直豎的地方時油然而生。

岡波巴大師說，遇見一位名符其實的善知識、或是一位真正的菩薩時，比如像是法王達賴喇嘛或是大寶法王噶瑪巴時，會生起一股被啟發的虔敬心。在見到偉大的善知識時，許多人會哭出來，而且通常不知道自己為什麼這樣。我還記得，第十六世大寶法王噶瑪巴是如何地感染著前來拜訪他的人——這些人，包括佛教徒與非佛教徒。當時，法王住在錫金的隆德寺，包括錫金的政府官員、軍隊將領在內等各式各樣的人都去拜訪他。人們純粹是因為喜歡他而來到該處，他們不曾想過有關虔敬之類的事，只是單純覺得，能見到法王是件好事。通常，他們不想離開。見面時，噶瑪巴其實話不多，大部分的時間，他並沒有給予任何開示，只是開些小玩笑，或是與來訪者話家常。然而，這些造訪者都會覺得受到非常大的啟發，有時在離開與噶瑪巴會面的房間時，他們會哭著走出來。這種事時常發生。

虔敬心也來自聽聞教法以及對教法內容感到相應。當你體認這些話為真實無誤時，這些開示是著實有用時，你的心會被觸動，然後，你會覺得自己有所啟發。被啟發的虔敬，同樣可以源自造訪一處具有啟發性的地方，像是一個朝聖景點。如同大師說的，你會被感動到汗毛直豎，熱淚盈眶。

一般我們可以這麼說，被啟發的虔敬會打開你的心，它能深深地感動你。這是出自對於事實有所體認以及感受到其真實性。

> 帶有虔敬的篤定，在你對佛陀的任何教法再無懷疑時——無論是詳盡或濃縮的教法都是如此——它將油然生起，於是你修持佛法。

第二種類型的虔敬，牽涉到信心。虔敬心不該被視為純粹情緒化。它必須以篤定為基礎。這一種篤定，通常來自學習——首先，是從閱讀與聽聞中學習，然後，思維所讀與所聽。去分析與檢視這些法教是重要的，你必須親自驗證它們，經由反覆思維和從不同的角度去看視它們。你可以從事物何為真實、何為非真實這件事情上得出結論。當你達到毫無疑惑的那一刻，你就具足以篤定為根本的虔敬心。

說到篤定這件事，其中一則我最喜歡的故事，與第一世大寶法王杜松虔巴有關。杜松虔巴是岡波巴的學生。杜松虔巴遇見岡波巴時，已經是一位資深的修行者。即使當他還是個孩子時，杜松虔巴就已經因為擁有神通力而為人所知。小時候，他負責照料家裡的犛牛，其他放牛的孩子會和他待在一塊，當牛兒吃草時，他們就玩在一起。到了該把牛集合，趕牛回家的時候，其他孩子會問杜松虔巴，他們的牛跑到哪裡去了。這時杜松虔巴會利用他的神通，告訴這些孩子，要到哪裡找牛。

後來，經過深入研習與修行後，杜松虔巴與兩位來自某處叫做「康」這個地區的人一同前往西藏中部，成為岡波巴的學生。杜松虔巴閉關修行了很多年，在感覺自己對於心之自性具有充分了解後，他來到岡波巴的住處，與老師討論自己的經驗。然而，杜松虔巴的體驗並不怎麼吸引岡波巴。岡波巴告訴杜松虔巴，他當時的理解是錯的，讓他回到山洞裡，再試一次，再禪修一年。

杜松虔巴再次閉關，精進修行。到了第二年，他再度拜見岡波巴，當時的他看起來狀況不佳，他不快樂，而且看起來很疲累。杜松虔巴先向老師道歉，他說，不過，對於心之自性，他的體驗還是與一年前相同。這時岡波巴，轉為憤怒，對他大吼大叫。岡波巴告訴杜松虔巴，他的修行完全是退步的，而且直到他對心之自性產生明確的體驗之前，不准他再到這裡來。

接著又是一年過去了，杜松虔巴再次回去見他的老師。他哭著，而且看來沮喪，跪倒在岡波巴跟前，請求老師給予他更進一步的指導，因為他無法改變自己獲得的體驗；即使岡波巴會因此責罰他或是把他給殺了，他的體驗還是沒有改變，因為它是如此強烈而且清晰。結果，岡波巴微笑看著杜松虔巴，祝賀他在修行上已經獲得成就。岡波巴說，杜松虔巴自始至終的體驗都是對的，然而，對於自己的體驗能夠具備堅定信念是一件極度重要的事。這就是一種帶著虔敬的堅定心。

> 因爲這種帶著虔敬的啓發，你渴望迅速淨化自己的障礙，以便在修行上獲得成就，這道理，或多或少，在任何一種法門修行上，都是説得通的。你渴望擁有那些更高境界的

正面特質與幸福，並且解脫。

由於獲得的啟發與信心，我們生起第三種類型的虔敬心，也就是希望修持佛法的渴望。在這個階段，我們為了獲得成就而致力於證悟，這成為一件優先要做的事。如同岡波巴所言，不論我們做的是些許修行，或是大量修行，我們所追求的是得以迅速淨化那些會妨礙我們成就的障礙。對解脫之樂與更高境界的快樂懷抱憧憬，那則是隨著心中生起想要獲得這些特質的渴望之後的事了。

永不結冰的水

第四、虔敬的本質是不會與不含虔敬兩者攪和在一塊的。它不應該是像內部結冰、僅僅只是表面爲液態的冷水，或是一個只有上層是麵粉、裡面卻是灰的容器。具備虔敬的人，會以全然正面的方式行爲舉止。

接著，岡波巴大師要解釋虔敬的本質是非常清楚而深刻的。它不會只是以一半的時間或是半分的心意顯現。大師舉了兩個例子說明，跟我們現在所處的世界相較之下，在他當時的世界中它們可能是比較常見的情況。當池塘中池水的表面層已經融化，而底層還是結冰的形態時，這樣的它其實並不是真正的液態水。表面上看起來是水，但裡層沒有太多的液態水。另一個例子，是一袋售出的糌粑粉，其中只有表層是麵粉，底下卻是灰。同樣的道理，半心半意的虔敬，是不夠堅定或深刻的。

這裡的重點，在於虔敬並不是表面工夫。它並不是迷戀，或者某種維持幾天就會消失的短暫啟發。有時候，虔敬可以是非常情緒化的，而且可能令人難以區分真正的虔敬與瞬間的情緒兩者有何不同。這樣的事情是可能發生的——某位弟子感覺到自己生起強烈的虔敬心，但是，接著，某些小事或刺激發生了，而虔敬心也因此隨之消失。這不是真正的虔敬。真正的虔敬，是以深度的理解為根本；另一方面，虔敬不僅僅是理性或智識的；虔敬含有變得情緒性與高度啟發性的空間，不過，那必須也是清楚且確定的情況才是。

心的明礬

第五點是一個比喻——虔敬心就像是一個能夠淨化水質的珍寶。把這類的珍寶放在汙濁的水裡時，它能使水變得清澈。同樣的，虔敬心可以消除汙垢，心於是變得清澈。

第五個要點中，大師舉了淨化水質的珍寶為例。這種珍寶應該是古時候的東西，現在看來可能有點奇怪。我不知道是否真的有這種東西存在，不過，把這類的寶物放在水裡時，水質可以變得完全純淨。相同的道理，虔敬心能去除汙垢。當真正的虔敬心顯現時，我們的心會變得清楚並且不迷惑。我們也會發現，在不覺得那麼困惑時，自己是擁有更大虔敬心的。這是因為自己的啟發與明性，使我們知道，自己正走往正確的方向。

虔敬的月亮

第六、虔敬的行爲將導致非善行如弦月一般地縮小，而善行，則將如滿月那樣增長。

第六點是描述虔敬心能為我們做些什麼。岡波巴大師說，它會讓我們減少造作非善行，並且增加行善。理解因果如何作用，正是佛教戒律的關鍵思想。我們需要知道非善行會如何傷害自己與他人，需要明白行善能如何饒益自他，不論以短暫或長遠的眼光來看，都是如此。虔敬心有助我們看清這個道理，同時會讓我們想多行善事，減少造惡。

當然，由於習氣使然，即使知道某些行為對自己是沒有好處的，有時候，我們還是會造作那些事情。不過，一旦我們對於這件事情變得更為警醒，對於業的作用也更加篤定時，自己的陳年習氣，也將更加減弱。

去理解我們的行為與結果如何連結，是極度重要的。就像你知道的，如果把手放進火裡，手會燒焦，這不是對與錯的道德議題，而是對於因果的理解。就佛教的觀點來看，正面與負面行為的造作並不是一件道德議題，那是以有所體認正面行事將會造成好處，而負面造作卻會造成傷害為基礎。

虔敬到了嗎？問自己

> 第七、關於衡量虔敬心的穩定程度，它是這麼說的：
> 一個不會因為欲望、憎恨、恐懼或無知而捨棄眞實佛法的人，據說就是具備虔敬心的人。
> 如其所言，具備虔敬心的人不會因為欲望、憎恨、恐懼和無知而捨棄佛法。

關於最後一點，說的是有關你如何辨別自己的虔敬是否已經穩定。比如說，假使有人對你說：「如果你放棄修行，我就給你一百萬。」於是你同意了，這就是因為欲望而捨棄佛法。如果出家人之中，有人做了非常不好的事情讓你生氣，因而放棄修行，這則是由於憎恨而捨棄佛法的例子。如果你因為某人威脅要殺害你而放棄修行，那是因為恐懼而捨棄佛法。如果人們告訴你，佛教的某個地方是有問題的，而你贊同他們的意見，那是因為困惑而捨棄了佛法。另一方面來說，如果已經沒有任何事物可以勸阻你追隨佛法，那麼，你就已經具備強大且完整的虔敬心了。

虔敬心與精進是緊密相關的。要是不具虔敬，你是不會持續前進的。虔敬心是助長你在菩提道上向前邁進的燃料。這也是包括岡波巴大師在本章開始時提及的那些經典在內，許多古代佛教經典都強調虔敬心的原因。

> 因爲心懷虔敬，人得以精勤修行；
> 因爲具備智慧，人得以明白眞相；
> 智慧是二者之首，然而，虔敬爲根本。

在培養虔敬心的同時，我們必須運用自己不可缺少的智力。佛說，直到自己親身驗證、測試，然後明白事物確實為真實之前，沒有什麼是我們應該相信的。有些人發現，要在這兩種方法——必須具有信任與虔敬心，以及必須驗證教法、而不是理所當然地相信它們——之間建立相關性，是一件困難的事。然而，這些方法在虔敬心是以理解為基礎，並且包含啟發、堅定與渴望而產生的這個情況下是不謀而合的。與其盲目信仰，我們想要培養自己的虔敬心。

學習轉化體驗人生

即使是某個可靠的東西，你也必須親自去理解它。佛陀的教法，不應該從表面價值去接受它，這便是我們為什麼需要學習與修持並行。思維教法，然後為了將這些教法運用於自己的經驗上，我們從事禪修。

未將佛法運用於自心的話，是無法轉變自己的。有人可能這麼想：「佛說了上百卷的法，而且他說的每一件事，都是真的。這毫無疑問也就是我的看法了。」這樣的態度能不能導致內在轉變的發生呢？能欣賞佛的教法是好的，能在你的佛經前頂禮與供香，也是好事，不過，這些不能轉化你。你的行為反應將還是依然故我的困惑行事。不過，當你越加理解佛的教法，你將越發改變自己看待事物以及回應它們的方式。

這便是佛法的主要目的——學習如何以自在於受苦與難題之外的方式體驗人生。然而除非你徹底並且親身理解了這些教法，否則，它們是不會轉化你的。虔敬，在這個過程中是個關鍵因素。

當我們從更多樣的觀點討論虔敬心，對於我們有多麼需要具備它，自己也會更加清楚。虔敬為我們產生目的與方向——我們會知道自己想做什麼，而那將需要什麼；會知道自己能為自身與他人成就什麼。我們會發現，自己正朝向一個確定的方向前進，因而讓這條路更加明確。這是具備虔敬心之所以重要的原因。

第三章

向觀音菩薩提問的僧人：修行的六項重點

萬物端賴因緣而生，意味著自由的空間；
因緣條件是可以被改變的，也就是我們能夠創造自己的命運。

接下來，岡波巴大師說了一個很棒的故事。在印度，曾經有位剛出家的僧人來到大成就者東必巴（Dombipa）跟前——他是那八十四位大成就者㊵中的其中一位，以在空中騎著一隻老虎的事蹟而為人所知，僧人求訪東必巴，向他頂禮、獻曼達，並且向他表達祈求。東必巴問他：「你想要什麼呢？」

新出家的僧人說：「請求您給我一些指導。」東必巴回答他：「不。我很抱歉，但我們之間沒有法緣。去找我的學生阿底峽吧，請他給你一些指導。你跟他之間是有緣的。」

問重點！

於是，這位僧人動身求訪阿底峽尊者（Atisha Dipankara）——這位以覺沃傑（Jowo Je）這個名字而為西藏人所知的偉大善知

㊵ 大成就者，指的是一位成就極高的修行者。

識。僧人對尊者說：「您的老師東必巴說，我應該來向您求法。請您慈悲地給我一些指導吧。」尊者傳授了他一個向觀音菩薩（Chenrezik）祈請的簡便儀軌，以及修持的方法。

僧人將這部儀軌修持得極好，產生了所有成就觀音菩薩的驗相。他能看見觀音菩薩示現，聽見觀音菩薩的言語，而且還能碰觸觀音菩薩。他的修持是如此成功，讓他能對觀音菩薩提問，而觀音菩薩也會回答他的問題。

過了一段時間，僧人再次拜訪阿底峽尊者，向他稟告：「情況是這樣的，我可以跟觀音菩薩對談，向他提問任何問題。可是，我應該問什麼問題呢？」

尊者告訴僧人他可以提問以下六個問題：

一、什麼是一切修行的本質？
二、障礙從何產生？
三、什麼是在修持中我們應當強調的事？
四、在一切見地中，哪個見地是最重要的？
五、有多少的覺知存在？
六、如何圓滿積集資糧？

僧人向阿底峽尊者道謝，然後動身並觀想觀音菩薩，提出這些問題。觀音菩薩也逐一回答了他的問題。

過了這個村，再沒這家店

一、菩提心，是修持一切法的本質。

偉大的西藏善知識巴楚仁波切（Patrul Rinpoche）也說過同樣的話。仁波切說，他讀過許多的經續以及由許多印度與西藏偉大善知識撰寫的注釋，也領受過各式各樣的法教以及法門修持的精要說明。不過，他發現這些知識總括來說，所教授的內容不外乎都是菩提心。自始至終，從四聖諦到大圓滿與大手印這些最高深的法教，一切都涵攝在菩提心之中。其中有些教法引領人們理解菩提心，有些則是傳授如何增長菩提心，再有些是菩提心之果的教授。仁波切的結論是，在佛陀的所有教法中，除了菩提心，再沒有別的東西了。

至於菩提心又是什麼呢？菩提（Bodhi），是「證悟的」或「覺醒的」，而心（chitta）則指的是「心」（heart）或「心靈」（mind）。因此，菩提心被譯成「覺醒的心」或是「證悟的心」。我們以兩種觀點來定義菩提心——悲心與智慧。這兩者也呼應了兩種主要類型的菩提心——相對菩提心與絕對菩提心。相對菩提心是悲心的觀點，著重於利益他人；至於絕對菩提心則是智慧面，強調的是圓滿的證悟。

相對菩提心也有兩個層次——願菩提心與行菩提心。某種程度上，這兩者也顯現出悲心與智慧等觀點。具備願菩提心，我們會有這樣的想法——「我想要證悟，以便能幫助所有的眾生享有持續的平靜與幸福。」悲心是願菩提心的驅策力。正如你不想要受苦，沒有人想要受苦的。沒有人想要承受痛苦或麻煩，因此，你因為這麼想而產生了菩提心——「我想要免於受苦與疼痛，我也想要他人免於受苦與疼痛。」

行菩提心，則要比這來得更為深遠。超過只是有一個偉大的願心，它已經變成一種進展中的行動：「既然我想要眾生都能免於受苦，我將勤奮地去致力於此，以幫助他們獲得證悟。」這便是行菩提心。

有時候，我們的悲心也會變成受挫的悲心。我們能夠明白他人的疼痛與受苦，也想為他們做些事情，但是，我們不知道該做什麼事，或是自己能做什麼。這便是智慧層面的切入處。除非我們能夠感受完全自受苦中解脫的可能性，否則，是永遠無法說出以下這句話的：「我將會讓它發生。」具足智慧，我們能理解自己為什麼可以免於受苦，理解為什麼持續的平靜與幸福是可能的。菩提心必須悲智兼備。具足悲心，菩提心將有一個目標；而具足智慧，至少能對於這個目標為何，以及為何有可能實現它的理由具有某些理解。所以，即使是相對菩提心，同樣具足悲心與智慧這兩個層次。

菩提心將智慧與悲心結合。其中一種讓這件事發生的方式，是當我們的悲心增長時，我們的自我中心便會減弱；對於自我的熱衷減少一些後，我們的貪著與瞋恨也會隨之減輕。少了一些貪著與瞋恨，我們的智慧，也將逐量增長。正是以這樣的方式，悲心引導出智慧。

事情也可以朝反方向發展，即智慧能引發我們的悲心。智慧是對於我們的心與這個世界的真實本質具有一股直接體驗。隨著我們理解越多，我們將會變得更加無畏；當我們越來越無所畏懼時，我們也會變得較不以自我為中心。這將導致瞋恨與貪著的減少，而那會讓我們變得更具有悲心。

菩提心，是那顆覺醒的心；它是佛陀的心。佛陀，是將自身智慧與悲心成就到最極致程度的眾生。佛教的修持，正是培養智慧與悲心的訓練過程，它所說的，全部都與長養菩提心相關。具足高度長養的智慧與悲心，你所擁有的是心的真實平靜與真實的無畏，能真實成就一切眾生的福祉。這就是你如何能做到止息自己與他人受苦。這是菩提心之所以為一切佛法修持本質的理由。

小小事有大神力

> **二、障礙是由於業果成熟而產生。即使是最微細的普通舉動，一旦業果成熟時，也會成爲一個障礙。**

障礙是個有趣的題目。有件與障礙有關而你需要記住的重要事情，就是它們並非恆常不變。有時候，人們這樣想：「唉，這個障礙是無法克服的啊！」但事實永遠不會是如此。每件事，因為因緣和合而如同它所發生的那樣顯現。我們所說的「業」，只是所有舉動皆有結果這件事實的呈現。一般來說，惡行引來惡果，而善行則造成善果。一個人的業，說的是造成這個人這一世人生的原因與條件。

在西藏，有一句話是這麼說的：「要知道你過去是什麼樣的人，看看現在的你就明白；要知道你將來會變得怎麼樣，看你現在的舉止就能知道。」（欲知過去世，現在受者是，欲知未來世，現在做者是）想要知道自己的過去世，你不需要去問一位算命先生；可以看看自己現在的生活，你就能知道的。現在的你，是過去的你行為舉止的一個結果。你的未來，則是你現在身、口、意造作所產生的結果。如果你的行為是正面的，你養成的是正面的習慣，那麼，你的未來將會變得更好。如果你現在造作的是惡業，而且習以為常，那麼，你的未來會比現在更糟。這正是我們所說「業」的含義。所以，你必須對於自己身、口、意的造作，保持謹慎。

於是這點出了自由意志這個問題——我們是否得以隨意創造自己的未來，或是其實是被自己過去的行為所驅使而行為舉止的呢？某種程度來說，上述兩者皆為事實。萬物端賴因緣而生的這件事實，意味存在自由的空間；因緣條件是可以被改變的，我們可以以正面態度或負面態度行事，我們的一切所作所為，將影響自己未來的命運。

有時候，人們對我說，他們會在見到別人造作某件惡行時覺得困擾，但不知道應該如何處理這個問題。我會說，別人如何作為，真的不是你應該關注的事；你該關注的，是你自己的行為如何這件事。如果你能夠行止得宜，那就已經解決相當多的問題。

我們永遠無法掌控別人的行為與反應；我們只能掌控自己的。別人正在做什麼，或是他們不做什麼，真的不是我們的關注範圍。我們並未被某人指派要去對他們的行為做出裁定或評鑑。當我們被束縛在想著別人說什麼、做什麼的念頭中時，想著那些事是哪裡做錯了時，這時我們失去的是自己的定性。

假使清楚知道自己沒有造成傷害的意圖，清楚知道自己在任何情況中都會盡力做到最好，那麼，我們跟他人之間的問題，基本上已經解決了。我們是明白人並且有自信，同時，一切行事舉止都是正面的。於是，如果某個人對我們刻薄、不客氣，那又怎麼樣呢？沒事的。毋須對此感到不愉快。如果某個人對我們仁慈，那是非常好的;但要是他們不這麼做的話，我們也不需要感覺受傷。那是他們的問題，而我們是無礙，並且平心靜氣的。

當我們的動機從來都不是希望造成傷害時，眾人也會變成以同樣的方式對待我們。雖然情況無法總是如此，但總是會變成這樣，就是眾人會以我們對待他們的方式對待我們。無論如何，我們無法取悅每個人，不過，藉由抱持正面的心態，我們會變得更為強壯、更加與自身融合，並且更加具有一致性。我們不再總是注視別人如何回應。能對別人的感受與思考方式保持敏感，是件好事；不過，對此變得過度敏感，那就不妙了。如此一來，我們會變得過度敏感，太容易變得不開心。如果我們太過敏感，這也會讓我們身邊的人日子變得難過。所以，重要的是保持平心靜氣與清楚明白，而且，別把別人的事過度當真。就讓他們自顧自的演出吧，我們明白自己是不會如法炮製那般舉止的。

我有時候會聽見人們說，那些做壞事的人變得非常成功，而行善者卻不是特別地能夠如願以償。不過，這取決於你如何定義成功。也許，某個作惡的人擁有了較多的財富，可是，那真的就是成功了？究竟是擁有一個體面的銀行戶頭，還是擁有能讓自己安心入睡的心靈寧靜來得重要？即使坐擁一個體面的銀行戶頭、對於一個鎮日感到焦慮的人來說，那又有什麼用呢？比較富有的人，不一定就比較快樂。有時候，他們是如此在乎錢財上的損失因而試圖結束自己的生命。這很諷刺，但的確發生過。

幾年前，不丹國王曾經寫過一本書，暢言他的新經濟政策。他說，他的政府不再關注國民生產毛額（Gross National Product）這數字，從那時開始，他們要致力於這個國家的國民幸福總值（Gross National Happiness）。他召開了一個以國民幸福總值為主題的國際會議。第一年，這個會議在不丹舉行，到了第二年則是於加拿大登場，而第三年，會議在泰國的曼谷舉辦。我受邀參與了在曼谷召開的那場會議，並且以「佛教徒眼中的國民幸福總值」（The Buddhist View of Gross National Happiness）為題，在會議中發表演說。這個會議有著來自十幾個國家，包括來自聯合國的代表參與。

這個會議所探討的議題，是提升國民生產毛額是否真的能讓人們變得較為幸福？我們之所以想要提升國民生產毛額，是為了增加我們的幸福；不過，假使過度強調這個數字，反而會讓我們被自己賺錢的需求所奴役，做出摧毀這個星球的事，而在這個過程中，也摧毀了自己。這麼做存在著任何意義嗎？

所以，根本問題應該是——什麼是成功呢？那究竟是關於我們擁有什麼，或是關於我們是什麼呢？我們擁有什麼，那著實是超越我們能掌控的範圍。今天，我們可以坐擁許多事物，然而到了明天，我們可能一無所有。相較之下我們是什麼的這個問題，是自己要來得能夠掌控許多的問題。如果身為一個仁慈、喜悅並且具有智慧的人，如果對於人生具有一個正面的心態，那麼，我們有什麼或者沒有什麼，並不是非常重要的事。

我從自己的親身經驗中得知，人們的一切財產是可以迅速消失，變得一無所剩的。在過去，我的家族在西藏被視為是相當有錢的人家。我的母親來自一個非常有名的家族。然而，當我們從自己的國家逃出來時，我們失去了一切。連一頂帳篷也沒有。我們有一張大紅布，可以在下雨時將我們覆蓋於其下，不過，那不是防水的布料，所以，其實也沒能派上多少用場。在離家時，我們帶了一些用來煮飯的鍋子，把它綁在一隻騾子的背上；然而在涉過一條湍急的河流時，那隻騾子跌倒了，背上繫縛的那些鍋子也因此被沖走。所以，我們甚至連一個用來煮水的鍋子都不剩。所謂身無一物，是可以像這樣發生的。

不過，人們能存活下來，沒事的。財富來來去去。如果我們感覺喜悅與平靜，如果我們的人生具有意義與目的，還有如果我們正在協助他人也活出一個有意義的人生，這似乎更像是一個成功的指標。

回到這裡的主題，業力，岡波巴大師所說的是即使是最細微的舉止，也可能在業力成熟時成為一個大障礙。某件事可能在開始時有些無傷大雅，然而在業力成熟時可以變成某件非常負面的東西。善行，也是同樣的道理。某個善的舉止可能看來微小而不足為之，不過你如果一而再再而三去做它，它是可以變得越來越龐大，因而產生非常有力量的效果。

我聽過一個可以用來說明這個道理的故事。曾經有一位死刑犯，當被問及行刑前有沒有任何遺願，他說，他想要與母親再見一次面。當他的母親來到，母子倆都很激動。當他上前擁抱他的母親時，看起來像是要給母親一個吻，可是，他咬了她的鼻子。

見到這個景象的每個人都愣住了，都想知道他為什麼這麼做。這個人說，他之所以會成為一個犯罪者，其實是因為媽媽的行為所使然。當他還是小孩時，他曾經把學校裡的粉筆帶回家。他的母親因此讚賞他，說他懂得把粉筆帶回家，是很聰明的事。後來，他開始把學校裡的鉛筆與課本帶回家，他媽媽因此更開心了。他說，他知道自己正在做竊盜的行為，但媽媽並沒有制止與處罰他，反而鼓勵他。從本來只是一名小賊，越偷越大，成了一名大盜與罪犯，因為種種罪行被判了死刑。

提到業力成熟，我們說的是所有一切業果，並不只是負面的那些。美好的體驗也有可能成為障礙。比如說，你可以在禪修中體驗某個美好的結果，像是得到神通。不過，如果你不知道要怎麼把它帶入修行之道，那也可能成為一個障礙。你可能會把注意力專注在那件事身上，變得自傲地在想：「我一定是幾乎要證悟了啊！我可以看透牆壁，知道是誰打電話來。我一定是個特別的人啊！」所以，任何事物——甚至是一項成就——都可以變成一個障礙的。

另一方面，要是你知道該如何看待事物，那麼，即使是大麻煩或是困難事，都能成為你的心靈修持之路。噶舉傳承中的大手印教法精通於將每件事物視為修行的一部分。當好事發生時，你可以把它們帶入修行，而壞事發生時，也可以將它們帶入修行。

因為很重要，所以說三次

三、修行的重點，應該是業力因果。

延續上一個答案，岡波巴大師再一次提到，我們必須對於業果謹慎以對。我們現在正以身、語、意造作什麼樣的事情呢？如果做的是某件具有正面意義的事情，那麼，我們應該鼓勵自己這麼做，並且為此感到歡喜；如果是某件負面的行為，那麼，我們應該看看它會帶來的傷害，然後放棄它。

包括蓮花生大師在內的許多上師都強調這件事。蓮花生大師說：「你的見解，應該從浩瀚無邊的天空中降下，然而你的行為，應該像地上的梯子那樣向上升起。」時時刻刻，我們所做的每一件事、所說的每一句話、所想的每一個念頭，都將影響自己與他人。如果忽略了這一點，某個深奧的見地可是會把我們架在空中的。我們的行為必須要腳踏實地。

蓮花生大師表達這個道理的另一種方法，是告訴我們自身的行為不應該受知見過度影響。他的意思是如果根據空性見地或大手印與大圓滿的教法，究竟來說，並沒有業力這回事，沒有好或壞，也沒有一個我。儘管在究竟層次上並沒有什麼果是我們應該要成就的，我們必須清楚明白，在相對層次上，一切仍在發生中，而且，即使是最細微的行為，也會產生結果的。當我們能結合究竟的見地與相對的行為，我們就是優秀的修行者。

事實上，上師不對新進弟子傳授像是大圓滿或大手印教法的主要原因，正是因為擔憂人們會把見與行混淆。那並不是因為大圓滿或大手印教法本身是危險的。從事大手印禪修，會有什麼危險呢？只有當弟子們在究竟的見地裡迷失，忽略建立認知業力因果的基礎時，才是危險的。

與此相關的一個知名事例，與第三世多竹千仁波切 (Dodrupchen Rinpoche) 晉美丹貝尼瑪（Jigme Tenpe Nyima）有關。你也許聽過多竹千這個轉世體系——第一世多竹千仁波切是龍欽寧替傳承（the Longchen Nyingtik lineage）創始祖師吉美林巴（Jigme Lingpa）的一位主要弟子。第一世多竹千仁波切是一位偉大的禪修導師。藏文「多竹千」這個字，指的就是「來自『多』這個地方的大成就者」。第二世的轉世，也是一位偉大的上師，只是沒有第一世與第三世來得出名。師出巴楚仁波切及其他善知識的第三世多竹千仁波切晉美丹貝尼瑪，是一位特別偉大的上師，以其優異的注釋作品而聞名。這一世的達賴喇嘛尊者非常讚賞他的作品，經常在授課中引述其看法，特別是他對《密集根本續》（GuhyasamajaTantra）的短篇注釋。

以上只是對於第三世多千竹仁波切背景的一個簡單說明。我在這裡提到他，是因為他在世時，有一天突然宣佈停止傳授大圓滿教法。在那之前，他常常傳授這個教法，因而被視為是一位偉大的大圓滿成就者。不過，有一天他對大家宣布了：「我不會再傳授大圓滿教法。我已經停止教授這門課。」

究竟發生了什麼事呢？這是因為有一天，當他帶領一群人進行閉關時，當時他正好在外面散步，因此聽見了某些學生之間的對話。那些學生們說：「一切都是空性，沒有什麼是真實存在的。萬物，就如同它所呈現的那般沒問題。我們其實沒什麼理由去留意業力因果這件事。」當多竹千仁波切聽見這些話，他心想：「我的高深教授，正在產生的傷害是多於善果啊！我不再傳授大圓滿了。」

這也是岡波巴要告訴我們的事。無論從事著什麼樣的心靈修持，我們都必須對自己的行為保持謹慎。能夠具有高見，並且平等看待一切事物，這是很棒的事，不過，那無法否定我們現在生活著的這個基礎。在具備究竟見地的同時，我們需要以事物現在的模樣去處理他們。我們必須對自己的行為是如何影響自己的生活，以及它們會如何影響他人的生活有所意識。這是必須被納入思量的事情，這件事極為重要。因此，岡波巴大師才會這麼說：「修行的重點，是業力因果。」

在貧無立錐處安居

四、在所有見地中，正見是最重要的知見。

說到哪個見地是所有知見中最重要的，觀音菩薩說，最重要的是圓滿見，也就是所謂的正見。他說的就是這些了，而這引導出的一個更進一步的問題是──「可是，哪個見地才是那個正見呢？」我想，他的意思是我們必須自己去找出那個正見。不能只是單純同意，心裡想著：「是啊！那一定是對的，沒錯！」然後就結束這個話題。

在佛教中，見地可以是一種哲學，不過，更甚於此，那是某種我們看待事物與理解真實的方式。我們藉由盡可能直接並完全地理解事物，來找出所謂的正見。

正見是心胸遼闊的，它是開放的。圓滿的見地，永遠不會傾向一邊。它不會是教條式、短小而狹隘的；相反的，它是寬容，是可以不帶著先入為主的想法直接而真實看待事物，不會被陳舊的假設所制約。人們有時候是這麼想的：「在我的傳承中是如此解釋這個見地，所以，那一定就是正見了。因此其他的見地，肯定是錯的。」這是一種誤解。正見是非常開放的，它從未設限。

佛在某一次的教授中曾經強調過這一點。佛告訴他的追隨者要小心兩種錯誤——他將它稱為「將該兩者視為最好」——的存在。首先，是你認為自己的行為與性格為最好的，其次，是你認為自己的見地是最好的。佛說，這些是嚴重的錯誤，因為在你認為自己的行為準則與見地高人一等時，你已經在完全理解之前便關上了你的心。你已經依據道聽塗說做出了一個決定。對此，佛對我們特別提出了警告。

當你具備正見，對於一切將不再執著。你能開放並且接受事物以如同它們所呈現的方式存在。這與大家所熟悉的龍樹菩薩所說，別抱持立場的這個論述是相近的。龍樹菩薩說，他從未發表任何主張，他只是問問題。如果他人的見地，在面對他的問題時站不住腳，他也愛莫能助。龍樹菩薩並未試圖去傷害他人的見地，他只是尋找真理。

具備正見，意味的是對於何謂真實這個問題提出一個真實而個人的探索。在我們分析與思維，或是提問時，我們可以依循佛陀與師長給予的指導去進行，不過，我們不需要讓自己與某些師長或經文所主張的最高深見地符合一致。不應該認為自己必須學習佛所說的話，並且斷言那才是對的。佛教強調的是辯論，因為我們必須為了自己去理解什麼才是真實的。我們可以辯論任何事；佛陀的所有教法，都保持著開放態度讓人提出問題。

佛陀教法的其中一個特徵，是它們被以暫時性（不了義）與確定性（了義）兩種意涵加以分類。暫時性意涵，指的是佛所給予的那些並非究竟真實、是為了特定目的而給予弟子的教誨。某人也許能從暫時性意涵中有所領悟，但他無法理解確定性意涵。暫時性的教法，在某些情況可能合宜，但在其他情況中就不是了。相反的，確定性意義，是如同它所存在的那般真實。這正是許多辯論聚焦之處：什麼樣的教法是確定性的，而哪些教法則是暫時性的？學習時我們需要檢驗自己此刻所學的教法，傳達的是暫時性或確定性意涵。我們需要有所質疑：這是究竟無誤的嗎？

辯論與發問是重要的，不過，我們無法藉由它們找到全部的真理。完全的真理，並不受概念或智力的約束，這正是我們要從事禪修的原因。真實的真理其實來自體驗。具備正見，是一段逐漸理解我們自己與他人、理解萬物都如它們本質那樣存在的過程。我們的理解必須出自內在，經由自省、分析、個人經驗，還有禪修而產生。這是一段緩慢、階段式的發生。在我們持續學習與修持時，我們的理解，也將越來越清楚。

見地是開放並且沒有限制的。有句西藏諺語這麼說：「一旦產生攀著，那便不是正見了。」當你擁有了正見，對於事物你不會存在異常的依戀。正見，是完全的坦率。

其實只有一隻猴子

五、至於究竟有多少種意識存在，你可以說存在著六種意識，也可以說是八種意識；或者，如果把它們聚在一塊，你可以說就只有一種意識。舉個例子，意識，就像是待在一間擁有許多扇窗户的房子裡的一隻猴子。

說到有多少種意識存在這個問題，觀音菩薩提供我們一個聰明的答案——你可以說有六種，也可以說有八種，或者你還可以說，其實就那麼一種。岡波巴大師以待在一間擁有很多扇窗戶的房子裡的猴子為解說例子。從這隻猴子的角度來說，只有一種意識存在；以窗戶的角度看待，卻可以是六種或八種。

在佛教的不同學派中，聲聞乘（Shravakayana）與中觀派（Madhyamaka）主張六識——那是由五種感官意識與一種心識所組成。唯識學派（Chittamatra）以及密教經典（the tantras）中則說是有八種意識——那是我們前面提到的六識，加上所謂的煩惱識（the afflicted consciousness，末那識）與所有意識的基礎，即阿賴耶識。有幾種將意識分類的不同方式存在，不過，你選擇哪一種分類方式，其實並不是太重要。

當然，這並不表示以這個話題為主題的辯論並不存在。哲學式的辯論有時候是重要的，有時候是有趣的，但有時候也是令人困惑的。當人們從事辯論時，他們往往玩著文字遊戲，稍微地扭轉了文字的意涵，是以這個方式讓他們的對手住嘴，不再說出令人無法認同的話。

有句西藏古諺語，正是說這個：「如果有兩位學者對某件事意見一致，那麼他們其中的某一個人並不是學者；如果有兩位聖人對於某事有不同意見，那麼他們其中有一位並不是聖人。」換句話說，真實的體悟，應該是一樣的。如果兩位聖人沒有極為相似的體驗的話，其中應該有一位不是真的聖人。不過，哲學家，就是另外一回事了。如果兩位哲學家同意彼此的見解，其中應該有一位是冒牌貨吧。在你學習教法時，將這件事謹記在心，是很重要的。兩位偉大的學者進行辯論時，我們傾向假設其中某一位是對的，而另一位就是錯的，否則，他們為什麼要辯論呢？然而，事實並不一定是如此。

有一些被視為獲致與證悟同等成就的偉大善知識間的辯論故事流傳著。也許，那場月稱論師（Chandrakirti）與印度月官論師（Chandragomin）間長達七年的辯論，是其中最為知名的例子。他們在辯論傳授教法的最好方式，哪些文字能夠最為清楚地傳達出事物的本來面目。其中一位大師跟另外一位大師說：「如果你這麼解釋它的話，會有這幾種讓人誤解的可能。」然後，另外一位大師可能會這麼回應：「可是，你的方式讓人更困惑啊！我來告訴你為什麼。」學者與哲學家們常常試著想去解釋那些難以用言辭描述的事物，於是，辯論持續存在。

一切都是因為「你」

六、積集資糧，藉由般若波羅蜜而圓滿。

這位僧人向觀音菩薩提問的最後一個問題是：「什麼能讓積集資糧這件事圓滿呢？」從某種觀點來說，法的修持圍繞著兩種事物的累積——福德[41]資糧與智慧資糧。「福德」也許不是最好的翻譯字眼，因為有許多西方人都對這個字感到困惑。通常，他們認為這個字的意思應該是某種獎牌或是獎賞，像是那些你在學校獲

[41] 譯註：原文為 merit，多以「功德」為其中文直譯。

得的東西。然而，積集福德的意思，是去做些正面的事，或是養成一些正面的習慣，因此減少我們的負面習氣。當我們累積福德時，我們將變得如此習慣於以正面態度去行事與反應，習慣到讓自己的負面情緒幾乎不再產生。一旦負面情緒減弱，我們的身、語、意也就不再去造作負面的行為。

悲心，則是累積福德的基礎。我們所說的「正面行事」，意思是我們以懷抱利益他人的動機而從事的某件事。就大乘佛教的角度，看起來是負面的行事，也可能是正面的——那是指，如果它們是真實被啟發，並且是懷抱著悲心去執行的話。

所謂累積智慧，指的並不是收集許多資訊或知識。它指的是理解、並以事物真實的模樣去體悟它。那是有關學習讓自己完全地不造作。累積智慧所意味的是我們的智慧已經變得如此強大，讓我們得以全面而直接地明白每件事物。

那位將福德與智慧發展到最極致程度的人，就被稱為佛。基本上，對觀音菩薩提出的這個問題，應該是這麼說的：「什麼是獲得證悟的最佳方式？什麼是想要圓滿福德與智慧的必須條件？」而觀音菩薩的回答是，般若波羅蜜能讓這兩種累積獲致圓滿。

一般來說，我們積集福德的方式，是藉由造作越來越少的負面舉止與增加正面舉止的造作來達成。在大乘佛教，這意思等同前五個波羅蜜——布施，持戒，忍辱，精進與禪修。加強正面行為當然有所幫助，不過，那是無法斬斷負面特質之根的。少了智慧，我們身、語、意的善行仍具有正面效果，只不過那無法將我們帶出輪迴。它們能夠帶給我們的，是一個更好的輪迴生命；它們能讓我們的人生看起來更好，但是無法使我們證悟。

第六個波羅蜜：般若波羅蜜它是唯一能夠使你解脫的事物。深度理解你是誰、理解你心靈的本質，這能讓你從攀著、貪著與瞋恨中解脫。你是從理解何謂真實的這件事中，切斷輪迴之根。

如果能夠徹底明白自己的本來面目，那是能使你解脫的；如果你能徹底放鬆，那也能使你解脫；如果你能徹底做自己，那仍能使你解脫。以直接與徹底的方式理解事物，並且在這般理解中得以放鬆，那是圓滿福德與智慧的關鍵。

第四章

岡波巴四法：

終極的幸福之道

解脱之所以困難，只因為被習氣接管；
解脱之所以發生，是有了深刻到改變自己行事方式的體驗。

現在，我們要談岡波巴大師最有名的法教——岡波巴四法。跟你以往聽過的比起來，這裡的呈現方式會有稍許不同。大師是以探討我們如何將一切的行事帶入修行之道，開始這門教授。

這位尊貴的上師告訴我們，無論從事的是哪一項良好的佛法修持——研習、思維、聽聞、教學、持戒、積集資糧、淨化，或是禪修——它都不該變成僅僅是某一項活動。相反的，佛法修持應該是具有轉化性質的。如果你好奇這是什麼意思，有段經文是這麼說的：

貪愛，瞋怒與妄相，還有那些因它們而起的行爲，是不具美德的。[42]

[42] 這些是龍樹菩薩所著《寶鬘論》中這段偈語的頭兩句話：貪嗔癡及彼，所生業不善。不善生諸苦，投轉諸惡趣。無有貪嗔癡，及彼生善業。善業生善趣，世世享安樂。
譯註：仁波切在註腳中接下來提到，這次英文講解，龍樹菩薩的這句偈子，他採用的是舒密特（Erik Schmidt）在其著作《智慧之光》（the Light of Wisdom, vol. 1 (Boston: Shambhala, 1995)）中的英譯版本。

同樣的，如果從事它們的理由，是爲了獲得這一世的天人之樂，或是出自墮落或者基於俗世八風的考量而造作，那麼即便是有德之行，也會變得只是一般的作爲。

岡波巴大師說，不光是做惡才是帶有業力的行為，出於自利動機的正面行事，也會具有業力。不管你正在做的是聽聞法教也好，持守戒律也好，這些事表面看來都像是在修行。不過，要是從事它的動機，是出自世間八風的考量，那將創造更多的業。舉例來說，你可能從事供養，像是布施錢財給窮人，於是人們就會認為，你是一位樂善好施的人。那樣的行為看來良好，不過，由於造作時帶有一種獲得的心態，所以並不是真正的佛法修持。

弄錯目標錯誤變凡俗

真實的佛法修持，是遠離八種世俗關注的。讓我們先審視八風[43]有哪些——首先，是富有或貧窮，這部分也可以描述為獲得或損失；掌握權力或是毫無力量；享有良好的聲譽或是惡名昭彰；以及享有喜悅或者承受痛苦。我們往往認為，快樂來自財富、力量、人氣與愉悅，這四種事物會給予我們一切所需——我們會「已經達成這件事情」。不過，就心靈上的觀點來說，這些事物並不是那個正確答案。變得有錢並不是快樂的來源，過得貧窮也不會是快樂的來源；享有權力不會為我們產生快樂，然而毫無影響力，也不會為我們帶來快樂。不管是為眾人所知或是沒沒無聞，無論愉悅或痛苦，也是同樣的道理。持久的平靜與幸福，並非仰賴外在條件。它們，來自能以清楚的方式理解事物。一旦你的心靈專

[43] 編註：八風分別是，一利、二衰、三毀、四譽、五稱、六譏、七苦、八樂。

注於八風中的任何一項，無論是好的那一邊或是差的一邊，你的行為，已經不再依循佛法。

岡波巴四法：一、願心向法

岡波巴大師教導我們修行有四個階段——也就是所謂的四法，才是我們能獲致真正寧靜與幸福的途徑。

> 第一法，我們所說的「法」，是依佛法而修持；第二法，是佛法成爲我們的修行之道；第三法，這條修行之道能去除我們的妄相；第四法，則是妄相如智慧般生起。

岡波巴四法的第一法，是以如法的方式修法，這裡含有兩個層面——世間法與出世間法。

> 在世間修行，你知道了死亡與無常，並且篤信業力因果的作用。因爲害怕在惡道中受苦，爲了避免自己在未來世中落入那些地方，因此，你造作所有種類的善行。你修行，是爲了讓自己在未來世中獲得平靜與快樂。比如說，你是爲了獲得一個暇滿人身、或是在善趣中成爲天人等目的而修行，是貪圖身爲一位天人或是人類的舒適，或是爲了獲得身爲一位天人的歡愉而修行，這就是所謂的修持世間法。

修持世間法，是本著一股希望在這一生或來世能讓某件事變得更好的動機下進行的。像是我們想要心靈獲得平靜，想要事情如願發展，想要變得幸福。這一類的動機，可以涵蓋他人與自我。為了享有一個更好的生命，而將法教運用於我們的心靈狀態與情緒問題中，這是好的。這種方法，就稱為世間法的修行。

即使是偉大的學者龍樹菩薩，也提到修持世間法的價值。他說：「踏上天神與人類之法的階梯，將引領某人更加趨近解脫。」大師建議我們從修持世間法、成為更好的人開始。藉由運用這些法教，我們得以成為良善可靠的輪迴中人。不需要從一開始就摒棄輪迴，以希望獲得一個好的人生作為開始，會比較容易。

這個看法跟現代心理學協助你成為一個健康人類的方法，是相近的。當你的心靈變得健康，你還是會有強烈的情緒，不過，它們就純粹只會是情緒。你還是會有貪著心，但會是那種好的貪著；對這輩子、下輩子、你的家庭、你的人民還是會存在貪著，但是，那將是一種良性的貪著。有一種認知主張瞋恨與恐懼對自己或他人都是沒有好處的，所以要調伏自心，讓自己超脫這些情緒。佛教的法教中，也有這樣的認知。在經續裡都提到，第一步，就是成為一位良善並且具有定性的人。

然而，佛教中許多偉大善知識的傳記與介紹，強調的都是修持出世間法、而非強調修行世間法的用處。這些傳記都描述大善知識對於輪迴產生完全的捨棄，並且獲致偉大的證悟。這可能讓學生們以為完全的摒棄世間才是修行的唯一方式，還有，會讓他們以為，除非自己能像密勒日巴尊者那樣修持才算是修行者。但是，這並不是事實。

先修習世間法吧。為了承擔責任、做出正確的事、上班、賺錢與照顧家庭，我們可以在日常生活中運用佛法。去創造一個好的人生，好的社會，為他人行事，避免極端，還有從事禪修以獲得心靈的平靜等這些事情，這是好的。

如果你想獲得一個好的結果，在察覺到有哪些事物可以造成那樣的結果時，你會試著讓它發生。如果你想要享有更多心靈上的平靜，或是想要擁有一個更加舒適的人生，你會去創造那些將帶來更多平靜與舒適的狀況條件。如同我們在探討業的時候所說，正面的行為將導致正面的結果。因此，修持世間法的意思，是指去做那些可以擁有更好的世界、擁有更好輪迴條件的佛法修持。只要還在這裡流轉，為什麼不讓自己生在一個較好的輪迴條件中呢？從另一個角度來說，世間法仍是好的，這是因為存在懷有各種不同目標的許多不同的人。

漸漸的，我們將明白自己可以比做到這一點再更進一步些，那將帶領我們邁入第二種法——出世間法的修持。

> 在這第二種方法，也就是出世間法的修持中，你已經理解所有輪迴存在的過患，因此對於這個肉身、天與人趣中的歡愉，不再懷有貪著。因爲明瞭輪迴就像一個火坑、一座監牢、地牢、暗處或是髒兮兮的沼澤，厭惡感與悲傷於是油然而生。因爲堅定相信輪迴只是一片痛苦之海，對於它的任何喜悦或優點，你再也不感覺貪愛，你想著：「我想要快點從輪迴之中解脱。」

雖然修持世間法本身並沒有錯，但是它不會帶領我們從這些受苦中解脫。在正面的行為與造成解脫的行為兩者之間，有個重要的區別。經由造作正面的行為，你可以投生到更好的領域，像是坐擁好車與好東西那樣地住在美國。事實上，造作正面行為，是可以讓人享有比住在美國還要好更多的境界的！不過，就正面行為本身而言，它無法將你帶離輪迴。

問題就出在一旦享盡如此平靜而舒適的處境後，你還要繼續在六道中輪轉。[44]瓶中的蒼蠅是一個用來說明輪迴流轉的絕佳例子。瓶子裡的蒼蠅可以高飛直到到達瓶口處，不過，接下來它還是得往下飛。直到能飛出這個瓶子之前，它都不是自由之身。同樣的，只要依然被激情、好鬥與無知所掌控，你就不是自由的。即使是待在最棒的輪迴境界，終究會導致更多的受苦與疼痛；這其中，是沒有持久的美好存在的。當你下定決心要從輪迴的根源中解脫，這就是出離心。

真正的出離心，是認知只要心中仍然存在貪著與瞋恨，我們是無法變得完全喜悅及免於焦慮的。無論情況有多美妙，總有讓你感到不滿意的地方，即使現在一切完好，你知道還是可能發生某件事而讓你變得不開心，你知道，這個情況無法永遠維持現狀。

這便是我們習慣將輪迴形容為一個有著熊熊大火燃燒的火坑的原因。不論你跳得多高，永遠不會有一個安全的棲身處。一旦達到輪迴的最高境界，你還是得在這個業報完盡時，墮入一個較為低等的六道裡。無論它看起來有多好或有多壞，輪迴依然是一個牢籠。不管鍊住你的鎖鍊是以鐵或黃金打造，你還是被鍊住。輪迴就像是一個地牢，一個暗處，一個糞坑，真的，這就是岡波巴所說的。

當你視輪迴為一片苦難之海，你將堅信，只要自己被精神上的情緒所綁住，是不會有真正快樂的。這層理解，將減低你對輪迴的眷戀，於是，你會想要盡可能地快點脫離它。這一類的動機與理解，將使你的修持轉化為出世間法。你是為了獲得解脫而修持。

[44] 六道分別是天道、阿修羅道、人道、畜生道、惡鬼道以及地獄道。

在渴望獲得解脱的同時，你將看清較淺層的聲聞乘以及它的證悟境界存在著哪些缺點。人們會全力修持，令自己跳過苦難，進入平靜與極樂。在瞭解那個方法有何過患後，你會將自己的善行累積與淨化修持導向完全的證悟。具備獲得完全證悟的目標，這句話一語道盡出世間法，也就是如法修行這第二種層面的法。

想要從心的輪迴狀態中出離，你可以就「聲聞乘」（Shravakayana）或「菩薩乘」（Bodhisattvayana）兩種修行方式擇一修持。「聲聞乘」顧名思義，就是聽聞者的車乘，他們依循佛陀的基礎法教而修持。儘管渴望能從輪迴之苦中出脫，聲聞並不是以利益眾生而獲得完全的證悟為目標。與菩薩乘相比，聲聞乘是一個略顯狹隘的佛乘，這是由於其涵蓋較小的悲心。當然，聲聞乘也修持慈愛與悲心，不過，有別於菩薩乘，他們並未把幫助眾生視為自己的責任。

當你修持成熟，並且增長悲心之後，將會看清聲聞乘的不足，因此轉向修持大乘佛教。兩者都是出世間法的一部分，只是菩薩乘的範圍更加寬廣。

岡波巴四法：二、願法向道

接下來，是岡波巴四法中的第二法。大師說：

轉法爲道同樣涵蓋兩種觀點——一是成爲道之基礎的法，以及成爲實際修行道的法。首先，是道之基礎，因爲明白較淺層佛乘的不足之處，你懷抱愛、悲心與菩提心等動機去從事一切修持。這是就累積與淨化來說，或多或少你從事著各種修持，爲了讓無止盡的眾生成就圓滿證悟，你心裡想著，「我希望成就三身、五智，以及佛陀的一切遍知能力。」這便是以法爲修行之道的基礎。

以修行佛法為道之基礎，岡波巴大師提及了兩個步驟：以修法作為道之基礎的方式，以及將修法視同修道。首先，道之基礎與你的願心有關。在理解較低淺層次佛乘的狹隘之後，你從事的所有修持，無論深淺，都是為了遍及虛空一切眾生的利益而行事。抱持著這種心態，你也許會想：「我希望無邊無際的眾生都能從輪迴中解脫，獲得圓滿的證悟。懷抱愛與悲心，我想要為了成就他們的利益而成佛。為了他們，我想要成就三身與五智。」

心願的程度決定修行的深度

要區分大乘佛教與聲聞乘，前者會說，兩者的差別在於悲心程度。也許這聽起來像是聲聞乘不具有悲心，或是不教導對眾生慈愛的道理。這並不是事實。舉例來說，我們平日唸誦，作為基本菩提心發願的四無量偈，正是出自聲聞乘的法教。偈語是這麼說的：「願眾生具足樂及樂因；願眾生遠離苦及苦因；願眾生不離無苦之妙樂;願眾生安住於平和心，遠離激烈情緒、侵略與偏見。（譯註：願眾生遠離怨親愛憎常住大平等捨）」這是佛教中名為「四無量」（the Four Brahmaviharas）的共通法教。理解悲心是所有佛法教誨與修持的一部分，這是很重要的。

所以，大乘佛教徒所說的是什麼意思呢？我想，主要是發願程度以及一個人所涉入的程度。當我們唸誦「願眾生具樂並且離苦」時，這是一個祝福。我們非常強烈地希望這個世界可以充滿愛、悲心、喜悅與沉著。不過，在這裡，大乘佛教的獨特之處，是他們發願以一己之力來讓這件事發生。身為大乘佛教的追隨者，我們也奉行這樣的發願。這是上面提到與聲聞乘有所差別的地方。當我們真正身體力行自己所希望的某件事，這樣的佛法修持，就成為一條實際的修行之道。

> 在將修法成爲一條實際的修行道的過程中，你記起相對的眞實（世俗諦）就像一個妄相，或是一場夢。無論多寡，你帶著愛、悲心與菩提心去做一切修持，然而在此同時，你視它如幻、如夢。既然你的修行已經兼備善巧的方法與智慧，而它們是不可分開的，你的修行，就是一條眞實的修行之道。

這條實際的修行道，主要是有關六度波羅蜜的練習。在某段期間內、每天固定在某個時間正式做功課，並不是太重要的事。比較重要的，是關於這段生命你是怎麼活的。在練習禪定、持戒、布施與忍辱的同時，你也試著去理解互為緣起、事物的無常本質，以及所有體驗皆為夢幻般的本質。理解得越多，你的智慧也越發增長，對事物的攀緣也會淡去。你可以讓自己的心如其本來的特質那般展現。這就是你的智慧，以及你的體悟。

在此同時，你的修行是與悲心、愛與菩提心有所結合的。修行並不是某件你得額外去做的事，修行，是你如何度過每一天、如何將人與情境連結。實際的修行之道，是以悲心為基礎，是智慧與善巧方法的相互融合。

擁有智慧，你將明白自己的本來面目；你將了解自己這顆心的本質為何。覺醒的智慧，是佛教徒修持的主要目標，因為當這件事發生時，想要從輪迴中解脫的心也將展露曙光。輪迴，是以無明、以不知道你自己的本來面目為何為基礎，引發出自己與他人的二元觀點，這個觀點將帶來憤怒、貪婪以及所有的情緒問題。因此，智慧是一項最重要的心靈特質，它能連根拔起輪迴之苦。

培養智慧，往往是需要時間的，有各種善巧的方法可以幫助你達成這件事。這些善巧的方法，是帶領你從一個階段邁向下一個階段的方法。比如說，為了讓你的心靈變得更加沉穩與清楚，你會從事禪修、專注以及其他精神層面上的練習。如果你的心已經習慣負面行事，這類練習會藉由像是觀想諸佛以愛與悲心的形象對你示現等方式來訓練你的心，使其變得更加正面。佛教有著各種訓練你自己與他人的方法，懷抱智慧與悲心去進行這些練習方法，就是實際的修行之道。

運用這個方式來訓練你的心，有時候，你會著重悲心多一點，有時候則是多關注智慧一些。由於悲心，你不會從輪迴中逃離，你希望幫助他人，而你將會因此變得更有膽量去做這件事。由於智慧，你明白事物的真實本質，於是，貪愛與執著將會減少。唯有兼具智慧與悲心，你才能獲致完全的證悟。智慧與悲心需要兼備，就是一隻鳥需要雙翼才能飛翔。當我們並行地培養悲心與智慧時，我們會知道，自己正走在實際的修行道上。

現在，說到四法中的第三法，大師說：

岡波巴四法：三、願道斷惑

修行之道上去除妄念，有兩個層面。第一種妄念，是攀緣於存在與不存在或恆常與虛無。這個，需要藉由練習將其視為一場夢境或是妄相的方式予以消除。

四法中的第三法，是道去除妄念。怎麼辦到的呢？那是藉由體驗智慧與悲心合而為一而達成。有情眾生的妄念有兩種主要類型：其一端賴智慧消除，其二則由悲心除去。

第一種類型的妄相，是將事物視為真實存在或真實不存在。反之，如果我們將一切視為一場夢，或是一個妄相，如果帶著那樣的理解去修持，我們將對相對真理與究竟真理這兩種真理之間的不可分割有所理解。傳統上，在相對層次中，業是存在的，世上存在互為緣起、六道等事物存在；然而，在究竟層次，這些都不存在。

實際的修行之道，就是去理解這兩個真理間存在的一體性。它們並不是兩個獨立於彼此之外的事物。當我們理解事物的本質，就能看清它們的空性。當我們說事物的本質為空性，這句話的意思並非意味著事物——比方說像是一個玻璃杯，是不存在的。在相對層次上，我們能夠接受自己所看見的一切事物的存在性，不過，一旦深度探究它們究竟是如何存在，我們將理解它們是憑藉著互為緣起而生。沒有什麼是獨立或單獨而存在的。理解相對真實只是相對的，這就像是理解了究竟真實。理解這個道理後，我們應對經驗的方式將會改變，我們便正在實際的修行道上修持。

往往，我們對於相對真理的反應是非常強烈的。不過，越發瞭解事物的相對本質——萬物皆無常，並且彼此相互關連——我們的見地，也會不再那麼堅實。如此一來，所引發的恐懼會減少一些，也就因此少了一些瞋恨與貪著。陷入輪迴與從其中解脫的主要差異在於我們的心是否被貪愛與瞋恨所掌控。如果心不受自己的喜好與厭惡所控制，我們體驗到的，就是涅槃的境界。儘管說起來容易，要做到可不簡單。我們往往被自己的情緒所淹沒。

所以，你如何能從強烈的情緒中獲得自由呢？你得清楚明白，把這些情緒表達出來，是沒有意義的，而這類的認知來自智慧。當你明白沒有什麼需要害怕，沒有什麼是真的要去獲取或擺脫的時候，你再也不會被貪著與瞋恨所俘虜。

明白你其實是無常的，這是理解空性的關鍵。你總是在變化中，因此，你是不堅實的。你多久會有一次改變呢？每年在變？每個月在變？每個小時改變一次？還是每分每分地改變？每一秒都在改變？有人曾經教我一個數學定律——在兩個點之間，比如說相距一公尺的兩點之內，其實存在了無數的點。不只是一公尺這樣的距離，就連一公釐的距離內，也同樣存在無法計數的點。這個道理，也可以用於時間。我們說，萬物逐秒變化。不過，秒是一個不可分割的時間單位嗎？事實並非如此。在一秒之內存在無數瞬間，所以，事實從來不會是某件事正在改變，但晚點它就會停止變動。變化，是不會止息的。

如果一直經歷變化，那麼，就不能有個「你」是真實存在的。這說得通嗎？如果不能維持以同一個事物的樣貌存在，那麼「你」究竟是什麼呢？你只是一個連續的發生。所有持續變化的事物，就只是一個流動。也許，這說法可以成為一個新的推理方法，就叫做以數學方式建立的空性。

倘若深度明白你的心、身體，以及所體驗的一切，其實都在每一秒的各個片段中變化著，如此一來，何必對事物攀緣呢？沒有什麼可以被攀緣的。無論好壞、對錯、開心或者不開心，沒有什麼東西是你能握在手上的。當你具足明白事物原本的空性本質後，你將了解貪著與瞋恨都是不必要的。這便是解脫你的那件事物。行善可以讓你的生活變得更好，不過，能將你從輪迴中根除的，是智慧。既然在這條修行道上行持讓你得以明白真理是超脫存在與不存在兩元層次，因此，修行能去除妄相。

> 第二種妄相，是為了一己之利而行小乘佛教的修行。我們可以藉由禪修愛、悲心與菩提心對它加以消除。

能夠清楚明白自己生命中的首要目標為何，這是重要的。我們的首要關注，是讓自己得以從受苦中解脫；除此之外，也希望他人同樣解脫。對於這件事的認知能夠更加明白，我們就會更想要自己是有所用處的，不只是在小地方，而是以非常大的格局去做這件事。在增長願心的同時，我們希望自己與他人都是徹底並且完全地自在，我們將會被策動往這個目標邁進。這就是發菩提心的動機。體悟到體現菩提心可能是自己可以做到的最重要的一件事，然後發心去做。這便是修行道去除妄相的第二種方式。

岡波巴四法：四、願惑顯智

接下來，是岡波巴四法的第四法，也就是妄相如智慧般生起。這是去除妄相的最佳方式。從一個較高的見地來說，妄相並沒有被除去，當它的本質被體認並體驗後，妄相已經被轉化。具備這般理解，妄相如本智般生起。這裡，涵蓋兩種途徑——經乘中的般若波羅蜜多，以及金剛乘的密咒乘。

在提到第一種途徑時，大師說：

> 依據《般若經》，去除「妄相」的這個意識，是相對眞理的一部分。這讓意識本身如同一個錯覺或一場夢。這顆觀察的心與其所觀察的事物從未被分隔，它們的無二本質，是與生俱來的純淨。究竟來說，沒有觀察，也沒有被觀察

的事物。當你體悟攀緣與被攀緣的事物其實超越任何概念性的揑造、它們其實是完全和睦共存時，妄相，便如本初智慧那般生起。

依據《般若經》，體悟來自理解空性與互為緣起，特別是當你理解消除妄相這個覺知本身就像一個錯覺或是一場夢之後而產生。當你做夢，而你知道它是一場夢時，你不會陷在攀緣於其中顯現的歡愉事物上，因為你知道，它們是錯覺。你也不會擔心失去什麼——甚至是自己這條小命，因為那只是一場夢，你的反應因而有所不同。

和妄相相同的是，意識也不存在與生俱來的本質；它們，都是純粹與非二元的事物。究竟說來，沒有攀緣這件事，也沒有被攀緣的事物。不具概念的完全平靜是存在的。當你直接體驗事物時，沒有必要去攀緣，或對它們做出任何主張。加諸好壞概念或是做出各種評斷，都是不需要的。

一旦理解萬物皆為相對並且互為緣起，它們對你來說，都會變得如夢一般，於是你的恐懼也就消失殆盡。擺脫恐懼，是解脫的關鍵。沒有了恐懼，也就沒有理由追逐事物，或是逃離它們了。所有的經驗如過眼雲煙，而你就只是經歷它們。你的覺知非常清楚，你的情緒是在不帶攀緣下發生。既然沒有什麼綁住你，或是困住你，每一個妄念都如智慧般生起。到了這個層次，你將體悟沒有什麼可以被稱之為妄相的事物。沒有真實存在的障礙。這是經乘中提到體驗妄相如智慧的方法。

以另一種方式來說，就是以理解萬物皆為互為緣起並且非堅實的方式來讓妄相不再發生。互為緣起與非堅實不只適用於外在事物，也同樣適用於我們的意識。意識是相對的，就像外在事物一樣。它是一個錯覺，像一場夢。不只是不存在真實的事物可以讓人攀緣，也沒有真實攀緣這件事。觀察者與被觀察者之間是無法分割的。他們是非二元，並且在究竟本質上是純粹的。究竟來說，沒有什麼要淨化，也沒有什麼要擺脫，更沒有什麼要圓滿。

當你體悟到這件事，你會理解，沒有什麼是接著需要去做的事；沒有必要對抗。這並不是為了擺脫妄相而淨化或從事某件事。沒有必要改變什麼，因為沒有什麼需要被改變，也沒有人要去執行這項改變。經由理解這層道理，妄相，便如智慧般生起。

這與證悟是相同的道理。如同我們在談到傳承歷史的章節裡提到，當你證悟時，你就如本初佛那般證悟了。你不會想著：「終於，我證悟了。昨天，我還沒證悟，但今天，我做到了。」並不是這個樣子的。它比較像是你理解了沒有什麼是要淨化的，沒有什麼是要去做的，一切完全沒問題。這種體驗，會在你完全理解事物本來模樣的那一刻發生。

這也跟佛陀所說的四聖諦相似。首先，佛提到苦是存在的，接著談到受苦的原因，去除苦以及去除苦的方法，接下來，他說：苦是存在的，而我們必須明白這件事；苦是有原因的，因此我們必須消除苦因。苦是可以去除的，所以我們必須做到這件事；存在著一條可以止息受苦的途徑，因此我們必須成就它。然後，佛再一次解說，這次是以般若波羅蜜多的見地去說：苦是存在的，我們必須明白這件事，不過，其實也沒有什麼要去明白的事情；苦是有原因的，我們必須消除苦因，不過，其實也沒有什麼要消除的東西；去苦也是存在的，我們必須做到這件事，不過，其實沒有什麼要達成的事情；有一條除苦之道是存在的，我們必須成就它，不過，其實也沒有什麼要去成就的事。這些是佛說的話。

一切只發生在心中

在進行有關智慧的教授時，有時候我們會說貪婪，瞋怒與無明，這心靈的三毒本身其實就是智慧。弟子們通常以為這句話的意思，是指這些令人難受的情緒被以某種方式轉化、被擦亮了，然後便如同智慧一般光耀展現。其實不太像是那樣的情況。真實的情況比較像是對於某件正在發生的事情，你是以一種不同的方式去理解它。你知道沒有什麼要攀緣的，也沒有必要去攀緣，因而你不攀緣。在你明白所有事物顯現的真實本質為何之後，某種轉變發生，你明白它本身其實沒什麼問題，有問題的是我們攀緣事物。沒有了攀緣，我們便不需要再去做其他事。這個認知本身，就是智慧。岡波巴大師因為說過以下這句話而為人熟知——證悟，就只是去除錯誤的理解這樣而已。一旦錯誤的思維消失，解脫便已經發生。

> 金剛乘中所謂的妄相如本初智慧生起的方式，是像這樣的——一切妄念與非妄念，在你心中是無法分隔的。未被區分，它們是心之本質，是心之精髓，也是心那魔術般的展現。在本質上，被妄相化的意識，是非概念的明性。

大師對於妄相生起為智慧的第二種教學方式，與金剛乘觀點是一致的。練習這個方法時，你明白生起妄相的情況與未生起妄相的情況同樣都是自己這顆心的顯現。無論妄相是否顯現，不管生起的是什麼，其實都是這顆心。被妄相化的觀點，是這顆心的虛幻展現，至於未被妄相化的觀點，仍是這顆心的虛幻展現。

金剛乘的方法，是直接審視這顆心。沒有必要去分析整個宇宙，因為你所體驗的一切，只在你的心中發生。少了這顆心，你便不會體驗任何事情。你聽見你所聽到的一切，你看見你所看到的一切。你體驗的任何事物，不過就是自己的體驗。可是，是什麼在體驗？而你的心，又像是什麼樣子呢？

看著它時，我們可以理解心是清楚、具意識並且具有覺知的。問題是，它在哪裡呢？它長什麼樣子呢？在大手印的修持，我們進行審視，目的正是為了找出這顆心。譬如說，心是什麼顏色？什麼形狀？它在哪裡？它位在身體之內，或在身體之外？有時候，人們覺得心是在腦子裡，可是，是腦子的哪個部位呢？是在單一細胞內，或是在許多細胞中？如果無法在單一細胞中找到它，如何能在許多細胞中找到它呢？當你尋找這顆心，向內檢視，你是找不到它的。沒有什麼東西可以讓你握在手上，然後說：「這就是我的心。」你可以從任何角度尋找它，用上任何工具，從內或從外地去找，但你找不到什麼稱之為「我的心」的東西。我們可以稱呼這個無法找到任何東西的能力為「空性」。空性的意思，是沒有什麼東西是我們能夠攀緣的。

然而，在此同時，覺知正在生起。我們的心是空性與覺知、或者是空性與明性。從明性這個觀點，想法、情緒與感覺生起，這些，是心的多重顯現。在金剛乘的名相中，心的這三種層面，是以三身為人所知——心的本質是空性，是法身；心有明性，或稱覺知，這是報身；至於心的持續顯現與展示，那是應化身。請不要被這些名相困惑了——有時候使用梵文是阻力而非助力。就像這三種層面描述的其實就是同一顆心，三身，也只是這顆心的不同層面，並不是三件不同的事物。

對我們來說，心的各種展示，是最重要的部分。某件事發生了，然後我們想著：「這感覺超棒，而那讓人感覺很糟」等之類。我們認為自己正在經歷某種愉悅或不愉悅的外在事物；然而事實上，那其實只是我們的心。我們所體驗的東西，並不是真的存在於那裡；我們的體驗，只是自己心靈的一種顯現。

在瞬間結束輪迴

這讓我想起密勒日巴尊者的一首著名道歌，說的是他與一位名喚巴登邦姆（Palden Bum）的年輕女士討論禪修的事。尊者告訴她：「像山一般地禪修，像海洋一般禪修，像天空一般禪修。」於是，巴登邦姆離開尊者去練習禪修，之後再回來拜見尊者時，她再請教：「當我如同海洋那樣禪修時，有許多的波浪生起；像天空那樣禪修時，有好多的雲顯現；而當我禪修自己的心，許多念頭與情緒都跑了出來。我該怎麼做才好呢？」

尊者告訴她：「如果你可以像海洋那樣禪修的話，海浪是無關緊要的，因為它們是海洋的一部分啊。海浪自海水中生成，然後再融入海洋中。它們並不傷害海洋；它們自己，就是海洋。雲也是一樣的道理。它們在天上生成，又從天上消失。同樣的，念頭也只是心的展示，它們是不會對這顆心造成傷害的。」

就這樣，就其究竟本質來說，妄相化的意識是燦然、有覺知，同時是非概念性的。它以念頭與情緒的方式展現，不過，一旦深入檢視，你會明白，意識是非概念性的明性與覺知。

> 明空是無法被指認的。明空是從不間斷的。明空並沒有一個中心點或邊界。至於覺知，則是無根據並且不加掩飾的。

儘管意識被視為是被妄相化，它的本質卻因為是無法分割的明性與空性而未被妄相化。明性與空性是相續的，它沒有疆界，也沒有基礎可言。其本質，是赤裸的覺知——即使它展露出來的模樣像是已經被妄相化。當你了解並體驗這件事，你的心就去妄相化了，一切可能被視為妄相的事物，將如智慧般生起。

沒有什麼存在於心中的堅實妄念是需要被移除的；沒有什麼單獨存在的困惑可以被移開，以便讓智慧顯現。這顆妄相化之心的本質，便是智慧；這是我們需要明白的事情。這道理，與《究竟一乘寶性論》（the Uttaratantra Shastra，the Sublime Continuum）中的一句著名偈語意思相近：

> 根本沒有什麼東西要被移除，
> 就算是最細微之物，也不會被加入，
> 眞實地注視著眞實之物，
> 眞正看見時，便是完全解脫時。45

當你將金剛乘與經乘做個比較，你將明白，兩者之間並不存在真實差異。經乘的方法，是注視這顆妄相之心，並且明白它是相對、非真實存在的事物；這顆心，就像一場夢、或是一個錯覺。這般認知被運用在一切現象中，萬物因而被視為虛幻。

金剛乘的方法，則是去理解這顆妄相之心具備智慧的本質。由於金剛乘的方法是直接審視這顆心，所以我們是有可能在一時半刻獲得開悟的。這是金剛乘的說法——輪迴可以在瞬間就結束，而要讓這件事發生的唯一條件，僅僅就是真實知道這個智慧本質。有時候，人們無須經過一段長時間的訓練，就能理解妄相之中存

45 這個版本出自莎拉哈定藏譯英的蔣貢康楚仁波切著《知識寶藏》第八冊 (Ithaca, N.Y.: Snow Lion, 2007)。談錫永譯本此偈為：於法無所減，亦復無所增，如實知實諦，證此即解脫。

在的智慧。不過，我必須說，要讓這樣的事情發生，那得是非常、非常幸運的人才能如此。很抱歉這麼說，但只有極少數人能夠那般幸運。雖然罕見，這種情況還是有可能發生——上師向弟子解釋了心之本質，而弟子立即就能完全體驗上師所說的境界；不過，就算是那樣的驚鴻一瞥，也需要練習而使其穩定。

這是金剛乘的偉大上師之所以說，我們沒有害怕輪迴的理由所在。在其究竟本質中，輪迴是放鬆與自由的。既然被妄相化的心之本質其實是智慧，輪迴何來的立身之處呢？其實，並沒有輪迴這回事。有許多提及體悟的偉大道歌，都源自這股體認。

> 我們需要直接並鮮明地理解這就是法身。心的俱生本質，就是法身的精髓。這俱生的展現，就是法身的放射。

在這個當下，法身並不是某種有別於這顆妄相心的本質的事物。有時候，這被稱為心的俱生本質。「俱生」（coemergent）或「合生」（connate）等字眼是大手印的名相，所意味的是不論我們正經歷任何體驗，這個法身一直都在這裡。我們這顆心的本質、或是精髓，就是法身的俱生智慧。

在敘述這顆心的俱生本質後，岡波巴大師附帶出一個更進一步的觀點——俱生的顯現，也就是法身的放射。這是大手印的主要教法。心的產生與顯現——也就是我們所觀察的身旁一切事物以及想法與情緒，不外是法身的放射。大師是這麼說的：

> 一切外在看來像是明顯存在的事物，就輪迴與涅槃的所有觀點來說，它們與心的本質都是無法分割的。它們是不二的平等與簡單，生起如大樂。

我們的一切意識與顯現，都像是海浪從海洋中生成地那般自法身中生起。它們與法身並非分別存在，它們是法身的發散，就如同太陽散發的光線。太陽出現時，它的光線自然會存在。我們無法將太陽與其光線一分為二。我們也無法指出哪道光線是好的，哪一道光線又是差的。那純粹只是因為太陽的本質就是擁有光線。

類似的道理，我們的念頭與情緒，是法身的放射。如同光線源自太陽這件事本身並沒有問題，念頭與情緒是從法身中散發出來的這件事也是如此。問題，是在當我們做出造成畏懼或迷戀的評斷時產生。

提到避免評斷，我最愛舉的事例是影子。待在陽光下時，你的身體會投射出一個深色的影子。你沒辦法擺脫你的影子，而且，如果你說你的影子是壞東西，並且決定想要一個不同的影子，那麼，你就有麻煩了。影子本身並不是那個麻煩；你看待那個影子的方式，才是麻煩所在。當你認為影子就只是影子時，那是不會有問題的；但是，當你把它想成那裡有個又大又黑的東西在尾隨你時，你就有麻煩了。同樣的，當你理解到所有的顯現都是這顆心的散發時，是沒有理由去感覺害怕的。所有的現象發生，所有的現象消失。當你深刻理解了這件事，你就解脫了。

我們並不需要個別消除每個妄相來培養純淨的見地。唯一需要做的事情，是改變我們攀緣事物的方式。為了不再對自己的影子感到恐懼，你不需要擺脫它，你只需要理解，它只是你的影子而已。這可與妄相如同智慧生起的道理相比擬。一旦你明白妄相的本質，解脫，就不再離你遙遠，或是位於它處了。

要做到這件事，我們需要的遠比智識上理解還要來得多更多。要說出這些話同時認為它們真實無誤，其實很簡單，然而要讓解脫發生，那必須是一個深刻影響使我們改變自己行事的個人體驗。讓此事變得困難的原因，來自我們因為深植於心而接管的習氣。一而再、再而三，一輩子、一輩子以來，我們已經以瞋恨與貪愛來應對事物。要著實改變自己的行事方式，需要時間與適應，而那是只會慢慢發生的事情。有時候，一個深刻的理解可能發生，但因為只是匆匆一瞥，所以終究還是匆匆一瞥。

要將自己的理解帶入一種更深層的體驗，心靈上的修持是必需的。我們經由從禪修中偶爾體驗這件事開始，一種智慧的體驗發生了，不過，接著它又消失。慢慢地，慢慢地，我們能夠在禪修中體驗它，不過，不是在禪修之外體驗它。最終，它會持續產生，這就是體悟。

> 把這件事濃縮成一點，那就是——妄相就是非覺知，
> 一旦覺知如智慧般生起，妄相也就如智慧般生起。

岡波巴大師以妄相等同於非覺知做為結論。非覺知意味的是我們缺乏對於自己意識本質的理解。當我們依照缺乏真實理解的方式行事，我們就陷在妄相裡了。一旦明白這顆妄相之心的真實本質——也就是覺知本身即為未受汙染的智慧時，一旦我們的覺知被徹底體驗，妄相，便如智慧般被體認。

第五章 應用俱生智慧：輪迴中不可少的防禦系統

你的心靈狀態是否清楚與歡樂無憂，那無關緊要。
突破你所有的心靈狀態才是重點。

在我們開始討論如何應用俱生智慧之前，如果你已經不記得了，我必須提一下上一章尾聲曾經提到俱生的概念。先來做個簡單回顧，俱生，指的是不管我們正體驗什麼事，法身總是顯現的。俱生不表示兩者合而為一。俱生指的是無法分割的體認或非二元的體驗。在前一章，如同岡波巴大師解釋四法時提到過「妄念如智慧生起」，大師說：「心的俱生本質，是法身的精髓。俱生的顯現，是法身的發散。」

現在，在這個章節中，大師要討論的，是我們可以如何在禪修中與禪修外應用這種俱生智慧。

> 上師仁波切說：這是上師指導我們的，有關如何在你的修持中運用俱生智慧。[46]我們必須戴上兩種盔甲，見地的外在盔甲與智慧的內在盔甲，來將俱生智慧帶入修行之道。

[46] 此處所給予的參考意見，指的也許是岡波巴大師將自己從其上師所學獲得的教誨分享傳承。

這個俱生見地必須變成修行之道；直到我們的存在方式被完全轉化之前，我們都必須應用這層理解。僅僅只是擁有概念性的理解，或是少許的體驗，那是無法轉化我們的。我們必須練習，別無他法。練習必須運用於外在與內在兩種層次。外在，是被稱為見地的盔甲，而內在，則被稱為智慧的盔甲。

迎戰輪迴，重裝上陣

> 穿上外在的見地盔甲，這句話的意思，是你不會去造作任何負面行爲——即使，那是爲了要挽救自己的性命。你要持續正面地行事。

正面行事，在佛教的修行之路上一再被強調。有時候，當人們聽見高深的法教時，他們會長養出錯誤的見地。未能以一種非概念性的方式去理解事物的本質，反而將本質這件事看待成一種概念，因而變得非常困惑。某人也許會這樣想：「輪迴沒什麼不對，每件事都沒問題。做壞事也行的。反正，壞事到底是什麼呢？它們就是如智慧般生起的妄念。什麼又是正面行為？沒有什麼真正的正面行為的。那都是俱生智慧。沒有什麼稱為業的東西。我所需要的，只是明白這個見地。就這樣了。」諸如此類的想法，是一個大謬誤。別這麼誤用這個見地，這件事非常重要。究竟來說，一切事物都是平等的，不過，如果你將這個見地當成一種概念的話，那會變成斷見——而這是一個錯誤的見地。

在相對層次上，互為緣起持續產生作用，而你所造作的後果，將在你身上成熟。沒能對這究竟真實具備深刻體驗，你還是要受苦的。即使在智識上，你認為沒有所謂輪迴這件事，你還是會在輪迴中流轉，還是要受苦。我們對於這兩種真理的理解，必須有所平衡。蓮花生大師總是警告我們，即便我們的見地已經達到非常高深的境界，我們的行為依然必須謙卑如地面。

在西藏，所有的佛教學派都採用律宗作為倫理道德行持的準則，並以《無上瑜伽續》（Anuttarayoga-tantra）為基本修持內容。律宗與《無上瑜伽續》是同等重要的。即使從事最高深的修持，仍然必須強烈遵守道德行持。只要待在社群裡，只要仍然處在這個輪迴狀態中，我們必須對於自己的行事、言語與思維小心謹慎。因為我們的行為影響著他人，也影響我們自身，不能把它們擱下，然後全都說成是法身。因為尚未完全體悟，缺乏道德行持，我們還是會遭遇各種問題的。因此，我們需要這付外在的見地盔甲。

事實上，這正是大手印與大圓滿法教一直保持略顯秘密的主要原因。除非弟子已經具備足夠的定性，一般而言，上師是不會對他們傳授大手印或大圓滿法教的。這並不是因為師長們想要保留這些法教不外傳，或是只有在弟子是非常虔敬與仁慈的人的情況下才授與他們。更可能是因為如果這個究竟的見地被誤解了，也許不只是無法幫得上弟子，反而還會害了他們。

弟子需要對於業，以及造成輪迴的原因培養完全的信心。這是四加行（Ngöndro）法門之所以包含轉心四思維的原因所在。一旦堅實了這樣的理解，這位弟子就可以聽聞大手印與大圓滿的法教了，那不會對他造成任何傷害。然而要是不具備這個基礎，是有可能培養引發受苦的錯誤觀念的。

盔甲，是某種能保護你的東西。岡波巴大師說：「身穿這付見地的外在盔甲，這句話的意思是你將不會造作任何負面的舉止，即使那麼做是為了救自己一命。」這是一句非常強烈的措辭。說實在，要做到從來不造惡業，其實是非常困難的事。我們是輪迴裡的眾生，所以我們不只做好事，也會做壞事。最重要的是要非常清楚地理解惡行會帶來惡果，善行則會產生善果。當你體認善行將為每一個人帶來愉悅的結果時，你就會依其行事了。不論你的見地或理解為何，業的這個基本準則，都能說得通。

以個人經驗為基礎，如果你的理解越深入，你是沒有理由選擇造作惡行的。如果不再為恐懼或貪著所驅使，你怎麼會負面行事呢？不過，只要仍然帶有恐懼與貪著，你就得非常謹慎小心。

我想你們都聽過一個瘋癲的智慧瑜伽行者的故事了。這位瑜伽行者能夠做出看似不對，最後卻變得完全恰當的行事。不過，這是另外一回事。那些人是具備完全證悟的，不會受到業所影響，他們可以以莫名其妙的行事利益眾生。那是可能發生的，不過，以我們現在這種程度，不該嘗試那樣行事。我們也無法分辨誰是瘋狂的智慧瑜伽行者，誰又真的是一個瘋子。所以，不應該去仿效他們。我們對於自己的所知大於對他人的理解，如果知道自己還是帶有輪迴裡的情緒，對於自己的行事就得非常小心，要避免造作任何負面行為。

還有更糟的嗎？現在其實還不賴

> 穿上這付內在的智慧盔甲，也涵蓋兩種觀點——就外在來說，是對於身體上的病痛不加以抗拒，而內在層面上，那是指你不去抗拒心中的想法與情緒。
> 提到不對外在生起的痛苦與疾病有所抗拒，有三種辦法——心想情況本來有可能比現在還要更糟；藉由審視分析以直驅苦的根源；以及將這種苦帶入修行之道上。

首先，是對於病痛你不會加以抗拒。過去，你並不覺得自己的痛苦只是一樁小事，不過，在你想像自己本來可能還要比這情況更糟之後，你會覺得好過一些的。

就如何將負面經驗帶入修行道來說，內在盔甲這段文字內含某些非常實質的教誨。首先，岡波巴大師提到這苦與病是外在引起的。「外在」指的是身體上、而不是精神上的體驗。面對身體上疼痛的第一個辦法，就是利用我們的能力去理解萬物為相對存在。比如說，當你預期某件可怕的事情即將發生，當結果比你預期的要來得輕微，那麼，那就變成一件並不算太壞的事情。如果你本來要賠上一條性命，可是結果只是失去了一根指頭，你也許會想：「噢，這真是太棒了！我只是失去了指頭。」要是不這麼想，失去了指頭，你可能變得非常沮喪：「喔不，我失去了指頭！真是糟糕！」這就是我們這顆心的運作方式，所以，去想像情況本來可以更糟，是減低我們痛苦的其中一種方法。

另一個用來說明這個道理的例子，來自我的親身體驗。剛剛離開西藏時，一切都是非常艱困的。我們對印度一無所知，而那是個如此炎熱又充滿蚊子的地方，幾乎每個人都生病了，還有許多人因此死亡。不過，那時的我們是這樣對另一個人說的：「這不算太糟！至少，我們可以死在一張暖和的床上。」比起死在西藏的監獄裡，死在印度一張暖和的床上，似乎不是太糟。當然，在印度這個地方，暖和的東西可不只有床而已——所有東西都是非常、非常的暖和啊！

這個原則可以應用在許多方式上，那是非常有幫助的思維方法。我們的感覺，真的就是關於我們如何概念化一件正在發生的事情。我們的概念，是如此重要。事實上，我們的人生正是由概念所運作。

概念是可以改變的

最近，我從布魯塞爾搭機前往不丹，班機上有兩位非裔男士提議交換位子，讓我因此能和我的叔叔坐在一起。後來我跟坐在旁邊的他們之中一位開始聊天，那是一位很好心的男士。他告訴我，他是一位在盧安達長大的孤兒。你知道，我曾遇過其他盧安達人，他們是仁慈有禮的民族。不過，如果你也記得的話，在那個國家裡曾經發生一場內戰，圖西族與胡圖族間的內戰，有一百萬人因此喪命。敵對的雙方用彎刀把彼此的頭砍下，設想一下，要用槍殺死一個人還算簡單，要是用刀把一個人砍到死亡，那是非常激烈的事。我們會懷疑他們如何能做得出這種事？身為人，如何能如此無悲憫心地殺死另一個人呢？被彎刀殺害的可不只是士兵，還有稚童。

在我遇到同機的那位男士後，有個機會觀賞了一部述說盧安達內戰的電影，在電影裡，那些兵士叫喊著：「蟑螂們，你在哪裡？出來，你們這些蟑螂！你們就要死了。」那些殺人者屠殺了男人，女人，還有小孩。他們把另一個族群的人，當成毫無意義與噁心的蟑螂；他們視另一個族群如同蟲類。

當我們以某個特定方式為某物命名，或是概念化其為那樣的存在時，它就會變成是那樣的東西。我們可以決定某個反應是無關緊要的，如此一來就不會覺得那有多糟。我們大多數的經驗，是自己的概念。我們可以稱呼某個人為蟑螂、為人類、或是愛人，那是我們提到他們的方式。

關於概念的一個重要特點，是它們是能夠被改變的。從我們的自身經驗中，我們可以明白自己在提到不同事物時，存在如何不同的反應，其實是取決於我們對於這些事物的看法。就像那句諺語：

「情人眼裡出西施。」舉例來說，你可能經歷了一場非常痛苦的情境，在事情過去之後，你會想：「謝天謝地，終於結束了！我真高興事情已經過去。」當事過境遷、看來再也不成問題時，你可以感覺自己是如此地開心；那幾乎變成一種幸福的根源。因為過去是如此悲慘，對於現狀，你會更加感激。否則，你可能會想：「那完全糟透了！這種事不應該發生在我身上的。」在此生剩餘的時間裡，你會帶著這個記憶，在每次想到它的時候，就加深一次對於這件事的印象，這讓這件事隨著時間過去後，反而變得更糟。你曾經歷過的那個情境，一直維持著同一個樣子，然而，因為你選擇去回憶它的方式，會讓這件事對你造成一個完全不同的影響。

因此，岡波巴的第一項建議是，我們應該以拿某件更糟的事物相比較，讓自己覺得好過一些，以這樣的方式來看待痛苦。

參！痛到底在哪裡？

> 第二個方法，是去找出痛苦的根源，著手探討這感覺從何而來？它停在哪裡？它會往哪裡去？你會發現它並未出自任何地方，也沒有停在哪裡，更沒有要去的地方。當你清楚理解到這件事，你的念頭，也已經平息。

這種方法，是以檢視與分析而明白痛苦的空性本質作為基礎。當你直接看著痛苦，直接看著你對它的感覺時，你會開始理解，那是心的攀緣。要確實以這種方式理解痛苦，需要很多的體驗。光是對空性具備一個概念，只說出痛苦是不存在的，這些並不會讓痛苦消失。當你牙痛，你會發現，這個空性的概念，其實沒有太大幫助。

你可以把它應用在自己的體驗中。看牙醫時，你越害怕，就越感覺疼。能夠更加放鬆，你感受到的痛，也會減輕一些。曾有像祖古烏金仁波切（Tulku Urgyen Rinpoche）這樣的喇嘛，在接受手術時是不必使用麻醉藥的。有一位住在德國的醫生，因為對於仁波切這般忍受疼痛的能力是如此印象深刻，因此，他在仁波切的有生之年，一直照顧著仁波切的健康。不用麻醉藥動手術，展現的是非常高深層次的體悟啊！

在我們自身這個層次，可以從小痛開始練習，去找出它們是從哪裡跑出來的，它們停在哪裡，還有，它們會往哪裡去。從小痛開始練習，並不是因為那不重要——特別是在那些與情緒有關的情況時。就某種程度來說，身體上的病痛也是一種情緒體驗。如果從小量的疼痛開始，這個方法，就已經是有用的了。

其中一種進行的方式，是去找出這個疼痛的確切位置。你感覺到疼痛，然後試著確切指認出它，不過它並不會停留在某一點；感覺上，它到處移動。你沒辦法確實找到它。可以藉由進行正念禪修來達成這件事，有些人真的已經藉由這麼做而完全治癒他們的病症。比如說，印度商人葛印卡（S. N. Goenka）就這麼做了。葛印卡是一位住在緬甸的富人，之前曾為嚴重的偏頭痛所苦。他走遍亞洲與西方求醫，就是沒有人可以治癒他的頭痛問題。最後，他認識一位內觀禪修（Vipassana）大師，這位大師傳授他練習正念覺受。葛印卡運用了這個技巧，他的頭痛因此消失。

對於這項技巧感到非常興奮的葛印卡，前去請教他的上師，自己可以怎麼做來表達他的感謝之意。師長告訴葛印卡，讓他把這個技巧傳授給其他遭遇相同毛病的人。所以，這就是葛印卡已經在做的事——他開設了一個嚴謹的十天閉關課程，至今，仍在世界各地舉行。

讓我們回到岡波巴大師的第二個觀點。我們可以運用像是感受正念等這類技巧，去審視痛苦或疾病的本質。當我們找不到任何堅實存在的事物時，這允許我們放鬆。

讓我的痛變成愛

> 將病痛帶入修行道，去理解所有的良好覺受與不舒服的覺受其實是無法分割的。是這顆心感覺生病，也是這顆心執著於自己生病的這個念頭。一旦理解這件事，你會想：「我要利用這個病痛去成就某件有益的事。」

這個第三種方法，是類似自他交換（tonglen）的練習。你承擔他人所受的苦，並將自己的快樂施與他們。如果你正生著病，或是處於痛苦中，你會生起一股真摯的渴望，希望自己能承擔所有受著類似痛苦的他人所經歷的苦痛。你也許會這樣想：「願眾生都能遠離病痛。願他們的病痛都在我身上感果，於是，他們便毋須再經歷這種痛楚。」

利用這個方法，你將自己的病變成一種淨化與治療其他眾生病苦的手段，而在某種程度上，這也治癒了你自己的病痛。如果你為頭痛所苦，你將所有人的頭痛化為自己的頭痛，並且淨化它；然後，你再將這種擺脫頭痛的體驗散發給他人，那會是一顆放鬆並且感到舒服的頭。你可以將自己的痛苦轉化成一條邁向解脫的道路。苦痛可以變成一種淨化心靈的方式，也是一種與你的瞋恨與恐懼打交道的手段。

岡波巴大師已經告訴我們三種將身體上的痛楚帶入修行道的方法。現在，他要告訴我們，如何能將俱生智慧運用在這顆心上。

它們其實是美麗的！

> 關於不抗拒內在生起的念頭與情緒，你可以懷抱感激之心去看待自己的念頭。要不生起念頭，是不可能的。念頭、情緒、感知與感受，都是我們相當必要的東西。念頭與情緒其實是美麗的！生起念頭，是自然而然的事。念頭，是我們的朋友；念頭，是修行之道；念頭，是生起智慧之火的燃料。
>
> 要著手進行這個練習，就別刻意專注在念頭上，或是去培養念頭。當你的練習正在進行中，別讓任何心境在身上逗留，最後，別對它們心心念念。
>
> 首先，爲了不讓自己刻意專注在念頭上或去長養它們，先下個這樣的結論——不論在你心中浮現了什麼，那都是一個念頭。將念頭與情緒視爲就是這顆心，視這顆心就是那個未生的法身。

有關這付內在盔甲的第二個部分，就是別去抗拒在我們心中生起的那些念頭與情緒。如果想要擁有一個優質的禪修，我們必須和自己的念頭及情緒做朋友，反正你是不可能擺脫它們的。正好相反的是，我們必須學習如何放輕鬆與它們共處，以一種友善的方式與之共存。

在禪修時產生念頭、情緒與覺受，這是再自然而然不過的事。除非對它們產生了瞋恨或貪愛的情緒，否則它們都不會是問題。和我們的念頭打交道，一直都是一件有關平衡的課題。我們可以藉由禪修體認念頭僅僅是自己真實自性的展現而讓它們解脫。它們，是法身的顯現，或是空的覺知。

永遠不會有念頭或情緒再也不生起的時候。即使念頭持續顯現，它還是暫時並且浮動的。無論好念頭或壞念頭，不管是正面或負面情緒，都不是堅實的。雖然在面對負面情緒時，你得小心謹慎，但不需要把它們看得太嚴重。這就是平衡顯現的開始。

這裡要說的並不是好念頭或壞念頭、正面或負面情緒等這些事物其實不存在。請不要誤解這個教法的意思，誤以為它說的是你不需要致力去轉化自己那些難受的情緒。你是絕對需要去轉化它們的，那些情緒不只給你帶來問題；對別人來說，也是如此。

請記得，負面的念頭會造成負面的結果。令人難受的情緒，會讓我們的內在感到不舒服；當我們將它表現出來時，那也會為圍繞在我們周遭的人們帶來痛苦。我們可以在自己的生活中目擊這件事，不只是在長期的觀察中，在每一次情緒生起的剎那，我們就能感受到它的毒性。事情很清楚，我們必須對此有所覺知，並且依照這個道理行事。

我們必須保持覺知，不過，不需要在一旦生起某種負面情緒時，心裡就感覺恐慌。當然，負面的情緒是不好的，我們需要學會如何放下它們，不過，那並不像是天要塌下來壓在我們身上之類的事情。我們必須不讓自己把它們看得過度嚴重，將它們具體化成為問題。有時候，人們這麼想：「我不該是覺得這樣的。我不應該生氣；我不應該覺得嫉妒。我必須擺脫這種感覺。」當情緒變得過度重要時，它看起來會是一個大問題。

黃金鎖鏈依舊是鎖鏈

對於初學者來說，運用正面的念頭去消除負面的念頭，是必須的。不過，就像是壞的念頭一般，一位禪修者也會被好的念頭所束縛。就像太陽不但會被烏雲遮蔽，也會被白雲遮住，還有無論是黃金或由鐵所打造的鎖鏈，都能把人給鍊住是同樣的道理。

身為初學者，能以正面念頭去取代負面念頭，這是好的；不過，說到底，這條修行之路，並不是練習以正面取代負面。它要致力的是讓自己得以從正面與負面的兩端都解脫，因為上述這兩者，都是概念。如岡波巴大師所說，如果你被鍊住，鍊住你的究竟是黃金打造、或是用鐵鑄成的鎖鏈，其實並不重要。反正，不管哪一種，事實都是你被束縛。

這與正面或負面行事之說，是相似的。能正面行事會好得多，不過，行得正並不會讓你從輪迴中出脫。我們的重點，是要完全解脫，而不是優化綁住你的那道鎖鏈的品質。

這麼做，味道就散了

這裡，負面的念頭與情緒看起來就是我們的心；正面的念頭與情緒看來也是我們的這顆心。這顆心本身看起來就是那個未生的法身。這個理解，被稱爲突破的空性。

在大手印的教法中，不抗拒或去長養念頭的主要方法，是將它們視為這顆心的展示，就只是來了就走的東西。與其做出反應，我們可以讓那些生起的事物自行消逝。那就像是在你的房間裡有股不好聞的氣味，你應該怎麼做，好去除那股味道呢？只要打開門窗，味道自然就會消散。

這道理，與帝洛巴傳授給弟子那洛巴的那個知名建議相似。帝洛巴說:「孩子啊！綁住你的並不是外相;綁住你的，是你的執著。」我們必須砍掉執著，就是那樣。任何一種情緒生起時，無論正面或負面，如果你不對它心心念念，它是不會變成一個問題的。當你對這個方法更加熟悉，你一點也不需要對事情產生反應。當你讓情緒來了又走，它們就只是路過而已。如果你不執著，即使你有所反應，它們也會立即消逝。這些情緒，已經自我解脫。

關於這件事，馬爾巴譯師正是噶舉傳承裡的一個例子。他是一個非常情緒化的人，脾氣暴躁而且難以相處。他在年少時，總是跟其他的孩子打架，他的父母覺得他是個沒用的人；事實上，他們認為他不只沒用，還會是個危險人物。他可能會殺掉某人，或是被某人所殺，不管是哪一種，都會造成大麻煩。於是，他們決定把馬爾巴送走，這麼一來，不管發生什麼事，那都會是在外地發生的。馬爾巴的父母把他應得的騾子與犛牛給了他，接著，要求他離家。

馬爾巴其實也樂得離開，於是他離家，然後遇見有名的譯師卓彌釋迦智（Drokmi Lotsawa）。他對這位老師的印象非常深刻，所以向他學習梵文。我可以預見馬爾巴跟他的老師之間應該也曾發生過一些小爭執吧。於是他決定前往印度，而不是持續向西藏人學習。馬爾巴在印度遇見了那洛巴，並且接受他的訓練。

後來，馬爾巴成為一位偉大的上師，即使如此，他還是保有那樣的壞脾氣，會對人們大吼大叫。不過，因為已經獲得證悟，馬爾巴從內在有所改變，雖然還是如同以往那樣地對人吼叫，然而現在他的憤怒不再持續，很快就會消逝。他會面紅耳赤地持著棍棒追人，不過，隨後他會停下步伐，變得仁慈且溫和。他已經學會如何放下情緒。

不停留

在中等程度這個層次，我們要練習的，是別讓情緒在精神狀態中延續。在如上述突破了所有正面念頭之後，如果你的心感覺疲累，並且變得平靜，別讓自己停留在那樣的覺受上。如果有一種無念頭的體驗發生了，別停滯在那樣的體驗裡；如果對空性產生了某種認知，也別在那樣的認知中停駐。將這些體驗突破，將它們轉化爲精神狀態。將這些精神狀態理解爲本初智慧。視這顆心爲那個未生的法身。

這裡的重點，是你對任何事物都不執著，就算是好的禪修經驗，也是如此。通常，當這顆心在禪修中變得穩定而平靜時，我們傾向保持在那個情況，而且覺得自己修得不錯。當我們感覺自己禪修成功時，是非常容易對那些覺受變得貪著的。然而，從念頭自我解脫這個觀點來說，這個訓練是讓自己在良好的經驗產生時也要保持漠不關心。雖然你也許不會有意識的執著它，但你可以察覺到自己不想失去這種平靜的覺受，而且你會試圖避免生起散漫的念頭。

從大手印的角度來說，擁有一顆冷靜、寧靜的心來取代一顆活躍、變動的心，這並不是重點。你得有勇氣去突破所有正面的心靈狀態。必須勇敢地放下它們。你的心靈狀態是否看起來清楚與歡樂無憂，那無關緊要。盡你所能去打斷那些正面的體驗吧。這個教誨，是要突破你所有的心靈狀態。

當岡波巴大師說，我們應該要打斷自己的禪修，他的意思，並不是說我們應該站起來去做別的事情。雖然存在著某些技巧，像是大聲念出「呸」(phet) 這個音以打散你的念頭或體驗，不過，你不需要這麼做。如果對你管用，這麼做是好的，不過，打斷的重點，是要你停止攀緣。當你明白自己正深陷於某件事物之中，立刻停止，然後再次展開主要的練習。

如同那些愉悅或平靜的覺受，你也會擁有一種無念頭的體驗或對空性有所認知。你也許會想：「現在，我要超越概念了。也許，我正在跳脫二元；也許，我就要證悟了。多麼令人興奮啊！」其實，沒什麼好興奮的。這就只是另一個體驗，只是另一個我們必須釋放的概念。

在這個較為高層次的修持中，不對任何生起的事物或體驗有所堅持，是非常重要的。不管是多麼美好的體驗，那仍然是一個精神層面上的生起。不管那是一種無念頭、平和、空性或其他任何的經驗。在你對它有所攀緣的那一刻，它就是輪迴了。真實的智慧，是讓自己能從任何事物中解脫。這就是這個較為高深教授中所說的突破。

有一句著名的引述，有可能是出自拉尊（Machik Labdrön），它是這麼說的——溪流從陡峭的山中流下時，如果撞擊岩石的次數越多，那麼水的品質，也會更好。我曾經跟一些科學家談論此事，他們說，當水撞擊這些岩石時，它會變得更為氧化。這道理，可以與禪修相比擬——你越打斷它，這禪修會變得更好。

如果禪修變成一個讓你保有舒適的繭，那是有問題的。優質的止禪（shamatha）禪定能冷靜你的心，使它變得平靜，不過，那不會讓你解脫。你可以長時間處在一種平靜的狀態，但是會發現自己毫無進展。你完全沒有把無明給根除。禪定是一個好的奠基石，不過它並不是真正的智慧。即使處在定的境界中，我們訓練自己的柔軟度（藏文：shinjang）的品質，那是一種心靈完全受到訓練或處於掌控中的狀態。具備柔軟度的話，我們可以輕鬆地入定與出定。

舒適的禪修會把我們綁在輪迴裡的另一個原因，是一旦渴望正面的覺受，我們會開始害怕那些負面覺受。只要仍然陷在希望與恐懼情緒中，我們還是會有麻煩的，了解這一點非常重要。大手印修持的主要目標，是讓我們脫離恐懼。這個修持，是為了突破貪著，並且視任何發生的事情為可以接受的事。如果生起極度快樂或是穩定的覺受，那沒問題；如果生起了負面、混亂的覺受，也同樣不會有問題。一旦發生的任何事都能被視為可接受時，我們也就沒有恐懼的理由了。不含希望或恐懼的無計畫，這是真實的禪修。這就是大手印。學習讓所有的體驗來了又走，不抓住任何事物，這就是岡波巴大師所說的別停留。

原來沒有修行這回事

> 不攀緣的最終境界，是你克服一切精神狀態，對於突破這件事也不抱著堅持。別堅持視它爲修行之道，別執著視它爲修行之果，別執著於視它爲見地、禪修或是行爲。

換句話說，就是別讓發生在你心中的事物形成任何概念。然而，因為一切與我們自身、與我們的存在有關的事物都具有概念性，要讓自己從概念中出脫，這是非常困難的事。真正修持禪修，是做到什麼也不做。最好的禪修，是無禪修；我們，就只是完全徹底地放鬆，完全地覺知，對於任何事物都不執著。有時候，這被稱為「保持在自然的極樂中」或是「停留在自然的平靜裡」。我們，只是在這種最自然的存在狀態中放鬆。因為不受打擾，所以平靜，而這樣的平靜，是讓人感覺喜悅的。那就只是一種沒有什麼必須去做的事的存在狀態。

> 提到各種不同心靈狀態是如何與空性匯合，這部分有三種比喻——經由接觸而明白、往回走、以及火與蛇。首先，經由接觸而明白的這個比喻，就像你遇見某個以前認識的人。在念頭與情緒生起的那一刻，你馬上能察覺它們如同法身。

這是大手印之中，一個有關如何體驗俱生智慧的主要教誨。「在接觸時明白」的意思，是指念頭或情緒一旦生起，你便能察覺它就是那個法身的放射，接著，那個念頭或情緒便已經解脫。念頭與情緒都只是你自性覺知的展現，在某種程度上來說，它們其實什麼也不是。

那就像是注視自己的影子。當你明白正在注視的只是自己的影子，你不需要對此做出什麼事；這時你的影子是否在那裡，其實無關緊要。類似的道理，當你察覺自己的念頭與情緒就是法身，你就不再被它們所拘束了；它們顯現與否，已經無關緊要。

岡波巴大師將此舉例成像是你遇到一位以前就認識的人，你知道那個人是誰，所以不會感覺懷疑或害怕。我認為，影子會是一個更好的比喻，因為一旦你體察那個黑影其實是自己的影子，那就是這樣了，一點也無須贅述。

> 用來說明往後退的比喻，則像是你遇到一位素未謀面的人，或者是落入湖中的雪。雪不會立即融化，不過經過一段時間之後它會的。同樣的方式，你可能在一時之間無法體察念頭的本質，不過，因爲以前曾經見過，或是經過思維後，理解於是展露曙光。

藉由這個方法，當一個念頭生起，你看著它，明白它就只是一個精神層面的生起。沒有某件個別發生的事必須讓你感到害怕或貪著。我們需要以極度個人化的方式來應用這個道理。比如說，有某股強烈的欲望，或是恐懼、悲傷、悲心，以及任何可能的感受突然襲來，在它產生的當下，你理解它為自己這顆心之本質的展現。當你能以這種方式理解自己的感受與念頭，對於它們，你就可以自在放鬆。

說明這個方法的其中一個比喻，是遇見某位素昧平生的人。一旦你已經認識他們，你就認得出他們。第二種譬喻，是落入湖裡的雪。當雪落入湖內，會溶入水中，不過，這件事並不是在雪一碰觸湖水的剎那就會發生；雪需要一點時間才能溶化成水。在這個階段中的念頭與情緒也是如此，你帶著意識體驗它們，而它們並不長久存在。它們會消解，不會變成一個問題。

通常，當某個感受產生，我們會以它為中心打造出整個故事。我們的情緒沒有被當成某種正在通過的精神層面起伏，它反倒成了某件單獨發生在我們身上的事。這就是我們所說的二元性。我們認為自己得對這個感受做些什麼事情才行，否則就會無法擺脫它。不過，其實事情並不是這樣的。即使擺脫那個特別的覺受，總是會有更多其他的感覺湧現。

如果你能理解情緒的空性本質，你就可以自由自在了。大手印法門允許情緒自行解脫。在理想情況下，無論發生什麼事，你將立即明白那都是自己這顆心的展現，然後，情緒就會消失。如果這件事不是立即就能發生，那麼，你也許需要注視它，審視它，接著，它還是可以消失。

智慧不是摧毀什麼

> 火與蛇，是第三個比喻。火勢微弱時，風可以將其熄滅；不過，一旦火勢變得猛烈，風又會助長火勢蔓延。所以，某些針對你的嚴重指控出現了、或者你患了痲瘋病，或是任何其他可怕的情況發生了，於是你禪修，將這些情況視爲精神狀態而加以突破。精神狀態被果斷地視爲是這顆心，而這顆心，則被視爲、並以如同未生法身的狀態進行禪修。

這裡以火來比喻我們的情緒。當你在初步階段就掌握住自己的情緒時，消解它們只需花上少許的努力。然而，一旦情緒增強，就得用更大的力氣去消除它們，而它們仍將長養地更為強大。

這個原則同樣適用於我們與生俱來的智慧。如果你的智慧是虛弱的，那麼，即使只是一個小小的負面情緒，也能降服你的覺知。另一方面來說，如果你的智慧強大，遭遇越是強大的負面情緒，你的智慧也能變得更加強大。具備深度的智慧體驗，遭遇諸如痲瘋病、愛滋病或是嚴重的指控等等，這樣的大麻煩其實可以讓你變得更為強壯。至於你所遭遇的問題，那就像風一樣，不但無法撲滅智慧之火，反而會讓它燃燒地更為熾烈。

這跟所謂將情緒轉化為智慧，是相似的道理。它並不是指有某種堅實的情緒以某種方式轉化為智慧；它要說的是，當你明白情緒的本質，並且就讓它如此存在時，這明白便是智慧。那並不是智慧登場並且摧毀這個情緒。甚至，當你感受某種情緒時，如果能以智慧抓住它，這個情緒，便不再虛妄。這是因為你已經不再沉溺其中。智慧已經突破那股攀緣，這讓情緒得以從貪著與瞋恨中解脫。不再帶有貪著與瞋恨之後，情緒，也就不復存在。

蛇伸直蜷曲身子的方式，也提供另一種比喻法。牠們的身軀看來也許像是打了結，不過，無需費力操控，它們就能舒展前進。類似的道理，我們的想法與情緒，也在毫無操控間釋放了自身。它們，就只是顯現，然後未曾留下痕跡般地消失。

禪修訓練，是某種能讓我們深刻瞭解這道理的修持。一旦自身體驗這件事，我們將發現，無論發生的是什麼事，都會自行解脫。我們將每件事理解為那個未生法身、心之本質的展現。

光說不練是沒用的

還有四個關於如何在修行中應用俱生智慧的重點——第一、能夠重新建構你的理解；第二、能夠轉化不利的情況；第三、能夠去除虛妄，以及第四、運用智慧去打開佛法之門。

首先，藉由明白某個念頭或情緒是法身來重新建構你的理解力，於是，你將明白，所有的念頭與情緒都是這個法身。

大手印的教法說：「審視你的心」，然而，其實沒有一顆完整的心可以讓我們找到。心，是連續的念頭與情緒，它剎那與剎那地發生。每一個感知，都是你的心；每一種感覺，都是你的心。如果你的智慧可以抓住某個念頭，然後釋放它，那麼，所有其他的念頭，也可以同樣的方式被釋放。明白一個念頭的本質，你明白所有念頭的本質。對此，岡波巴大師也為我們提出某些譬喻。

比如說，當你啜飲海洋中某個區域的水，你會知道整個海洋是什麼滋味。類似的道理，在你理解某根吸管的內部是空心的，你就知道，所有的吸管都是中空的。當你明白一株在西藏名爲扎布（tsarbu）的植物的根，是怎麼長在其上時，你就會明白，根是如何長在其他所有的扎布上。[47]

緊接著，大師提出第二點：

其次，具備轉化逆境的能力，意思所指是藉由訓練你的心，讓所有的負面情況都成爲你獲得證悟的助緣。這就像是前一個比喻中的以風助長火勢那樣。
這就是我們剛剛討論過，當智慧強大，負面情緒甚至能讓它更加明亮地展現。
第三點說的是去除妄念，因爲沒能察覺念頭與情緒的本質，因此曾經存在妄念。不過，當你直接切掉心的那些不同狀態的根底，你察覺到它們如同法身，因此，也就沒有生起妄相的原因了。

換句話說，某種困惑的覺受產生了，你深入檢視這股困惑的本質，無法發現任何可以被困惑之物的存在。當你察覺這件事，就不會有更多的困惑產生了，那樣的誤解，已經清除。

第四、藉由智慧開啓佛法之門的譬喻，是在空中疾轉一支矛。這是有關認知一切事物皆處於平等境界的體悟。

這裡提到了一種印度武術，戰士在眼前極為快速地舞動一根棒子畫圈圈。這個動作會發出極大的聲響，同時，沒有人可以接近那位武士。我並不清楚這個例子要怎麼用來理解智慧與存在於一切事物中的平等性。也許，它說的是心不受阻撓，或者在每一個方

[47] 這種名為 tsarbu 的植物，在西方並未發現相應的命名。

向中平等受到保護之類的事。無論如何，有關俱生智慧這一切觀點的關鍵，是去體認你的所有精神層面狀態為法身。為了要能即刻在念頭生起時用上這樣的體認，你的理解，必須是來自自身的檢視與禪修。

要具備這樣的經驗，看起來可以是困難的，不過，那是因為這是某件必須要學習的事物。我們藉由實做學習，然後知道如何去經驗這件事。任何的實用知識，都必須經由訓練而學習；除此之外並無它法。要學會一種外國語言，我們得不斷練習去使用它；這跟學音樂或學開車，也是一樣的道理。只是知道理論，無法讓我們具備技巧。要理解心的本質，我們需要心無旁騖的禪修。我們得在喜悅與虔敬中，持續去做這件事。

第六章

心之自性：

在體驗中找出你的大手印

你的心，是你的體驗，而你的體驗，就是你身處的世界。

上師仁波切說：依據六度的方法，你從突破這些外在察覺的事物著手。用來說明這個道理的比喻，是藉由用力摩擦一根水平與一根垂直的棒子後生起的火。這把火可以燒掉整座森林，甚至連灰燼也不留。類似的道理，我們可以運用像是「非一亦非多」這類的推理來審視各種現象，獲得一個明確的結論。當你突破了外在察覺的事物，這顆察覺它們的心，自然也就獲得鬆綁。

這裡描繪出中觀派（Madhyamaka）的推理方法。依照六度法門，你要從完全理解自身之外的事物有何自性著手。舉例來說，我們可以拿任何自己所見、所聽、觸摸或品嘗的東西為目標，去理解它是如何存在的。它是單一存在的嗎？它是恆常的嗎？單一存在的事物，是無法具備任何不同部分或元素的。它們無法被分割。當我們檢視，我們將發現，每件事物都有不同部分，所有一切都在改變，而且，它們都依據各式各樣的原因與條件顯現。既然原因與條件每時每刻在改變，事物本身，於是也在每一個片刻中變化。因此，它無法只是一個單一或恆常的事物，它是一串連續的因緣與條件。我們所經歷的一切，是依賴性地生起，而且依賴性地安立。

如果無法找出某項單一的事物，隨之而來的是我們也將無法找出其他許多事物，這是因為「許多」其實是由無數的「一」所組成。這就是互為緣起的哲學。每個事物的存在，都與另外某件事物有關。比方說，我們可以形容某個東西為「短」，那是因為有「長」的存在；我們是在以「右邊」為基礎上，安立「左邊」這個概念。就每件事物來說，總有某個與其相關的事物存在，有某個與其相互連繫的事物存在，甚至，在說到某項事物是如何快速移動時，它也是被以與某個另外事物有關的方式被衡量。

鬆綁，只因為萬事萬物相依

對於某個站在月台上的人來說，一輛火車也許是以一小時一百公里的速度前進，不過，如果與另一個同樣移動中的物體相互衡量時，那速度，將是不同的。每件事物都存在於關係之中。岡波巴大師所舉的例子，是以摩擦兩根棒子生出火花。精確來說，火是打哪而起的呢？是從第一根棒子，第二根棒子，或是從那雙摩擦的手中生起呢？答案並不是它們之中的任何一個，而是它們一起生起火的。一旦合適的條件具足，火也會被點燃。這火，可以燒掉底下的那根棒子，可以燒掉上面的那根棒子，甚至燒掉一整座森林，直到一絲灰燼也不留的地步。

這類分析推理，是這樣的——一旦你理解萬物互為緣起的自性，對於事物的攀緣也會被轉化。我們常常認為，事物是單獨且真實地存在；當我們察覺某件事物為負面的存在，我們認為它就會那樣地存在著；當我們察覺到某件事物為正面的存在，我們也會認為它就是那樣地存在著。事情看來是非常堅實的，而我們如此認為：「我想要這個，但我不想要那個。」我們所有的鬥爭與麻煩，來自於視事物為真實存在。抱持像是「我需要那個」這類的想法，這個「我」已經被假設為存在，非常堅實並且獨立地存在。這一類的想法，就是我們說的二元性。

將事物視為原因與條件的結合，這是重要的。事物並不僅僅是經由原因與條件（因和緣）而產生，它們自己，其實就是原因（因）與條件（緣）。這是兩種不同的論述。如果我們說，一個玻璃杯是由於原因與條件所生成，那聽起來像是玻璃杯為恆實存在，而且是因為各種條件而呈現。

不過，如果我們這麼說，「那個玻璃杯是原因與條件」，那麼，那就只是它原來的樣子了。隨著條件改變，玻璃杯也會改變。玻璃杯是一個相續，是一個變動中的現象。它依賴性地生成，並且依賴性地安立；它是一個變動中的相續。

這就是中觀派的方法。因為理解了外在層次的空性，束縛內在這顆感知之心的繩結也就能被鬆綁。一旦你理解外在事物為互為緣起，你可以將相同的推理運用在內在經驗之中，於是你明白，自己的心與認知，它們也是互為緣起的。

明瞭互為緣起的言外之意，是你明白既然沒有什麼東西真實存在，可以被摧毀，自己其實也就沒有什麼東西會失去。類似道理，既然沒有什麼東西是可以被擁有的，也就沒有什麼是你可以獲得的。更進一步，當你體認空性與互為緣起兩者本身也不是堅實的，你的執著，就完全鬆綁了，對於達到放鬆與隨遇而安，你覺得自在。

你的體驗，就是你的世界

> 在大手印法門中，當我們突破這顆觀察的心，這些被觀察的事物，也會自然而然地被鬆綁。提到突破這顆觀察的心，仁波切傳授我們三點——心的特徵、精髓與自性。

大手印法門，則是從另一面起作用。與其檢視這個外在的世界，它是以檢視這顆心著手；一旦心的自性被理解，那些把我們綁在外界事物上的繩結，也會為之鬆開。在大手印法門中，你從這顆心開始，是因為每件事都是經由心去體驗的。你不會在心缺席的情況下觀察事物。如果你看見某件事，那是你的心看見；如果你聽見某種聲音，那是你的心聽見。你的一切念頭，體驗與覺受，都是自身這顆心罷了。

於是，問題將變成是這樣的——你的心，是什麼？當你徹底理解這顆心的自性，這層理解將釋放一切。這就是大手印的方法，以引出這顆心的自性開始。岡波巴大師以指出心的特徵、精髓、與自性，這三個心的主要層面，來為我們解說。

> 這心，具有兩種特徵——它以各式各樣彩色、外在的形式顯現，並且放射出各種正面與負面的精神狀態。換句話說，存在著心的精髓與兩項特徵，這些，與心本身與其所產生的事物是平等的。在天空中，也有各式各樣的彩色顯現，像是厚雲與薄雲，它們從天空裡生成，再融入天空中消失。同理，各種念頭與情緒的放射，以及像是形狀，聲音，氣味，滋味與碰觸等等，各式各樣的感官的顯現，也都來自這顆心。以這樣的方式顯現，就是心的特徵。

心，最初是明性與空性的結合。因為心具覺知，我們於是擁有體驗，不過，既然心為無物，它是非堅實的。我們無法指認這顆心，然後說出它在哪裡，不過，因為我們感受得到那些心的特徵，所以，心是存在的。當岡波巴大師提及心的特質，他指的是心所生起那些心理因素與活動。這其中包括兩種──那些外在所察覺各式各樣的彩色顯現，以及內在所察覺各式正面與負面的狀態。

心具有無限展現的能力，外在與內在的展現皆有。不過，所有這些顯現，都是它的一部分。我們可以感覺美好，可以感覺很糟，可以擁有各種感覺與念頭。一切都是可能的，因為心就是如此。佛的心是如此，每個人的心也是如此。

一旦心的某些特徵或顯現產生，我們往往認為那是存在於我們之外的；不過，要是我們明白一切展現，其實都是心的顯現，那樣的話，什麼都是可以顯現的，對我們來說，那都沒問題。瞭解這個道理並能以這個方式去體驗這顆心，這是非常重要的。

這讓我想起某件學生曾經告訴我的事。我們之中有些人，對於生活中的某些人感到非常不舒服；有些人想要獨處；想要享有隱私，「需要自己的空間」來避開他人。為什麼會有那樣的感受呢？其實原因不是出在他人，那是我們自己的問題。那種不舒服，是存在於我們自己心中的。當別人在身旁時，我們便覺得自己無法簡單做自己了。我們需要鎖上房門，需要這樣獨處才能放鬆。當這種心態占據心頭時，我們將倍感壓力，沒有辦法自然反應。

癥結其實不在我們這顆心之外。如果可以讓自己放鬆並保持自然，那麼，不管發生什麼事，都可以隨遇而安。我們可以在一百個人的圍繞中學習保有自性。如果人們盯著我們瞧，情況會產生什麼差別嗎？最近，我去了一個 spa，裡頭的每個人都是完全赤裸的，不過，那一點都不是問題。要是我們讓自己赤裸裸站在大街上，也許就讓人不舒服了，可是，在 spa 裡，每個人都可以一絲不掛，如果有人看著自己，那其實沒什麼關係。

如果不讓自己放鬆，如果不知道該如何放鬆，那麼，一切的事物都會干擾我們。我們以為，那些干擾是來自外界，比如說，有的人會被輕微的噪音所干擾。然而，我們其實可以對於周邊的巨大噪音與紛擾完全處之泰然的。我們會被如何干擾，並非取決於所處環境的嘈雜程度，而是取決我們有多理解自己的心。

我們的痛苦與問題，都是這顆心的顯現。同時，我們的這顆心又完全地具備彈性。我們並不是一直都感覺糟透了的，有時候，我們也覺得自己非常幸福。這正是因為心毫無堅實可言，其實它分秒間都在變化。一切，就如泡泡般生起與形成。

心的顯現，就像鏡子裡的反射。當你照著鏡子，扮鬼臉或是皺眉的表情時，也許還會讓自己覺得驚恐與害怕呢；然後，當你看著自己微笑時，也許你會對自己感覺著迷。對於你所看見的事物，你會產生各種反應，不過，它們其實都是你自己的反應，就像那些心的反射一樣。

岡波巴大師以天空與顯現在天空裡的一切現象為比喻。在天空中顯現的所有多采多姿景象，都會消逝融入於天空裡。同樣道理，從這顆心產生了一切事物，它們也會消失融入回到這顆心裡面。你個人所體驗的一切事物，沒有一件是存在於身外的。你的心，是你的體驗，而你的體驗，就是你身處的世界。

獨自體驗，而非複製概念

接下來，大師進一步再談心的自性。

> 所謂「心之自性」，那指的是你自己的覺知，也就是那些你以主格的我（I）或以受格的我（me）思考的部分。心的自性，是明空（clarity-emptiness）。它無法被確切指認出來，但是，也從未停止。覺知，它是無基礎、剛發生、赤裸裸，並且不由自主的事物。

確切來說，心的自性到底是什麼？什麼是它的究竟自性呢？當你尋找所謂的心，唯一能找著的東西，是覺知。心，最多就是那樣了。有時候，覺知也被稱為明性，那是所體驗的事物。

我們必須靠經驗來尋找這顆心。可以由兩種方法做到這件事：外在的方法，與內在的方法。外在的方法，是以它的外觀去找尋，它的結構是什麼？它有顏色嗎？它有形狀嗎？我們可以試著去找出心的位置——它在這個身體之內，還是之外？它在哪裡？儘管你可以找，而且以這種方式去找，不過，你還是找不到這顆心。

即便你想要相信自己已經找到這顆心了，那也只是你自己的心這麼說罷了。或者，你要說，心一定存在於大腦裡，這麼說，是什麼意思呢？那就只是你的心的另一個念頭，另一個概念，另一個展現而已。這跟你所擁有的其他外在體驗，比如說出今天的天氣挺好，或者草是綠色等這類體驗相同。就只是另一個念頭罷了。

內在審視這顆心的方法，是去審視這個體驗本身。那麼，心是什麼呢？它就只是覺知而已。我們可以稱其為「明性」，因為它並不是一個黑暗之物；它是有覺知的。我們如同體驗一個接著一個的經驗那般體驗自己的心。大手印教法經常將此描述為明性、亮光或覺知。這就是心的自性。

然而這個明性會在哪裡呢？確切地說，它是什麼？我們根本找不到它。我們無法這麼說：「我的覺知就在這裡。」明性，是無法被指認的，那不是某種我們可以撿起來，然後展示給某人看的東西；它無法被放在一個盒子裡。這是心的空性面向。從禪修體驗的角度來說，心之自性，除了覺知 空性之外，別無他物。

雖然覺知無法被指認，在此同時，它的自性從來不曾停止。你永遠無法找出覺知的起始或終點。覺知是不具基礎、是剛發生、赤裸裸，並且自然而然發生的。我們使用這些字眼指出某個必須被直接體驗的事物。心之自性，是我們必須親身理解的某件事物。從事大手印禪修，我們得獨自、並且真實地注視自己的意識。

傳統上，大手印教法不會以這種方式被呈現——你在學習之前，就被告知心的自性是什麼。學生往往被告知要去審視自己的心，去分析他們的體驗，然後試著對師長表達自己的體驗。如果你先前就被告知心之自性是什麼，那麼，在審視自己的心時，你可能會這麼想：「嗯，大手印法本說，心是明空，所以，一定就是這樣。」就這樣拷貝與重複你所讀到的東西，這對你來說，是不會有用處的。那不會為你帶來體悟或解脫。即使如此，在這個情況下，我還是要繼續講解岡波巴這本書的其他部分！

大樂，不是培養出來的

心的本質像什麼呢？它不存在，不過，也不是不存在；它並非恆常，卻也不是空無一物。不受這兩種極端所侷限，但也無法在介於兩者之間找到它。至於切斷它，它是無法被切斷的；要說摧毀它，它也無法被摧毀。本質，是無法被改變的。就對於讓它停下來這件事，它也無法被停止。無時無刻，它都不受來去的限制。

既然這個本質無論在過去、現在與未來都不間斷，於是，它是無法被切斷的。它無法被混合。它是根本賦予、自發性的呈現，因此，它無法被摧毀。它缺乏形狀或顏色，也不是某種物質或某個事件，因此，它無法停止。當你理解它所代表的意思，那就叫做自性。它被稱爲大樂，被稱爲俱生智慧，被稱爲非二元。

你能如何描述這種心的自性呢？你不能說它是存在的，但你也無法說它不存在。你不能說它總是在那裡，卻也不能說它從未在那裡。既然從過去到現在、到未來都無間斷，就算你想切斷它，它也無法被切斷。從最初一開始，它就不是合成，而是自發性顯現的。既然是無形、無色、亦無堅實的存在，即使你想止住它，它也無法被停止。它是大樂，它是俱生智慧，它是非二元。

當你對於心之自性變得有所覺知，那便是明光體驗。當某人擁有這般明光體驗時，他們將擁有非常細微的覺知，甚至是深沉的睡眠。舉個例子，我有一位朋友的朋友，他是住在西藏的一位禪修大師。他的生活方式如同密勒日巴——不需要穿衣服，不需要飲食，也無須睡眠；就只是坐在那裡，進入明光禪修。

這兩個人從孩提時代就是朋友了，最近，他們又在西藏重聚。到了睡覺時間，這位大師說：「現在，我要進入明光狀態，請看看我是否做對了。你會知道我做得對不對，因為如果我進入睡眠狀態而沒打呼，那表示我已經進入明光。在明光中，你知道每件事都在身旁發生。你會明白，就像是你不曾入睡那般。然而，你會獲得像是從一段深睡後獲得的那種休息。」

就像這位禪修者所陳述，在明光自性中的心，存在著覺知，就像白晝般非常清楚，不過不帶壓力。這個狀態，是完全的休息，完全的喜悅。這一類的覺知，就是心的本質，因此得以被稱為大樂。大樂，是一種心靈不受干擾的自性品質。那並不是某種被培養的特質。

覺知一直都在

心的本質也被描述成非二元，並不是以一種不明白什麼是什麼的觀點來說，而是因為明白分別並不存在。對於身為一位獨立於他人而存在的個體，或是存在想要或不想要的單獨個體等，都沒有感覺。

分析自己的體驗時，你會發現，它們只是來自覺知，除此之外沒有別的。心，沒有邊界或限制。因為心的本質除了覺知之外，沒有別的；因為不具形狀或形式，它並不是某種堅實的存在。如果心是某種堅實的事物，你應該可以將它切成數片，然而，沒有可以被切的東西。

心的明性自性，讓我們得以理解事物，並擁有所有種類的經驗。心不受限制，可以穿越一切。因為明性，心因而具備天眼通與遍知能力。當你的心變得平靜、清楚，並且完全不受干擾時，它可以看穿時間與空間。它具有遠超過你能想像的能力。

當你對此具有更深的理解，當你能夠體驗這個意識本身，你將明白，意識是大於這個身體的。心，並未包含在這個軀體內，它是超越這個軀體的。比方說，那些經歷過瀕死的人，曾經在身體上已經被宣告為死亡，心卻可以明白事情。他們不只是能看見自己躺在床上或是地上的那個軀體，還能看見身旁周遭發生的一切，像是醫院停車場等諸如此類的東西。所以，這個身體並非這顆心，因為在那些情況下，身體是已經死亡、或被放置在另一個無法看見外界的房間裡的。

心的本質，並不是某種會死掉的東西。它無法被殺死。即使軀體死亡，這心還是繼續存在。特別是當我們談到死亡，對於身體與心是如何不同的這件事要有清楚覺知，這是重要的。身體與心是一起的，它們互為緣起，但並不是完全同為一體。當然，它們相互影響。身體遭受痛苦時，會影響到這顆心。神經也會受損，使你無法清楚思考或記住事情。身與心緊密相關，不過，它們並不完全相同。

心有自己的連續，自己的精髓、本質與自性。心是覺知、明瞭、有意識並且清楚的。它是意識的相續，並非由物質所形成。另一方面，身體是由地水火風所組成，是由爸爸與媽媽的基礎元素所生成。心具有粗、微粗、細、以及極細等等，不同層次的意識。我們現在所說的心之本質，是意識的極細微層次，不會在深沉睡眠中消失，也不會在死亡時消失；縱使身體消融了，心不會。

虔誠是唯一的插頭

關於這些敘述，你必須經由個人經驗去明白，不是藉由反覆念誦它而明白。要真實地明白它，你必須長時間驗證自己的心；在禪修中反覆驗證。然而，即使這是一段檢驗的過程，特別是驗證過程本身其實並不是知識性的。你看著它，然後放鬆，處在原有的自性中。當你無法找到一個名為心的事物，你只要處在自然的狀態中，逐漸去感受它，讓那與生俱來的明性，變得明顯。

當你變得更冷靜，也會更加清楚。當你擁有的概念越少，也會變得更加清楚。這是從事禪修時，非常重要的一部分。智性上，你可以暢所欲言，反正那不會造成任何實際的不同。你可以在智識的理解上百分之百正確，不過，如果你的理解停留在智識上，那是不會有多少好處的。掌握概念是簡單的事，但有所體驗就不容易了。這種體驗，有時被稱為覺醒，必須是由你心裡所體現。你讓它產生，但是無法強迫它。放鬆，是實踐這件事的方法。某種程度來說，我們要讓體悟展露曙光所能做的唯一一件事，是在禪修中放鬆，什麼事也不做。這是我們達到明白心之自性的方法。

有時候，人們來到他們的師長面前，述說各種體驗，但師長常常是這麼回答的：「不，抱歉，並不是像那樣的。」舉個例子，人們告訴我蔣貢康楚仁波切每年都會到我在林谷（Rigul）的寺院，會有許多人到此拜見他，討論自己的禪修體驗。有一位非常優秀的僧人也會來到這裡，他就像密勒日巴那樣，總是待在洞穴中；捨棄一切的舒適，將自己的生命全部投入禪修。不過，蔣貢康楚仁波切不曾對他所稟告的體驗感到高興，有天，仁波切甚至還打了他！我聽說，這位僧人的禪修後來獲得少許改善了。不過，有另一位腳有殘疾、看起來也不是太機靈的僧人，不管在什麼時候覲見仁波切，他們的討論，都能進行愉快進行。

體驗心之自性這件事，跟你有多聰明是一點關係也沒有的。有時候，具備大量的理論理解，並不是最好的事。虔敬心，才是唯一持續被強調的條件特質。禪修體驗可經由虔敬而生起。你越能隨遇而安，讓自己從概念中解脫，你也將越能敞開自己的心。當你越敞開自己的心，你就可以更能夠在心之自性中放鬆。

另外一個與這些內容呼應的故事，是有關一位弟子前往拜見某位名氣響亮的大師，向其供養自身的禪修體驗。這位弟子心想，自己已經具有非常成功的體驗，希望大師可以確認這件事情。這位大師，是一位瘋瘋癲癲的瑜伽行者，在聽完弟子闡述親身體驗後，變得嚴厲而惱怒，批評這位弟子缺乏實證經驗。

弟子聽見瑜伽行者所說，感到非常悲傷，他打消要獲得這位大師肯定的想法。他就只是坐在那裡好一段時間，憶念自己的根本上師，就是那位授予自己修持行之有年那些法門的善知識。有一股強烈的虔敬湧上這位弟子的內心，於是，他只是坐在那裡，沒做什麼特別的，只是想著這位上師。

當這位弟子再次抬起頭，看見瑜伽行者正微笑看著他：「就是這個！現在，你證得它了。」

所以，這位弟子是在心裡未對這件事抱持思考，也沒有為此做出任何舉動的情況下生起這股對於自性的體驗。那是懷抱虔敬心所產生的結果。

記住就回神了

> 你必須了解心之自性與其呈現爲各式各樣的念頭與情緒的放射，它們並非兩種不同的事物。當你理解心的本質與特徵在天性上是無法切割的，這就是所謂的自性。當你體悟到其中所指，那是三世諸佛的心之本質。這股自性，眾生皆具。在一部經中如此說道：

佛性普及眾生。
沒有一位眾生不是如此。
盡可能培養最大程度的菩提心吧，
因爲一切眾生都具備成佛之因。[48]

三世諸佛的心要，是明白這顆心的體驗。佛性，指的是每位眾生都有一個覺悟的自性。心之自性，在每個人身上其實是一樣的。這裡所指，並不是我們都很偉大，都具備許多的悲心與智慧。事實上，我們大多數人擁有的是非常少的悲心與智慧。不過，這只是習氣導致的結果。我們意識中的那股本質，與佛的意識，其實完全相同。

爲了要理解這是什麼意思，請以精進與虔敬心去修持，避免分心。在修持有相禪修時，就別修持無相禪修；而相反地，修持無相禪修時，也別有任何參考點。有人說，我們應該將心中的野象，以正念這條繩索栓在禪修對境這根柱子上，然後以警覺心修行。

明光，也就是心的本質，必須一再被體驗。不過，有時候，我們的心是如此心煩意亂、如此忙著想東想西，就連一、兩分鐘也無法保持專注。一旦我們放鬆，它就東跑西跑了。未經訓練的心，就像隻喝醉酒的野象被一隻同樣喝醉的野猴子牽著鼻子走，就像一隻片刻也無法靜止的猴子般地活躍，也像一隻大象那般如此有力，如此笨重到把腳下的每樣東西都踩成了稀巴爛。這顆心需要被訓練，而訓練它的唯一方式，就是透過正念與警覺。這是我們擁有的唯一工具。我們需要將它們運用在自己的覺知上。

[48] 這段話引自《三摩地王經》。

大手印，是其中一種訓練方法——因為明白一切皆為自己這顆心的發散，所以，對於內在或外在的一切生起，你不會產生抗拒。你不需要擺脫它們，或是把它們逐出你的心。

另一方面，你不想被它們淹沒、牽著鼻子走。你該做的是放鬆，然後讓那些發散物發散，不過，不至於要讓它們擊敗你。如果你能以這種方式放鬆，讓自己只是待在心之本質的明光與空性裡，那就不需要任何特別參考點了。找一個目標讓自己禪修，已經沒有必要。

在大手印法門，我們只是讓事物自然存在，這麼做，能轉化我們的情緒。我們讓發生在禪修裡的一切事情發生，只是體驗這種自然狀態，體驗自身自性的喜悅與平和。直接在心的自性裡放鬆，這是最高階、也是最深遠的禪修方法。

然而，我們大多數人都是入門者，要像那樣禪修，並不容易。那不見得是一件做起來困難的事，問題是出在我們不知道該怎麼去做。如果不知道怎麼進行，我們就必須經由在禪修中運用參考點下手。特別是當我們的心處在翻騰而無法靜止的狀態時，在禪修中有個聚焦處，將有所幫助。當我們無法將自己的心帶回原處，這時有個東西可以聚焦是好的。這個聚焦物，就像是你用來拴住心中那頭野象的柱子。一頭瘋狂的大象，需要被好好綁住，否則，牠可是會製造混亂的。

這個聚焦處可以是你的呼吸——許多的禪修修持聚焦在對你的吸氣與吐氣保持覺知。聚焦處也可以是比如一朵花、一幅畫或一尊佛像，可以是想像裡的一道光線、一個字母，或是在內心憶念像是度母或觀音菩薩這樣一位證悟者的形象。主要的技巧，是在體認自己的心已經走失時，要讓注意力再次回到這個聚焦處之上。

只要讓自己的聚焦達到不至於忘掉這個聚焦物，別完全專注在這個舉動，或讓自己感受任何壓力。

當你坐在那裡禪修，突然間，你發現自己的心跑到別的地方去了——紐約、菩提迦耶、市中心，或是任何一個地方。然後你記起那個聚焦物時，它會把你的心帶回來。不需要掙扎，因為心老早已經跑遠。你不需要坐上某台車去機場，然後坐飛機回家。只要記起那個聚焦物，你就會回到這裡。這是你學會如何聚焦，以及讓心處於當下的方法。

只要輕輕的注意就夠了

岡波巴大師的下一個重點，是我們需要帶著警覺進行修持。在禪修中保持覺知與警醒是非常重要的。禪修並不是半睡眠狀態或心的一種呆滯狀態。有時候，我們過度強調要在禪修中感覺平和這件事，以為自己必須要保持安靜，不多想，於是我們讓自己的心變得呆滯、安靜，而且不是如此保持著警覺。我們享受那種舒適、溫暖、而且緊貼的呆滯，那就像是在風大又冷的天氣裡，能坐在室內擁有些許的火或是暖氣的感覺很好一樣。不過，那可不是禪修，那只是變得呆滯並且安靜。在禪修中，這顆心必須要超過感覺平靜這個狀態，它必須要有朝氣，並且保持覺知。

重點並不是讓自己處於不帶念頭或是沒有感官覺知的狀態；不論在任何感官體驗或念頭顯現時都不會被干擾，這才是重點。不管你看到的是什麼——你讓自己看著它就好。你聽到什麼並不重要——你就讓自己聽著它就好。你的耳朵是打開的，所以你聽見了，然後你會一而再、再而三地聽見聲音。這個訓練並不是關於掌握那些聲音。當然，你也聞得到，你的身體能感受它所碰觸的任何東西，諸如此類。你意識到這些，不過不至於對它們要有所攀著。放鬆卻保持非常的覺知，是這裡的技巧。

當我們將念頭聚焦於禪修練習中的某個目標時，也是這樣的。輕輕地記得它。注意它，但不要過度注意它。你仍然需要知道自己周邊正在發生哪些事情，重點是你的心不受干擾。有個巨大聲響冒出時，你不會這麼想：「噢！我正在禪修呢，現在不應該有任何噪音才是啊。那些人應該停止製造這噪音！」我們的態度反而應該比較像是：「是的，有個聲音冒出來了，那又怎麼樣呢？不要緊的。」即使是在最偏僻的森林裡，仍然會有聲音的。在北歐，森林裡通常比城市中還要來得更吵呢！

分心當然是一種障礙！

> 不管你正從事哪一類的修行，努力別讓自己分心。不管從事的是哪一類的修行，運用適合當下的上師教誨。如果你的心總是浮動而且上下起伏，那是永遠不可能做到禪修的。要了解這會是一個障礙。

岡波巴大師接著說，不管你正在修持哪一類的法門，你應該在修持中保持警覺。依循上師的教誨，去從事適合你個人程度的修持。只是因為大手印或大圓滿教法是最高深的法門，因而認為自己應該要去修持，這是一個錯誤。修持無關高低，無關深奧或簡單。我們需要修持當下對自己最實用的法門。我們必須從自己的程度開始，而不是從最高階開始。有時候，最簡單的修持就是最好的修持。你所修持的，不需要是某種特別或複雜的事物。

我堅定相信，對你最好的法門，就是你最理解的那個法門。如果不明白它，不管法門多麼深奧，你是修不來的。那樣有什麼用呢？那是做不到禪修的。如果你理解技巧，並且知道怎麼做能獲得結果，那就開始修持吧，而且要持之以恆。這並不是關於要藉由一系列的修持而提升，嘗試爬上一道修持越來越高的階梯。體認自己的階段，明白在這個階段你最需要的是什麼，然後去做它。這正是擁有一位在世師長將對我們非常有幫助的原因。如果你的心一直東跑西跑，不斷比較的話，禪修是不可能發生的。

岡波巴大師以這句話作為結尾——我們必須清楚知道，分心是一種障礙。分心當然是一個障礙啊！我當然希望這對你們來說是顯而易見的事。如果你發現自己心有旁騖，請運用正念，同時進行具備目標物的禪修吧，這麼做，會讓這顆心較為聚焦。

接著，你可以朝無相的大手印，或是無所緣的禪修邁進。這時候，你可以完全隨遇而安，讓你的自性理解與體驗，在無需多費力氣的情況下展現。

第七章 大手印的意涵：

弄懂封印看這裡

佛與平凡眾生間的不同，是在於這顆心如何被體驗。

> 上師仁波切說：對於一位想要以一輩子時間就獲得證悟的人來說，禪修大手印是重要的。大手印是三世諸佛無二的智慧心。如果你好奇在哪裡可以找到它，看看你的心便是。

要在一輩子獲得證悟，那是極短的時間。這裡說的一輩子，不只是侷限在你活著的時間；如果死時獲得證悟，那也被視為在一輩子內獲得證悟。即使依循大手印法門——普遍來說，這被視為一個迅速的法門。據說要獲得證悟，也要花上三大無量阿僧祇劫。

解無明毒要花多久時間？

我必須這麼說，「無量」這個字的意涵，存在某些爭議。有些人說，無量指的是無數，不過，如果阿僧祇劫所指是無法計數的話，那麼又如何會有三大阿僧祇劫的說法？

在印度系統裡，一個「無量阿僧祇劫」是表達數字 1 後面加上六個零的數量單位。數字零是由印度數學家所創造，他們依據數字1後面伴隨多少個零來命名。舉例來說，數字1後面伴隨一個數字零的話是數字10；數字一後面伴隨兩個數字零的話是數字100；而後面伴隨三個數字零的話，則是1000，以此類推。當數字一後面的零個數到達六個時，印度人將其稱為「無可計數」或「無量」——因為那是這些數學家停止為數字命名的單位。無論如何，三大無量阿僧祇劫指的是一段非常非常漫長的時間。了解這件事對我們是好的，因為那顯示了我們要把習氣根除需要多麼長的時間，也顯示出無明有多麼強大。

在所有法門中，最強大的那些，都著重在智慧層面上，這是因為無明是導致我們受苦的主要原因，而智慧正是它的解毒劑。大手印就是其中之一，因為它直搗我們無明的根。大手印運用的不是知識性的智慧，而是直接體悟佛性的俱生智慧。那正是大手印能如此有效並快速成就的原因所在。大手印指的是直接體驗這顆覺悟之心的智慧。

如岡波巴所指出，智慧只會在你的個人意識中被找到，在其他地方不會找得到它的，你的意識，就是你要去尋找智慧的地方。

> 在藏文中，大手印讀作「恰嘉千波」（chagya chenpo），我們可以由這個藏文字彙去理解這個法門的涵義。龍樹菩薩是這麼解釋第一個音節「恰」（chag）：㊾

㊾ 這段引言是令人難以理解的，因為龍樹菩薩大概是西元第一個千年的人，這時應該不會用到大手印這個字的藏文翻譯字的第一個音節。藏文中的chagya是由兩個字拼成——「恰」（chag）意思是手，而「嘉」（gya）這個有著許多含義的字，此處所指應該是封印或象徵。相反的，梵文的mudra就只是一個字，這個字在梵文並不常見，是金剛乘中的一個名相，意思是手勢或手印。藏文千波（chenpo）與梵文的瑪哈（maha）直接相關，意思是偉大的或大的。所以mahamudra與chagyachenpo往往被翻譯為偉大的封印，或是偉大的印記，目前共通翻譯成「大手印」。

就像把水倒進水裡，
像把奶油搗入奶油，
chag 是每個人的本初智慧，
完全理解自己。

第二個音節是「嘉」（gya），亦爲「封印」，則涵蓋三個層面——自性封印、經驗封印、以及體悟封印。自性封印意指「佛性徹底普及於一切眾生」。自性封印指的是心的自然狀態，沒有眾生不具備這種自性——即使在最深地獄中的眾生或最小的微生物亦是如此。《喜金剛本續》（The Hevajra Tantra）中說：「腸菌之類的生物，也擁有這種最初的自性。」

封印有三種

這一章特別關注三個封印。關於自性封印，佛心自性與有情眾生的心之自性，其實是相同的。所有的心，都被這種自性所封印。佛與平凡眾生之間之有所不同，其實在於這顆心如何被體驗。

也許有人會問，只是擁有這個自性是不是就足夠呢？並不是這樣的，這樣是不夠的。你還需要具備從禪修智慧中獲得的體驗。那是心之自性的直接體驗，直接體驗超越生起與消逝的那道明光。

這是第二種封印——體驗封印。心之自性必須直接被視為是那道超越生起與消逝的明光。即使我們總是擁有這個自性，然而，在你直接體驗它前，我們是無法獲得證悟的。

這顆心，具有兩項特徵——以各種念頭與情緒顯現的光輝，以及以各種色彩繽紛的外相所呈現的樣子。這些特徵，都與心的本質不分離；它們是這顆心如魔術般的展現。

在前一個章節中，對此做過相當多討論。心的特徵，就是構成我們體驗的這些各式各樣念頭與情緒，還有一切以外在事物所體驗的多彩顯現。這些特徵，也被稱為心的發散。我們所經歷的這些心之展現，並不是某些獨立於心的本質或自性之外的事物。

把它濃縮成一點來說的話，就是——這顆俱生的心本身就是法身，而這些俱生顯現，就是法身的發散。

法身，也就是明光空性，是心之自性。從這裡發散出去的，是這顆心的魔幻展現；那是我們所體驗的一切事物。這個發散同時以輪迴與涅槃二者顯現。輪迴，是這顆心法身自性的發散；而涅槃，也是這顆心法身自性的發散。單純從這個角度來看的話，輪迴不會比較糟，而涅槃也不會比較好。兩者，都是俱生智慧的發散。

一切輪迴與涅槃的可能顯相，毫無例外，在本初自性上都是完全純淨的。它們完全圓滿，並且超越生起、停留與消逝。它們跳脫文字、念頭與概念，這說明所謂的體驗封印。

如果真實了解這個法身就是心的真實自性，你將明白，所有正面與負面的體驗，其實都只是它的發散。如果某件讓人害怕或某件美好的事情發生了，不管那可能是什麼事，其實都是你自身純淨自性的展現。

就讓雲飄過、風走過

提到純淨，就這個層次的法教傳授來說，明白自性的純淨指的並不是自性被淨化、它不像某種事物被清洗或擦亮那樣，這一點非常重要。在這個層次，沒有什麼是不純淨的，也不曾有過任何事物是不純淨的。每件事物都是不可分的顯相：空性。每個顯相，都是我們自身意識的一種展現；而它那個不真實、如夢一般的自性，並無任何不純淨。如果沒有什麼是不純淨的，那麼，一切就必定是純淨的。

關於這件事，有一個關於密勒日巴證悟的故事，與佛陀成道前被魔攻擊的故事是相似的。當時，密勒日巴正在深山中的洞穴裡修行，世上所有強大有力的神靈都跑來攻擊他。山裡雷電交加，河川氾濫而且還發生土石流，一切可怕的事物都沖著他而來。

於是，密勒日巴對諸佛菩薩與護法唱誦，祈求祂們協助他擺脫這些障礙，不過，他唱得越多，那些負面力量反而越強大。突然間他起心動念：「我為什麼要這麼做呢？這些都是我自己這顆心的展現啊。我的身體是由五大元素組成，所以是會壞滅的東西。不管邪靈攻不攻擊我，反正都是要死的。沒有人知道死亡何時降臨，反正這個軀體將會壞滅。不過，我的覺知是不會死去的，因為沒有一個東西叫做覺知，它沒有堅實的存在。既然如此，我為什麼要害怕呢？」

於是密勒日巴大聲說：「好啊，我說你們這些靈魂，你們可以為所欲為，可以把我給吃了，或是切成一塊、一塊地再分食我的骨肉。不過，你們只能對我的肉體這麼做，你們無法對我的覺知如法炮製。來吧，你們想對我做什麼都可以。沒問題。」當他真心這麼想時，一切的負面力量消失無蹤。它們跑掉了。

就像這個故事所要傳達的，你意識中的真實自性，是無法被摧毀的。越能了解這一點，你將越發明白沒有什麼好怕。沒有必要執著，因為沒有什麼要執著的，也沒有什麼要被執著。一旦這樣的理解如曙光般乍現後，你將變得無畏。如果某件非常美好的事情發生了，那只是一種展現；如果某件狂暴騷動發生了，那也只是一種展現。

你可以把你的心想成如天空那般。天空不會這麼說：「噢，我今天超開心的！光線如此清晰，萬里無雲。噢，不！這裡飄來了一些雲，怎麼那麼糟！看看那些雲！」懷抱這種心態是無濟於事的。雲朵要嘛就在那裡，或者它就是不在那裡。同樣道理，大手印的理解方式也是如此——無論發生什麼事，都是可以接受的；沒什麼會有問題。能打從心底抱持這種心態，就是體驗大手印的徵兆、封印，或是體驗。

當真正的自由到來時

> 第三、說到體悟封印。我們剛才所說的眞相，並非是由因緣關係而生。它並不是以某件事或某個實物來安立。它是無色、無形狀，並且超越任何形式的主張或反駁——比方像是存在或不存在。它是簡單而自發呈現的。要明白這項自性，即爲體悟封印。

體悟，從三個階段產生——首先是一種正確的理解，然後是直接體驗，然後是穩定的體悟。你要從聽聞優質的大手印傳授去培養一種正確的理解開始，去研習傳授內容，並對於心之自性展開自身的驗證。在這個階段，你要從許多角度去審視與分析，然後對自性究竟為何物，變得百分之百地確定。

有可能會發生這種情況——你的理解是如此清楚且強而有力，使你誤以為那就是你真實的體驗。不過，一旦你真的擁有真實體驗，你會從一種不同的方式理解這自性，你將不再以之前的方式對事物產生反應。另一種區別理解與體驗的方式，是去看看你是否會忘記它。如果你無法在艱難處境中想起它，那麼，那其實只是一種良好的理解而已；光有理解還不夠，必須藉由修持，讓它被消化吸收。

真實的體驗會以幾種方式展現。比如說，有一種是深切明白一切皆為徹底無礙的體驗，沒有什麼事情不對頭，也沒有什麼事情讓我們好害怕。還有另一個類型的體驗，是真實理解一切都是處於平等的狀態，輪迴或涅槃之分並不存在。或者，你也許會有一種一切為一的感受。還有的其他情況，你體驗到的也許是遍及的明光、空性或大樂。

這些體驗與體悟都很類似，不過，兩者不同之處是體驗會消逝，它只是暫時性的發生。如果你只是在某些時刻擁有這類體驗，那意味的是你其實尚未獲得證悟。

一旦獲得體悟，這些戲劇性的體驗也將結束。你的體驗將變得非常穩定，不再具有戲劇性。在每一個情境中，你將知道完全沒有什麼事情是不對勁的。對於所發生的一切，你能完全放鬆。體悟能帶來一種深度的釋放覺受，沒有什麼是你需要繼續去做的。在這類的深度個人體驗中，沒有什麼具格的原因或條件存在。你會非常清楚地明白、完全地腳踏實地。沒有特別的體驗，不過，絕對也不會有什麼事情是不對勁的。

另一種提及體悟的說法，是不再具有任何欲望想去實現。遠離欲望，能為我們帶來最大的平靜。人們通常覺得欲望是非常有趣的。我們往往喜歡擁有欲望，也喜歡成就自己的欲望。不過，要是你近距離看它，欲望其實是痛苦的——因為它與不滿足有關。那意味存在著某種你不想要它與現狀相同的事物；那表示對於事物的現狀，你並不滿意。

不過，要是再也沒有欲望，你就自由了，這自由將為你帶來最大的喜悅。體悟將讓你從必須去做某件事、擁有某件事、或者必須去某個地方的需求中解脫。這種巨大的喜悅，將使你的心變得非常富有同情心——並不是那種因為看見他人仍在痛苦中而感受難過的悲心，那是一種展現對每個人帶著喜悅、容光煥發的仁慈。你不由自主地散發喜悅與仁慈，這就是體驗已經轉變為體悟的一種徵兆。這就是體驗封印。

成就這三種封印時，就是「大印」了，便是大手印的梵文翻譯。

在偉大封印之後

> 沒有什麼能夠超越這種境界，沒有什麼比它更爲高深，所以藏文的用字爲 chenpo，意思是「偉大」。

大手印的修持重點，是以一種直接且體驗的方法來明白自己的真實自性。沒有什麼比這個更偉大了，所以稱為 chenpo，或說「偉大」。

> 有關體悟 chagya chenpo，或名大手印的教誨裡，存在禪修後生起的四種智慧：

第一、對於有情眾生，存在更大的悲心。

第二、對上師與三寶，存在更深的虔敬心。

第三、對於業力因果將變得更為謹慎。

第四、對於此世的所有貪著將變得消褪。

這四種智慧並不是你刻意去培養的事物，它們會在你的修持中自然增長。如果你正在修持大手印，並看見自己朝著這些面向改變，那麼，你正在進步中。

讓我們從第一種智慧說起，那是對眾生具有更大的悲心。藉由禪修培養出這種智慧時，我們能有明光、大樂、空性覺受與非二元心，能夠展現神通或治癒生病的人。這些覺受與力量，有時候是好的，但有時候並不是。它們可能成為我們的障礙。進步的徵兆只有一種——那就是悲心的增長。因此，當你對眾生的悲心持續增強，並且變得更為真摯時，那表示你的修持進展良好。悲心，可以從修持大手印或另外的法門而產生，它們之中任一種，都是進步中的主要徵兆。

大多數情況下，每個人都具有悲心與愛。既然我們都想要過得快樂，遠離痛苦，因此，連一絲愛與悲心都不具備的眾生是不存在的。通常，人們不喜歡看見別人受苦，他們發現要自己眼睜睜看著別人受苦，是非常煎熬的事。我們大多數人都至少會有一、兩位自己所愛的人，不過，這種愛是寄生在貪愛之上的。身為輪迴中的眾生，事實是當我們擁有所愛時，也就產生了貪愛心。不過，它們是兩碼子事——貪愛與你自身有關，愛則是關於他人。

愛是心的一種良性放射。由於愛，你希望某人過得好；你關心他們的福祉。另一方面來說，貪愛心只跟你自己有關。你想要某種東西，或是想要他或她，然後在無法擁有時，便感覺不開心。只要存在貪愛心，愛的覺受是可以在一秒內轉變成恨的，因為那樣的愛，是有條件的。你可能這麼想——我愛你，不過如果你不愛我，我就會恨你。或者是，我非常愛你，不過，要是你不照著我的話做，我會恨你。因為這種覺受是有條件的，因此它與另一個人的實際聯繫，其實非常少。

悲心是對的，但別忘了愛護自己

另一種極端，是人們有時候誤解了無私的意思，因而認為自身的福祉並不重要。他們聽說自己應該具備悲心，並且要致力為他人的利益而努力，不過，對於這句話有所誤解，以為這裡所指的是他們不應該為自己做任何事情。這是一種誤解。在菩薩道的佛法教授裡，重複提到兩種利益——你要為自己的利益以及他人的利益而行事。特別是剛入門的菩薩們，必須保護、照顧好自身。

如果有件事是對你與對他人都有好處的話——不管是對於現在或長期來看都是如此的話，那就盡你所能去做吧。如果你明白，某件即使能為他人帶來利益的行為其實對你不利的話，這時你必須謹慎考量，自問「這件事能有多麼利益他人，而它又將對我有多不利？」如果你發現某個舉動將對許多人帶來好處，但是對你自身是有害的，這時你必須確認，那會不會是一個過大的犧牲。如果需要的犧牲超出你能承擔的範圍，那麼，這時是可以說「不」的。你不需要去做那件事——即使那可以幫助許許多多的人。

還有另一種變異，是明白某個行為將對他人有非常助益，同時也不至於太犧牲你自己，不過，你覺得自己要是去做這件事的話，日後將會感到後悔。遇到那樣的情況時，大手印教法說，你就不該去做。如果有個行為對於他人將帶來非常大利益，對你也只會造成一點點犧牲，而且，你絲毫不會因為做了這件事而感到後悔，當然，你就放手去做吧。要是它對眾生並不是如此有利的話，那就別犧牲你自己。

業習這門必修課

回到剛剛所說修持大手印後禪修產生的四種智慧。第二種智慧，是對上師與三寶將具備更深的虔敬心。隨著對大手印的體悟增加，我們對於師長、佛、法、僧的虔敬心，也會自然而然增長。

第三種智慧，是對業力因果將會變得更為小心謹慎。在這裡，謹記業完全取決於發心的道理，這是很重要的。兩個人可能做了同樣一件事，但基於各自的發心，其中一人的行為將成為正面行事，但另一個人的行為卻是負面的。佛教徒的觀點是，如果存在於你心中的動機是純淨的，那麼，這個行事就會是正面的，即使情勢看來像是完全走調。整個局勢將朝正確或是錯誤的方向發展，這並非單獨取決於你，總是會有很多因素牽涉在其中。即使具備一個良好的發心，如果欠缺智慧知道如何去做好某件事，情況是可以很容易出現問題的。重要的是要明白，就業來說，如果是善的發心，這個業也會是善的。

這麼說並不表示你可以就只是具備一個好的發心，然後忘記也要考慮後果。你當然需要考慮後果。如果你的發心是真誠的，而你也已經盡力而為，那就是你所能做的最大程度了。要是事情不如預期那樣順利進展，至少，你知道自己已經全力以赴。

在某種程度上，我們可以說，修持的所有目的就是要轉變我們的業。業、習氣與性格，是同樣的東西。業是可以被改變的，而且業必須被改變，否則，一旦我們承擔某個相同的業，以同樣的方式前進，那只會變成在相同的模式中一再重複，哪裡都去不了。如果在這輩子裡，我們自始至終都是以同一種方式對事物做出反應，那麼，我們將以同樣的方式死去，在下一生，還會繼續以同樣的方式反應。我們需要改變自己的業。

當然，越好的業，也將越容易改變。擁有負面心態的人，需要更為費力一些。運用有技巧的方法，我們能夠較為輕易地改變自己的業力。在修持中產生的轉變，是業的轉變。要改變我們的習氣模式，是非常艱難的，因為我們已經以某些方式行為舉止了一段非常長的時間。而且，我們對於自己的許多習氣是無意識的。要在如此這般深度的層次上轉變，並不容易，不過也不是絕對不可能。在某個時間點，改變必須發生。

別讓修行變成包袱

另一個關於業的重要觀點，與懺悔有關。當你做錯事，懺悔是淨化最重要的部分。不過，弟子們有時候會把懺悔與讓自己不好受這兩件事搞混。懺悔的重點應該是體認你所做的事情是不對的，清楚明白自己不應該再去做同樣的事。懲罰自己並不會使任何事物淨化，與其聚焦在負面行為上，淨化是來自造作正面的行事，是來自造作正面的業。這會是一個更好的方法。

教誨是這麼說的——體認到你所做的其實是不對的事，下定決心不再犯，然後去造作某件正面的事情以淨化原來的過錯。你得放掉那些負面事物。就像在金剛乘中，放下負面的行為舉止與覺受，將變成一種強大的淨化。

關於這個道理，在阿底峽尊者的時代曾有這麼一個故事。當尊者來到藏地，有位僧人問了他這個問題：「如果我犯了某個錯，違反自己的戒誓，應該怎麼辦才好呢？」阿底峽尊者問他：「你現在住在哪裡？」僧人說，他正在一個洞穴中閉關。尊者回答他：「那好，如果你違背了一個誓言，就去桑普寺（Sangphu Monastery），公開告訴大家『我違背了這個誓言』，然後再去桑耶寺（Samye Monastery），再一次告訴眾人『我違反了這個誓言』，接著動身去拉薩，到那裡說出『我違反了這個誓言』這句話，在那之後，回到你的閉關處，如同你從未犯戒般行為舉止。」

換句話說，當你做錯了某件事，不應該因此在餘生中折磨自己。老是去想這件事，對你不會有幫助。那會讓你變得緊繃，並且擔心自己在每件小事上也會做錯。這將使修持變得困難。修行不應該是個包袱，修行應該是一種愉悅。如果你因為犯錯而痛苦，你的修行永遠不會變成一件愉快的事。因此，你必須懺悔，然後讓事情過去，就像這件事從未發生過那樣行為舉止。

我們必須務實，讓自己保持腳踏實地。做出不再造作負面行為的決定，這是重要的，不過，對於每個人都會犯錯這件事有所體認，也是重要的。這句話意味的並不是你所做的事無足輕重。體認造作負面行為對自身與他人都不會是件好事，這是重要的。所以，一定要小心謹慎。只不過，你也無需在某個負面念頭溜進心裡時感到驚慌失措，那不會是你擁有過的第一個壞念頭！好吧，它跑出來了，那又怎樣？就讓它出現，然後離開，盡快消逝。如此一來，它就不會是問題了。

修持大手印生起的第四種智慧，是對於這一世的所有貪愛都將崩解。貪愛與瞋恨總是相伴相生，它們是一枚硬幣的兩面，因此，當我們得以更加遠離瞋恨與畏懼，也將越能遠離貪愛。舉例來說，我們可能害怕孤獨，想要有人陪伴，然而，當我們越能擺脫對於孤獨的痛恨，我們也將越不貪著於擁有他人的陪伴，也能在自己一個人時感到更加滿足。更進一步，當我們越能免於貪著，我們的愛與無畏心，也將越發真實。

越能無所畏懼，你將變得更加自由，這就是證得解脫的方法。要讓這件事發生，你必須真實理解自己與自己的覺知。這種理解，只有你自己可以做到，也因為這樣才讓這件事變得困難——那是教不來的。其實，如何修行，這是一件沒有人能教你的事。一位師長所能做的，是教你如何為自己學習。必須做到理解你是誰——你的真實自性或所謂的俱生智慧究竟為何。對於心之自性具備更多理解時，你也會更加明白萬物的自性。這就是我們所說的智慧，也是大手印修持的一切內容。

第八章 修持生起次第的六個觀點：不只是止禪

我們受到的大多數創傷的時間其實早於童年，
而出生本身就帶著創傷，修持成就就是在對治創傷。

上師仁波切說：爲了將你的修持帶進體驗中，要將無常與死謹記在心；對於業力因果有所警覺；謹記小乘佛教的不足，以培養愛、悲心與菩提心來超越它。

現在我們要談岡波巴大師有關修持生起次第的部分。在切入正題前，大師為我們打底，他告訴我們，必須由留心某些真理著手，謹記這些從無常與不確定的死期切入的真理，讓自己修成正果。我們必須記得自己行為舉止的業力效應，必須記住輪迴的過患與小乘佛教的不足。大師是以「小乘佛教」這個字彙點出為了獲致個人解脫所從事的修行。我們的發心必須要強大到讓自己是為了他人的利益而修持與努力。這就是菩提心的動機，是藉由培養愛與悲心而增長。

在我們專注於修持金剛乘的生起與圓滿次第時，永遠不能將基礎的佛教真諦、態度與修持給排除在外。缺少這些，金剛乘的修持是不會奏效的。有時候，西方人士會因為缺乏佛學底子而認為金剛乘是非常儀式化的事物，他們以為，金剛乘修持只是加諸在真實佛教教法上的西藏文化圈套。金剛乘可以看起來好像與小乘佛教及大乘佛教非常不同，不過，這種看起來如此的分歧，只會在觀察者尚未深入金剛乘，未完全明白它的意涵時才存在。

觀想本尊，不只是專注而已

想要修持金剛乘，我們需要對法、對於小乘佛教的基礎修持，以及大乘佛教所肯定的菩提心都具備良好的通泛理解。那將對我們修持金剛乘的那些善巧方法非常有幫助並且有用。金剛乘是大乘佛教的一部分，並未超出大乘佛教的修持範圍。它是以特別的善巧方法所進行的菩薩法門修持。

> 以此爲基礎，生起與圓滿次第這兩種方法成爲了金剛乘這個與眾不同的偉大法門的入門。經典上是這麼說的：
> 對於那些在生起次第中堅定不移、並且希望從事圓滿次第修持的行者，這些一步一步循序漸進的善巧方法，是由佛陀所傳授的。禪修這兩個次第的平衡，就是金剛總持教導我們的法。

金剛乘的善巧方法包含兩個階段的修持——生起次第與圓滿次第。簡而言之，大手印就是圓滿次第。生起次第則非常不同，它是一套方法，是運用我們具有創造力的心所產生的本初觀想與密咒。我們運用自己的想像，而且，在某種程度上，是為了改變我們看待這個世界與自身習氣而引導著自己的白日夢與希願。

比起觀禪（Vipashyana），修持生起次第與止禪（Shamatha）比較相近。止禪是藉由專注於某物，將注意力停留其上以穩定身心的一種禪修。不過，生起次第的禪修比止禪要涵蓋更多，它對治我們的習氣。

在本尊瑜伽，也就這是生起次第的另一個名稱，我們透過它將自己的習氣模式轉化，使其以一種更加正面的方式存在。我們往往將較多注意力放在生命中的負面事物上——包括面臨的問題、痛苦，以及困擾我們的各式各樣的事物。然而，在生起次第中，我們採取一種更加擺脫偏見的存在方式去強調正面的特質與覺受。為了駕馭被傷害、感覺沮喪以及覺得傷心等等那些舊習氣，我們訓練自己去經驗這種擺脫偏見的身、語、意。我們將這個模式改變，將其轉變為一種感覺一切都在美好進展的覺受。

觀想與持咒只是方法，只是對治我們習氣的善巧方法。內觀禪修能夠如此有效，正是因為它運用各式各樣的善巧方法。這些方法並不是究竟的真理，不過，它們能改變我們對於自己與這個世界的覺受，因而使我們的心自由。它們能多有效，取決於我們有多麼理解它們，以及我們能夠如何妥善應用它們。當我們以它們應該被應用的方式去運用它們時，這些方法就會極度有用。

總的來說，我們為什麼從事禪修？是為了要訓練自己的心。禪修使心平靜並且具有彈性，有助我們清楚理解真理，同時引導出這顆心固有的能力。舉例來說，有時候，我們會以呼吸作為禪修的聚焦點，我們坐下，並且察覺自己的吸氣與吐氣。輕輕地專注在呼吸上，這能讓我們避免分心。當我們真的分心了，也以呼吸作為注意力回歸的參考點。這是一個優秀的技巧，是訓練這顆心一個很棒的善巧方法。

我們在生起次第修持採用相同的方法，只不過，取代呼吸或其他事物做為聚焦處的，是我們必須觀想一位如蓮花生大師或觀音菩薩等充滿悲心與智慧的證悟者。在這些技巧間的不同之處是什麼呢？不管我們的所緣是實體或是想像的，當我們以呼吸作為聚焦物時，它就只是一個讓我們這顆心得以專注的焦點，然而聚焦在一位證悟者的形象上，那會啟動這顆心的其他層面。

什麼是證悟呢？佛又是什麼？佛，是某位已經將智慧與悲心發展到極致的行者。無法專注於悲心、智慧以及其他正面特質的情況下，我們是無法以佛為聚焦對象的。藉由修持生起次第，我們讓自己與這些特質連結，我們在自己的心續中培養這些美德。即便那樣的觀想只是概念，在某種程度上，我們也在體驗與感受這些證悟的特質。我們覺受悲心與智慧的存在。在想著佛時，我們是無法感受憤怒或敵意的。藉由這類的修持，我們不只平靜了這顆心，也間接轉化心中的習氣。

未曾修過的生死課

關於生起次第修持，有許多事要說明，而大師是以這個方式教導我們：

> 修持生起次第，可以由下列六種觀點說明：第一、類型；第二、本質；第三、定義；第四、目的；第五、堅固以及第六、結果。
>
> 首先，有三種類型的生起次第修持——一是依據某種特別的成就法（sadhana），觀想是由許多步驟所生起；第二、觀想是經由三個步驟後生起，以及第三、觀想是經由即刻憶及整個形體後生起。

岡波巴大師設定了三種將普通念頭與情緒轉化成神性的清晰顯現方式。第一種是依據特殊的成就法，以數個步驟創造觀想。在金剛乘中有許多成就法，像是時輪金剛（Kalachakra）成就法，喜金剛（Hevajra）成就法，還有金剛瑜伽母（Vajrayogini）成就法。這些之中的每一種成就法，都可以非常精巧——擁有錯綜複雜的壇城，許多神祇與儀式，還有一大堆觀想、思維以及必須進行的功課。同樣的修持，也可以以不是那麼精巧的方式達成，或者以極度簡易的方式完成。

產生這些變化的原因之一，是人與人之間存在著差異。有些人擁有非常具創造性或精巧的心。這讓我想起典型的印度心，它非常精巧，並且享受錯綜複雜的念頭。這種特質用來研究數學非常好，在今天這個世代的話，則適合投身於電腦領域。這一類心靈喜歡思維大量事物——像是有著十一個頭與廿四個頭的神祇，而且他們每一位手上還握有不同的東西。所以，不同的生起次第，適用於不同的心。

同樣的道理，這個修持也存在不同階段，有時候我們是一個步驟、一個步驟地觀想某位本尊，那可能包含很多步驟。這些步驟各有其特殊目的，對治不同的問題。我們並不是只想著某些看起來有趣的形象，這個修持的每一個部分，都有其目的。

修持成就法的主要目標，是對治我們的創傷。在遇到問題時，我們往往試著找出問題的根源，以便瞭解自己為什麼如此反應。我們找到創傷所在，然後試著對治它。現代心理學往往著重在那些在我們年少時發生的事；佛教徒的觀點則會再更往前推一些，因為我們大多數的創傷，其實源自於比童年還要更早的時間。事實上，出生這件事本身就是存在創傷的。出生與死亡，被視為是人類經驗中最大的創傷。

這些生起與消融的修持——那是生起次第修持的一部分，對治的是我們體驗出生與死亡的方式。觀想本尊生起，我們在做的其實是對治自己的出生體驗；觀想本尊消融，那則是死亡體驗。無數世以來，我們已經體驗許多次生死。生與死，已經對我們造成了創傷衝擊——它們是我們大多數恐懼與攀緣的源頭。如果不處理生與死，無論在自己人格上的其他層面花多少功夫，我們終究是無法讓自己的習氣完全消失的。因此，必須對治生與死的創傷，而在金剛乘，我們是藉由修持生起與消融做好這件事。

修持生起次第能帶我們走過出生與死亡等體驗，不過，那不會是以一種受創的方式。我們會以一種非常正面的方式去經歷它們。按照階段，我們展現許多美好的特質、祝福、高尚的目標，以及美好的體驗。我們把自己變成某種非常正面的事物，擁有自性本質中的一切正面特質。

同樣地，我們也是以一種簡單而自然、不含任何痛苦或攀緣的方式消融觀想。我們學習如何生起與消融，那一點也不成問題。

此時此刻，對於消融，我們有著一堆問題。死，是我們最大的恐懼，不過，出生也是非常痛苦的。因此，我們以多次修持這種生起與消融的過程，來對治那些存在於心中的創傷。那些由生死所累積的經驗及習氣，被生起與消融的正面體驗所取代。在這類修持中，生死的各個階段都在我們心中創造，被一而再、再而三地練習。

而往往，這會是以本尊的形式完成。「本尊」指的是一位佛、一位證悟者。在金剛乘中，最基本的觀點正是佛性，所有的金剛乘修持，都是以理解這個道理為基礎。什麼是我們的佛性呢？那不是某種我們在內在某處擁有的東西，並不是像腫瘤那一類的事物。我們無法在自己的心，或是大腦中找到自己的佛性。佛性所指的，是我們的意識自性與一位佛的意識自性其實並不存在差別。事實並不是佛的意識以某種材料所造成，而我們的意識則是使用另一種材料。它們其實是一樣的。

如果事實如此，那麼我們與佛又有何不同呢？不同之處是在於諸佛清楚理解自己的自性，他們明白自己本來為何。而我們，並不清楚知道及理解自己的本來面目。因此，我們感到困惑，但諸佛並不困惑。儘管如此，我們擁有同樣的證悟自性。

我們的基本存在並不是問題，問題出在我們的困惑。一旦不再感到困惑，我們就可以與佛成就同等的證悟。不過以現在來說，我們的困惑封閉了我們的理解能力。當我們開始清楚理解自己的自性，所有的證悟特質都會自然生起，因為它們本來就在那裡。愛、悲心與智慧本來就存在。此刻，我們的愛是非常受限而且混淆的，然而佛陀的愛並不受限制或混淆。雖然我們具有某些理解、直覺與明性，但一般說來，我們有的是更多的困惑。佛是完全遠離困惑的，這便是兩者真正的差異。

因此，我們口中所說的一位「禪修本尊」，與佛無異。當你以本尊形式生起，那表示你已經成為真實的自己，毫無困惑。當你沒有困惑，你就是一位證悟者。

回到三種觀想方式，第一個方法需要的是一個以許多步驟生起本尊的精巧方法。直到本尊以整體形相示現前，有些成就法甚至涵蓋五個、六個，甚至更多階段的修持。

第二種方法，是以三步驟生起本尊。這種方法被稱為三昧。在第一昧中，萬物成為空性；在第二昧時，本尊的種子字顯現；而在第三昧，種子字直接轉化為本尊，或者種子字會先轉化為本尊象徵，然後才是本尊本身。

第三種形式的觀想，是即刻憶起本尊的整體形相。就在一剎那的時間裡，本尊完全顯現，這是最簡單的方法。

如果你審視不同的成就法，就會發現這些不同的觀想方式。

清爽「原來」身

> 第二、生起次第的修持，是將你的凡人念頭與情緒轉化爲本尊的清晰顯現。

第二種類型敘述的是生起次第的修持精髓，也就是將輪迴、痛苦的體驗轉化為證悟、平和的體驗。這是所有層面生起次第修持的主要目標，或稱本質。

此生，我們是以人類的形貌體驗自己的存在。比如說，我想我是一個名為林谷祖古的人類，而我認同這個身分。在這個身分下，我也認同自己包括前世今生中所經歷的一切，但我特別認同此生的一切。因此，我覺受到這個「我」，這個「林谷祖古」，然後我的個人生平就這麼產生了——「林谷祖古有這類跟那類的問題。」我承載著一個名為林谷祖古的包袱。

這裡要探討的，是我們可以改變自己的凡人身分，讓過去的事過去，然後自己會變得有些不同。我們必須超越自己的過去，否則那將過度沉重，會讓我們覺得自己要被淹沒了。就算能夠記得所有的一切，我們無法一一解決那些曾經發生在自己身上的事。如果我們能夠看見那些肩負在自己身上的無意識行李——那些，就算是有一個大垃圾坑，也裝不下它們全部的。我們無法一一處理所有的這些問題，我們該做的，是一個全然的轉變。

在金剛乘中，清除舊垃圾的方式，是設定一個新的身分認同，一個新鮮、乾淨並且純潔的身分。這就是本尊。因此，與其身為一名凡夫，我們可以做為度母或觀音菩薩，或是某些其他的證悟者。這麼一來，就沒有舊垃圾了！突然間我們擁有巨大的悲心，廣大的智慧，以及強大的能力，如同度母或觀音菩薩那般，幾個世紀以來，我們一直是這樣的。認同本尊身分是一種善巧的方法，對於對治我們自身的無明攀緣，它是一種非常有效的方法。

許多弟子都說，他們沒有辦法進行觀想，他們發現，那是非常困難的事。這是因為這些弟子嘗試要把自己徹底轉變成與原來感知的自己截然不同的另一種樣子。從事觀想時，我們學習與自己的真實自性連結——而那是已經證悟的東西。在本尊瑜伽裡，我們未被妄化的本質，以一種完美與純淨的形式顯現。它不需要是美麗的，事實上，它可以看起來非常醜陋。正如你所知道的，有憤怒本尊與寂靜本尊的兩種存在。無論本尊以何種方式顯現，我們必須將他們理解成純淨並且充滿正面特質。

修持觀想時，要做的其實超過理解；它涵蓋許多層面，類似孩童學習事物的方式。教育學家說，學習是經由 SIFT 四種階段所產生。字母 S 指的是「感受」（sensing），這需要使用我們的感官；字母 I 代表「想像」（imagination），當我們感受著某件事時，我們自然而然在心中創造了一個影像。字母 F 說的是「感覺」（feeling），伴隨著影像，我們會有感覺；我們在理解的同時，也會有所感覺。英文字母 T 所傳達的是「思維」（thinking），我們對於所體驗的事情，也會形成概念。

無論在何時體驗任何事物，我們都具有 SIFT 四個層面。在修持觀想時，我們將悲心與智慧具體化為感受、想像、感覺與思維自己的證悟本質。不管這個證悟本質看起來像是觀音菩薩也好、度母也好，或是任何其他事物，這並不打緊。禪修，正是使用這個新的認同，這層對於自己俱生明性與純淨的理解。

可別因此誤以為你已經變成另一個人、擁有兩種身分了。這裡，你所運用的是那無惑的認同，是那原來佛性的認同。事實上，你現在擁有的名字與身分，與本尊的名字與身分同樣都只是一個唯名。在許多層面上，你的日常認同，也是自己的想像。我們每個人都擁有許多不同的身分，隨著與不同的人建立各種關係而有所改變——在某個情境中我們是孩子，但在另一個情境裡，我們是為人父母。我們可以在今天是位師長，但明天變成一位學生。我們扮演著許多不同的角色。

而在這個練習中，我們所做的，是專注在自己那原始、未受汙染、證悟的認同。藉由這個技巧，我們那個有問題的認同將被摒棄，證悟的特質則得以實現。我們將自己的真實自性帶出，並以一種非常清楚明白的方式指認出它。這是生起次第的本質。

心空彩虹三部曲

第三、關於生起次第的定義，可分三部分來談。首先，是這顆心產生出本尊之身；其次，是身與心清楚示現如本尊，以及最後，本尊被認知爲心的一種唯名。

這三部分，需要一個階段、一個階段地修持。

一、生起感受本尊

首先，我們生起、看見並且感受本尊；其次，我們明白本尊是自己這顆心的一種展現，而且那不該是某種我們應該要有所執著的事物；最後，在已經理解本尊是我們這顆心的一種展示後，我們於是明白，心，同樣也是一種展示。心，是一個魔幻之物——它有覺知，但本身什麼也不是。它是覺知 - 空性。

> 有關這顆心產生本尊之身，與其視你的身體如同某個平凡的血肉之軀，它是以本尊的形體清楚示現。

身為其特殊的善巧方法，金剛乘是以果為道。這與一般的方法，或是以證悟之因為修行道的大乘佛教，都是相反的。在大乘佛教，我們會以默想某位給予我們無量關愛的人，希望那個人能夠一切安好為起點來修持悲心。我們想著自己有多麼想讓那個人脫離痛苦。不只是想這件事，我們也非常強烈地感受這件事。在大乘佛教的修持中，我們逐漸將這種感受拓展到朋友與親戚，然後，再將這份愛拓展到與自己不認識的人們身上，到那些正在強烈受苦的人身上，然後，終於，我們把這份愛拓展到所有眾生——即使是我們的敵人以及那些曾經傷害我們的人。這是以證悟之因作為修行之道的方法。

金剛乘則是以果為道，這是將本尊化為證悟的具體顯現。這可由兩種方式或步驟完成。第一步驟，是觀想本尊在你面前顯現，你覺受到本尊是在你的身外顯現的。你能感受本尊散發出仁慈與悲心的暖意，而且這份愛不只是包圍著你，也籠罩一切眾生。然後依序，你將這種覺受延伸到所有眾生，使他們都能獲得佛的加持光芒與療癒能量。包括你自己在內的一切眾生，於是都被轉化。

能更加感覺如此時，你也更加練習自身的慈愛，因為你是那位正在覺受這件事的人。我們可以說，這是一種走後門的培養悲心的方法。並不是深思受苦這件事，或是對悲心產生一種想法，你只是感受悲心，而那是因為你覺受著本尊散發出的能量。這是屬於金剛乘的善巧。

二、觀自身為本尊

第二步驟，是一個比較內在的修持，我們要觀想自身為本尊。你將自身視為一位散發暖意、智慧，以及淨化與轉化等療癒力量的證悟者。一旦覺受到自己轉化，你將感覺每件事物與每個人也被轉化了。你就是一位佛，而你展延到每個人身上的能量，是同等純淨、慈愛與喜悅的。此時此刻，你覺得完全美好，已經超越所有的負面情緒與問題。

你可以再進一步，如是想像自己被所有的佛菩薩圍繞。你可以藉由納入所有傳承與宗教的偉大上師，讓自己的修持更包羅廣泛。依此道，你讓自己的發心倍增，而這些之中所有的你，共同將祝福、良善與幸福的光芒發散到每個人身上。藉由不斷練習，你正以作為一個具體的證悟者這個果，作為自己的修行道。

之所以利用觀想的形相修持，是因為我們的身與心是如此強烈地相連。我們理解自己這個身軀的方式，是以這顆心的習氣為依據；藉由這顆心——甚至是這個身體去體驗一切。比如說，我曾經聽過，人們因為認為瘦巴巴的樣子比較美，所以開始不吃東西；就算已經變瘦了，他們還是覺得鏡子中的自己看起來太重。我們的習氣，就像是那樣。

我們看待自己與他人的方式，與自己的認知一致。人們理解事物的方式不同。有的人似乎是天生就會往好處想，所以不管走到哪裡，所有的事都沒問題。他們是正面而樂觀的人，每件事對他們來說，看起來都會順利進展的。也有一些人，是什麼看起來都有問題。事情的發展總是會變調，每個人看起來不高興，而且他們會遭遇許多的困難。我們可以在週遭看見這些情況發生。當然，還有許多的人，是介於這兩種極端之間的。

至於改變看待自他的態度，這種改變，是無法從外施加的，它必須經由內心產生。在生起次第的修持中，我們練習以不帶負面的眼光認知自己的身心。我們練習以一種完全純淨的方式，去看待每一件事情。越以正面的方式看待事物，我們也將變得更為正面。我們，是自己思維下的產物。我們有某種看待事物的方式，而我們也會變成那個樣子。

你聽說過悲觀主義者、樂觀主義者、務實主義者，以及精神主義者嗎？根據上述這種看待事物的方式，因此存在著這四種人。這四種類型可以以四杯水作為舉例。第一杯水是五分空，第二杯水是五分滿，第三個杯子是完全空杯，至於第四個杯子的水，則是滿到水溢出來了。杯子底部寫著：悲觀主義者——半空；樂觀主義者——半滿；務實主義者——全空，而精神主義者則是——過滿。所以，身為金剛乘行者的我們，是屬於精神主義者。我們努力讓自己在看待事情時，不只是到滿的地步，而是加倍滿，或者說非常正面。

我們就是這麼訓練自己的。在這一刻，我們能感受到自己是證悟者，充滿悲心與療癒力。比如說，如果你想成為一位醫生，首先得把自己想成是一位醫生。如果你無法將自己視為一位醫師的話，你是不會成為那樣的人的。你先想著自己穿著白袍，威嚴地走入醫院。你可能對醫學一竅不通，不過，這是你想像自己的方式。然後，藉由訓練，你會獲取要成為醫師所需的知識與技術。

所有的訓練，都是如此。要成為一位非常具有悲心與智慧的人，我們是從這樣的覺受開始的。能越對此有所覺受，我們也將越能行使它。這是我們開始成佛的方法。

觀想自己為本尊時，我們覺受到本尊的智慧，覺受到本尊的悲心，然後放鬆。在這個層次的悲心，是無二無別的，並不是那種某物為某物的感受。通常，當我們思維悲心，我們想到的是那些受苦的人們;我們想的是不希望他們再受苦，然後我們感覺難受。然而在這裡，我們說的是一種不同的悲心。作為本尊，我們只是懷抱悲心，仁慈與愛發光。沒有必要特別想著某些受苦中的人，因為這一類的悲心，並不是聚焦在受苦這件事情上。它只是希望人們過得好，對每個人存在良善的感受。事實上，這類的悲心，有時候被稱為大樂。相較於聚焦在受苦這件事上，這種覺受是完全充滿生氣，喜悅並且良善的。

> 說到將你的身心視爲本尊這件事，是你知道這個本尊的形態，就像魔術或一道彩虹那般，其實是一種心的展現。

本尊並不是某種我們製造出來的事物，它其實是一種展示。我們不需要對觀想變得貪著，認為我們也許會失去它。如同前面已經討論過，每一種體驗，都是我們的心，因此，它能展現的不僅僅是正面事物、負面事物，還有所有的念頭與情緒。所以，我們只是放鬆地作為本尊。如果你想著：「噢！我就要失去這個觀想了，我得更加專心點。」這麼想的話，那是一個錯誤。請不要這麼做，那是不會有用的。這個練習需要放輕鬆，你必須保持平常心進行。我們必須讓這個觀想生起然後消失。這是第二個觀點，也是非常重要的一點。

三、原來本尊只是個名號

定義的第三部分，同樣非常重要。法本上說：

> 說到本尊是心的一個唯名時，本尊的形態，就像一個魔術幻象。你知道它不具基礎，就只是個名號，它只是個標誌，只是一個唯名，一種定義。

漸漸地，我們的修持將會成熟，因而感覺到心的所有展示都是本尊。沒有什麼不是本尊，沒有什麼是負面的。這是因為一切都只是一種顯現。在訓練的最後，我們見到的每件事物都是本尊的形體，我們聽見的一切都是密咒，我們的一切思維，都是智慧。

到了這個階段，你不需要想像自己是擁有一張白臉、黑臉或穿戴某些裝飾品，手持一朵蓮花、一把劍之類的本尊。你已經跳過那個階段。你知道本尊是心的一種顯現，而你的心，是一個魔幻之物。心是空性與覺知，帶著這般空性覺知，一切都能魔幻般顯現。這顯現，便是應身（nirmanakaya）。這顯現，便是本尊。

具備這個見地，沒有什麼事情會出錯，一切都不會有問題。如果產生了負面覺受，那也沒關係；除非我們將其負面化，否則它就只是一種顯現而已，事物是不會自己變得負面的。如果你抓著某種東西不放，然後因此發牢騷，那麼，情況就變得負面了。如果某件事就只是發生了，那並不是負面性質的。當我們深度理解這道理後，一切無非是本尊，一切無非為純淨。所有的一切，都以本尊的形體顯現；耳朵所聽的一切，皆為密咒；我們的一切思維，則是智慧的展現。如此一來，有什麼不是本尊呢？一切都是這顆心的魔幻顯現。

一旦理解這道理，我們就能放鬆。毋須對事物是好是壞、或想要不想要等有所攀緣。以往嚇壞我們的，是這顆心的某種虛幻展現，所以，那也是一種本尊的形式，或者更單純的說法，那只是某個正面事物。當我們理解這件事，我們就已經領略生起次第的真實意義，或者說它的根基了。這也被稱為密咒準則或純淨認知的見地。因為這樣的理解是逐漸建立的，所以它在我們剛剛討論的這三個階段中被傳授。

真實不壞，是我們自己賦與的

初機行者有時候會覺得好奇，自己在與本尊完全認同後，會發生什麼事。他們擔心自己可能因此發瘋，或是變得精神分裂。畢竟，擁有多重人格的人，是會被安置在精神病院裡的。

能夠理解我們對於每件事物的辨識都只是精神性的唯名，這是重要的。這就像是當我們的角色改變時，身分也會改變。比如說，我現在假設自己是一位師長，然而在另外某個時間點，我可以假設自己扮演的是學生的角色，而在另一個情境中，我又可以是一位兄弟，或一個兒子。這並不會讓我發瘋，因為我知道那些只是我正在扮演的角色。認識到我們像是身為人類、身為西藏人、身為僧侶等等，這一切的設定與認同，都是一種貼標籤或命名。它們是影像與名號，並不是某種堅實且真實的事物。

相信事物為堅實而真實的存在，是我們產生一切問題的根源。當你認為某件事物是堅實的，並且對它產生強烈的瞋恨或貪著時，問題就產生了。我們多數的精神問題，是在強烈不喜歡某件事或是某個人時，因為對其感覺瞋恨與畏懼而出現的。或者，我們可能強烈喜歡某個事物或是某個人，於是對其產生了執著。這些覺受，都是出自於我們對事物賦予它們原來並未具有的堅實真相。

在你觀想本尊時，也是如此。你應該清楚知道，你不是正在呈現另外某個身分；你呈現的是自己的純淨身分，但是，那是以你能理解的形式呈現，那是你所熟悉的某個形式。

如果一個人的心是穩定的，他不會認為自己擁有多重性格。然而，如果已經產生那樣的妄念了，這個觀想的修持，也許會讓問題更加惡化。雖然，讓瘋狂的人們認為自己是觀音菩薩也許不會是太糟的事——因為觀音菩薩充滿了關愛。那樣說不定對他們來說，還比較好呢！

說個跟這個有關的笑話，不過它是一個真實的故事。有一次，印度首任總理尼赫魯（Jawaharlal Nehru）到一家精神病院訪察，進入其中某間病房，有位病況正好轉中的患者趨前問他：「你是誰？叫什麼名字？」

總理回答他：「我是印度總理尼赫魯。」

那位患者拍了拍他的肩膀，然後說：「我的朋友啊，別擔心！你會好起來的。剛到這裡時，我還以為自己是甘地（Mahatma Gandhi）呢。」

關於一加十二等於一

> 第四點、說到修持生起次第的目的，修持生起次第存在一個全面以及一些特定的目的。全面的目的，最好的情況，是獲得無二無別的體悟。在中階或是較低的層次，修持生起次第的全面性目的，是讓自己免於對世俗貪著。

修持生起次第，有兩種目的：一個整體的目的與某些特定的目的。這個整體性的目的也有兩種類型：一種是較為究竟的目的，另一個是較為世俗的目的。

生起次第的唯一究竟目的

究竟的目的，是體悟所謂的三身一體。這是表達「證悟」或「不二」的另一種說法。比較世俗面、短程的目的，是免除對於世俗的貪著。更加的修持它，將讓我們較少陷入自己以往體驗事物的那種方式；不會以舊習氣去執著這個世界。一點而一點的增加，我們將能越來越以本尊的形式去體驗自己的正面自性。因此，這個整體目的中比較世俗的層面，就是減少我們的貪著。

生起次第的其他十二目的

> 修持生起次第有十二個特定目的。這些目的，與三昧耶尊、智慧尊、加持與灌頂相關。

這十二個特定目的，與生起次第修持中的四個主要因素——三昧耶尊、智慧尊、加持與灌頂——是相連的。三昧耶尊，指的是在修完前行後，我們觀想自己為本尊。

智慧尊，是那些真正覺悟的眾生，那些我們藉由自心間放光向其祈求的諸佛與菩薩。這道光向十方發散，邀請諸佛菩薩來此，並與我們的觀想融合。會這麼做，是因為我們之中的大多數人都覺得自己尚未真實證悟。覺受我們想像自己為本尊，是比較常見的方法。所以，為了讓這個修持感覺起來更加真實，我們放光，並感覺這些真實證悟的眾生已經降臨而且進入我們的體內。祂們在我們心間的正中央處安坐，而我們也能感覺祂們的存在。這便是智慧尊。

然後，我們領受加持，並且接受成為本尊的灌頂。接受灌頂，像是所謂的四灌頂，是將證悟者的身語意與我們自身的身語意合併的一個過程，那使得兩者變得不可分割。這將喚醒我們自身已經獲得證悟的身語意，而那正是生起次第的重點。

這四個層面：三昧耶尊、智慧尊、加持與灌頂，它們各自又有三個特別目的，因此，加起來一共就有了十二個特殊目的。

三昧耶尊的目的

> 首先，有三個理由生起三昧耶尊——它讓你的平凡妄念消失；讓你了解自己與本尊是不可切割的；生起三昧耶尊以讓你如一位持明（vidyadhara）那般地守護自己的三昧耶戒。

有三個理由讓我們生起三昧耶尊。第一，是利用它去除你的凡心妄念。你對自身以及這個世界具有的凡人理解，將被轉化。其次，以生起三昧耶尊來使你理解，你與自己的本尊是無二無別的。第三，以生起三昧耶尊來守護一位持明的三昧耶戒。持明，是一位擁有真實、確實體驗的金剛乘行者。三昧耶戒就像一個規範，而金剛乘的基本三昧耶戒，是你的身、語、意被理解為本尊。

智慧尊的目的

> 第二、智慧尊將圓滿這三個目的——你會明白自身與本尊是不可分的；因爲理解了這個不可分關係，於是你獲得本尊的加持；它被運用以快速獲得那至高與一般的悉地成就（siddhis）。

第二個群組的三個目的，與觀想智慧尊有關。（1）這會讓你與你的本尊變得不可分。融入智慧尊，是一種認知你與本尊無二無別的方法。

（2）藉由理解你與本尊之間的不可分關係，你能獲得本尊的加持。有時候，人們對於加持這個字的意思感到疑惑。加持，就是轉化。你越能將自已視如本尊，也就是你的純淨佛性，你也將更趨向轉化。觀想智慧尊，有助於你的轉化。

（3）是以智慧尊獲得至高與一般的悉地成就。一旦你的理解增長，你就獲得悉地了。悉地的意思是成就。有兩種類型的悉地成就存在——至高的悉地成就以及一般悉地成就。至高的悉地成就指的就是證悟。它的意思是體悟、是佛性、是無二無別——總之是那些你會稱之為最高成就的事物。一旦獲得至高的悉地成就，再也不會有什麼是你還進一步需要的東西了，一切，都已圓滿，你的工作已經完成。一般的悉地成就，僅僅只是暫時的，不過，它們會是實用的。那是一些像是明光、能展現某種神通能力，以及治癒病人之類的事情。有不同的方式來描述你所獲得的力量與特質。一般的悉地成就並非證悟，不過，它們對於利益眾生，是相當有用的。

加持成就的目的

> 第三點、是加持身、語、意成就三種目的：加持會將你的凡人身、語、意轉化爲如來藏的純淨身、語、意；加持，是一種保護你免於人與非人危害的殊勝保護；經由加持，你將完整成就本尊之身。

第三個層面，是從本尊處獲得身語意的加持，這裡也有三個特殊目的。首先，加持能將你的凡人身語意轉化為純淨的身語意。藉由一再獲得本尊加持，你將不斷被轉化。第二個目的，是加持能提供一個非常強大的保護，使你不致遭受人與非人的傷害。第三，是藉由加持，你將完整成就這個本尊。領受加持是這個訓練的一部分，它們能讓這個修持變得成熟。

灌頂的目的

> 第四、接受灌頂所成就的三個特殊目的：它讓金剛乘與波羅蜜多乘（Paramitayana）有所區別；經由灌頂，所有情緒性的障礙將被淨化；以及經由灌頂，你將完整成就這個本尊之身。

第四部分是領受灌頂。灌頂，有時候指的是領受身、語、意的加持。有時候，它是由一位金剛上師給予灌頂，然後由你接受灌頂。加持與灌頂，或多或少是一樣的。

灌頂的第一個目的，是將生起次第與大乘佛教中的因果方法做出區別，後者也被稱為菩薩乘或波羅蜜乘。對金剛乘來說，灌頂是獨一無二的。如同你可能已經知道的，佛教中有三個主要的「乘」

——聲聞乘、菩薩乘、以及金剛乘。在聲聞乘中，我們接受律（Vinaya，毗奈耶）的規範，這與我們的行為是互相連結的。主要有五種規範——不殺生、不偷盜、不打妄語、不邪淫，還有不醉酒；我們也可以發心受持其中某幾條戒律。一旦人們出家為僧侶或尼師，他們將受持為數眾多的戒律規範。受皈依戒也是其中一部分，那可以被視為一種戒律。

話說回來，大乘佛教有所謂的菩薩戒。藉由受持此戒，我們承諾自己將為了所有眾生的利益而努力，特別是經由修持六度來從事這件事。

灌頂，是進入金剛乘的入口。在金剛乘中，灌頂是非常重要的部分；那是在經乘中找不到、一種不尋常的教學或應許的方法。有不同方式的灌頂，像是根灌頂（the seed empowerment）與果灌頂（the result empowerment）。根灌頂，是由上師給予弟子，可以是以禪修指導或口傳傳承加持，或是對於修持給予加持等形式進行。另一種灌頂類型是「直指」（pointing-out），這是一種對於心的自性給予的精髓開示。

灌頂可以是文字傳承、象徵傳承、或是心意傳承。最真實的灌頂，是由一位極為具格的上師授予一位極為具格的弟子，那是一種心對心的傳承。弟子毋須接受許多教學或修持，就只是心的傳承，而這位弟子，會在一剎那的時間中獲得體悟。蓮花生大師是這麼給予心的傳承的，其他許多上師也有能力這麼做。

灌頂的第二個目的，是淨除煩惱（kleshas）或情緒性的違緣，像是貪著、瞋恨、無明、傲慢與嫉妒。灌頂的第三個目的，是成就本尊。這與前面我們討論過加持的第三個目的是一樣的。到這裡已經總結生起次第的十二個特定目的。

就快辦到了嗎？

> 第五、衡量修持生起次第的堅固，從修行者的角度來說，有三項指標，從他人的角度看來，也有三項指標。

就生起次第修持這件事，岡波巴大師接著提到如何辨別你已經成就了哪種程度的堅固，或者是你可以成就何等的堅固。從你自己的觀點來說，有著三項跡象，從他人的角度來說，同樣也是三種。換句話說，這是與你如何看待自己以及他人如何看待你有關的事。

還有三步

> 從你的角度來說，當你在行走、坐著或睡眠中能將自己視同本尊時，你已經獲得最低層次的堅固了；達到中階層次的堅固時，你將外在的世界視爲一座宮殿，而所有的眾生對你來說都已經成爲本尊；還有，除此之外，當你視所有的本尊爲一個幻夢、魔術，或是水裡的月亮時，這是成就最高層次的堅固。

就你的角度，即使在禪修結束之後，當你還是存在著自己就是本尊的覺受時，那便是你已經獲得第一個層次的堅固。在你日常行為活動間——比如坐、站、睡眠、做夢等等，你持續明白自己就是本尊。這是一種非常偉大的堅固，不過，那還不是最高的堅固，那只是獲得第一層的堅固。

還有兩步

第二，是從你自身的角度來說，當你視外在世界如一個純淨的國度，一切眾生皆為本尊時，這是中等層次的成就堅固。在這個中等層次，你不只是視自己為本尊，也視這整個宇宙為一片淨土。這表示，你已經淨化，遠離問題，而整個世界也是純淨與遠離問題的。將外在這個世界視如本尊壇城，這又是堅固的一個更高深層次了。這是中等層次。

就差這一步

除了如此這般純淨的覺察，如果你能將本尊視如一場夢，一個妄念，或是倒映在水中的月亮，這便是最高層次的堅固。在這第三種層次中，你明白沒有純淨與不純淨之分。能以這個方式看待一切事物，那是從你自身角度來說，最高層次的堅固。

所以，事情是這樣子進展的——視自我如純淨，這是第一個層次；視所有人，以及一切他物為純淨，這是第二個層次；而理解純淨的虛幻本質，則是第三個層次。

當岡波巴大師說，視你自身如本尊，這句話的意思並不是你真實看見自己存在多頭多手的模樣，或者像那一類的事。視你自身如本尊，這句話指的是你理解自身並無差錯。更確切的說法是，你所體驗的身語意，與本尊證悟後的身語意並無差異。在你的修持成熟後，你理解到自己的形體以及所有的形體皆是如此，都是空性的覺知。一切聲響在空性中共鳴，一切念頭為空性的覺知。這個經驗，就是視自身如本尊這句話的含義。

當然，看見自己以所觀想的本尊形態那般顯現的情況，也是有可能的。有許多故事說的正是這樣的事情，包括在那位前往拜見一位上師，說出「我想學禪修。請給我一些指導」的年輕男孩身上發生的事。

也許，那位上師認為這個孩子還太年輕或覺得他太笨，因此他回答：「好啊，那就進去那間房子裡，然後想像你自己頭上有一隻大角。」於是，男孩就這麼去做了。人們一直給他送來食物，而男孩也一直足不出戶，就這麼維持了好一段時間。終於，這位老師來到小屋，對男孩說：「你在裡面做什麼呢？出來。」

男孩說：「我頭上長了角，不能出去啊。」
上師說：「你說什麼呢？出來就是了。」
男孩又說：「可是，我頭上真的長了一隻角。」當人們看見他的時候，他頭上還真是長了某種的角呢。

當你對某個事物清楚明白，你的心對它產生投射，那是你自己與他人都能看見與覺受的。如果我們持續專注在某件事，或是專注於尋找某個東西，我們會找到它的。比如說，如果我們想對某人找碴，我們就能找到一些錯誤的。如果我們要找出某人的優點，同樣也能找出優點來。這就是為什麼我們在有些時候覺得某些人具有吸引力，然而在另外一些時候，同一群人看來卻讓人討厭。這些顯相，是我們自己這顆心的創作。

這個世界，是由我們的心構成的，藉由我們理解與投射事物的方式而建構。我聽說在俄羅斯做過實驗，那裡的人運用心的力量，能將極為沉重的物體提舉起來。我也聽說，DNA 可以藉由心而改變。不只是 DNA 的結構改變，它的影響也會改變。比如說，如果某人消化了許多壓力，那將在他的 DNA 上造成一種印象，可能被遺傳到下一代。心，是如此強大，以致於能夠創造事物。

換個角度再看一次

> 說到從他人角度來衡量堅固（生起次第觀修穩定性）的方法，首先，是當你證悟，別人視你爲本尊時，這是最高層次的堅固；中階層次，是你無時無刻都以本尊顯現；而當餓鬼們視你爲本尊時，那是成就最低層次的堅固。

接下來，從他人的角度而言，修持生起次第的最高層次堅固，是你成為一位解脫者，同時他人也能看到你已經證悟，或是成為本尊。比方說，有許多灌頂故事敘述的就是弟子在接受上師灌頂時，能夠視上師如本尊。當你獲致堅固的最高層次時，你將感覺完全解脫，而且有些人也能以同樣的方式看待你。

在中階層次，即使你尚未完全證悟，你能視自身如本尊，而且有時候，別人也能看見你顯現如本尊。

最低層次的堅固，是神靈能視你如本尊。其他人類也許無法以那樣的方式理解你，但神靈們可以。

當我們的觀想變得越來越穩定，我們的心也會變得越來越清晰與冷靜，我們的習氣反應也會改變。如果改變自己理解的方式，我們對事物反應的方式，也會改變。這就是佛教徒打破舊習慣的方法，而那非常有效。你淨化了自己覺受與體驗自我的方式，因而使自己的體驗變得非常正面。我們無法改變處於自己身外的每件事物；我們需要改變自己體驗的方式。既然一切都是心的展現，一旦改變我們體驗事物的方式，我們也就改變了自身這個世界。這是生起次第修持要邁進的方向。

慈悲與幻象

具備穩定的觀想能力，是重要的，不過說到證悟，所需要的還要更多。除了堅固，生起次第修持需要智慧與悲心。智慧與悲心，是修行中最重要的元素。任何一種修行都是如此，都必須對我們智慧與悲心的增長有所幫助。如果修行無法達到任何這類的目的，那就不是真實的修行了。所有的修持，都必須直接或間接地朝這個目標邁進。

穩定的生起次第修持可以使你的心變得非常強大，特別是透過持咒。不過，單單只是擁有一顆恆常的心，是無法獲得解脫的。有個西藏故事是有關某個人已經完成許多次生起次第修持，並且培養出高深的定性，然而，因為他少了悲心，死後投生成為一位邪靈。某天，這位邪靈在一位在洞穴中閉關的虔誠喇嘛前顯現出一個非常可怕的影像。喇嘛體認到那只是一個不好的影像，因此他決定驅除它。這位喇嘛本身也是一位非常有定力的修行者，他把自己觀想成一尊憤怒尊，持誦憤怒的咒語。不過，邪靈也有能力把自己觀想成一尊更為憤怒的本尊，而且對這位喇嘛回敬了更加強力的咒語。

喇嘛於是明白，這個神靈是知道如何修持生起次第的，而且，這位神靈必定曾經是一位非常強大但因故誤入歧途的修行者。理解了這層事實，讓喇嘛覺得非常難過，對於這位神靈，他感覺自己生起了真摯的悲心。他想，「真是可惜啊！這個人一定做過許多修行，而且花了許多時間閉關，才會變成現在這個樣子的。這是多麼不幸啊。」

當喇嘛在想著這些時，他忘了觀想與持咒，只覺受到強大的悲心。他抬頭往上看，看見那個幻象正在變小，越來越小，然後消失不見。就在消失之際，他聽見幻象以一種非常平靜的聲音說道：這就是我之前沒有的東西。換句話說，這個神靈已經明白，他缺少的東西就是悲心。

要辨別影像的品質，是困難的。修行者有時會產生本尊的影像，產生上師或佛陀的影像，是有著許多不同樣子的影像。有些只是想像出來的，像一場夢。那些是沒有好壞之別的。有些影像則顯現出負面效應，而其他的是正面的；但它們就只是影像。

你如何能辨別哪個影像是真哪個是假呢？他們說，你可以藉由它的氣味知道。就是那句話說的：「某個東西聞起來有魚腥味。」一個好的影像，聞起來會是美好的——會讓你覺受非常正面而且暖心。如果它讓你變得更加具有同情心，那就是一個真的影像。如果聞起來不好受，你會知道那不是好東西。負面影像讓我們不舒服、不滿意，或覺得消沉。

有時候，人們會在閉關時產生幻象。我聽過某位在加拿大從事三年閉關的人說，他一直聽到有個聲音對他說：「你應該到外面去，去做些利益眾生的事。你在這裡只是浪費時間，只是在閉關而已。」這情況，一再發生。

這位行者覺得這聽起來是個好主意，因此他離開了閉關處。他去拜見了一位上師，我想，他去拜訪的是卡盧仁波切（Kalu Rinpoche），行者向仁波切報告這個他需要出外、為眾生利益而努力的跡象。上師告訴行者，「不，那是個閉關的違緣。你應該立即回到閉關這件事情上。」

這位行者終究沒有回到閉關處，他努力為眾生謀福利，但一切就是變了樣。他一事無成，而且開始酗酒，成為一個酒鬼。從原本居住的地方被踢出來後，他成了街友。在幾年後，他明白自己被誤導，於是，他重拾閉關；在三年閉關後，這位行者最終選擇從事終生閉關。

無論如何，幻象可以成為我們修行時產生的障礙。

關於結果

> 修持生起次第的第六點，是結果，這部分擁有暫時與究竟兩個層面。究竟的結果，是生起兩種身。暫時的結果則有三個層次——最好的情況，是你在此生就了悟眞理；中等情況，是你在來世成爲一位轉輪聖王；而最低層次，你能獲得一個身爲人或天人之身的好的轉世。

我們來到第六點，也就是結果。這裡有兩個層次：暫時的結果與究竟的結果。修持生起次第的究竟結果是成就兩種身：報身與應身。這個結果將圓滿生起次第的究竟結果，也就是成就法身。

暫時的結果則有三個層次。最上等，是你在此生就了悟真理；中等，是你在來世成為一位轉輪聖王，或是成為某位將對這個世界具有舉足輕重正面影響力的人。轉輪聖王，是能不以武力就為這個世界帶來和平的人。修持生起次第最低等的暫時結果，是獲得一個人身或天人身的優質轉世。

這也總結了岡波巴大師關於修持生起次第的六個觀點。它們可以被概述成理解的三個階段。首先，當你進行自我觀想時，發現自己融入本尊，融入一位證悟者之身。在你不斷又不斷練習時，會感覺到那些證悟的特質在增加。

在第二個階段，你將明白這種自身觀想僅僅只是練習。你會理解這個過程，是自己這顆心的創造物，就如同你曾體驗的其他一切事物。你只是對於自心的悲心，智慧與力量感到習慣罷了。

第三，既然本尊由你的心所創造，你會將它體認為心之自性的發散。這位本尊，擁有如同心所擁有的究竟自性——明空，也就是那種無法被指認出的特質。所以，即便感覺到自己是一位證悟者，你知道，那並不是什麼堅實或真正的東西。證悟，就像其他事物那樣，它是空性的，或者可以說並不真實。

這三個階段展現出生起次第的修持是如何與大手印的圓滿次第修持相結合。越進一步修持生起次第，將展現出更加究竟的智慧。當你的理解力藉由這類修持達到一種非常深度的層次時，你會因此理解一切事物的真實自性。這便是讓生起次第修持變得如此深奧的原因。

第九章

穩定對於心之本質的體認：

體認自性的三階段

事物，總是在這顆心之中被體驗。
大手印法門，是從體認這顆覺察之心的自性下手。

接下來，岡波巴大師提到修持圓滿次第。這個修持著重的是對於心之自性，或稱真實的自性的覺知。在切入主題之前，大師督促弟子們必須精進修持。法本是這麼說的：

> 請好好利用這艘暇滿人身之船：
> 讓自己可以從悲傷的洪流中出脫！
> 這艘船日後並不容易獲得，
> 愚癡之人哪，現在你擁有的時間，並不是用來睡大覺的！[50]

這段引自《入菩薩行論》的偈子，是寂天菩薩告誡我們，浪費自己擁有的時間與自由，是愚蠢的事。這段話同時提醒我們，能擁有這個具足許多條件與能力的人身，是我們的幸運。岡波巴大師

[50] 這段話引自寂天菩薩《入菩薩行論》第七章第十四偈，由蓮源翻譯群（Padmakara Translation Group）完成的英文版翻譯（Boston: Shambhala, 1997）。中譯註，漢譯版，《入菩薩行論廣解》，隆蓮法師譯本卷七：「依此人身如舟航，得渡生死大苦流，此舟後時難再得，愚夫斯時勿酣臥。」如石法師譯本，作：依此人身筏，能渡大苦海。此筏難復得，愚者勿貪眠！

對這句箴言加上了以下的個人意見：

> 在此時，我們已經擁有這個珍貴的人身。我們已經進入珍貴的佛法教授之門。我們已經聆聽到珍貴的佛法，已經遇見珍貴而具格的善知識。現在正是去修持這些教誨的時候了，而那需要精進。有人說，「在穩定虔敬心這個根基之後，你必須穩定菩提心。」
>
> 首先，是爲了在你的存在中生起的一般之道，安定虔敬心是非常重要的。然後，爲了要堅定維護菩提心，你必須體認自己的心之本質，因爲，那正是整個佛法的心要。

為了提振修行，我們去回顧、並且回想自己修行的目的為何，這是好事。我們正在做什麼呢？自己為什麼會在這裡？到底想要什麼？而什麼又是最重要的？

修行佛法，必須以虔敬心為基礎。我們已經在第二章徹底討論過這個主題。做個簡單扼要的重述，我們並不是要把虔敬心說成某種盲目的信仰；虔敬心是啟發、是強烈的願望，也是一種確信。這三種特質來自我們對於何為真實與真理的瞭解。這份理解將啟發我們更進一步修持與學習。當我們在某件事物上越獲啟發，就會更想探索並且體驗它。這是有關渴望的層面。對於某事擁有更加深入的洞悉時，我們也能對它更加理解，這便產生確信；我們得到那個信息了。我們能說：「是的，這是真的。從任何一個角度看待它，我都知道佛法是真的。」

確信是虔敬心的心要。一旦對佛法確定，我們將不由自主地對它投入心力。這將成為虔敬心的第四種特質，被稱為不可退轉的虔敬心。這是最強大的修持基礎。直到我們具備它之前，修行都是帶著一點不確定性的。我們可以有把握地這麼說，虔敬心越強大，修持也會越強大。就在我們增長啟發與確信時，我們的修持，也將變得更為清楚與強大。我們需要漸漸培養這類的虔敬心，作為自己修持的基礎。

以虔敬心為基礎，你已經準備好進行主要的修持了，那是要直接對治你的心。所有這些各式各樣的方法，包括生起次第與圓滿次第，都是讓這顆心變得更加正面、清晰與聚焦的技術性方法。然後你就有能力修持那個精髓了——清楚理解與體驗你自己。從某個角度來說，你就是你自己的心。你就是你的覺知。為什麼這麼說？因為，要是少了覺知，你就不會是任何一個「你」了。

如假包換的心外之物

一旦明白心之本質，你就能了解下面這句話：「藉由知一，你明白一切。」一旦明白這一件事，要理解其他事物，對你來說是不會有問題的。所謂「這一件事」，指的是心的無概念自性。倘若不明白自己這顆心的自性，即使理解所謂其他一切事物，你還是會感到困惑。這是因為所有的其他事物都是概念。直到明白自己的無概念自性之前，你是無法理解其他事物的真實自性的。

> 關於理解這件事，外在存在著我們觀察的目標，而內在，則是這顆觀察的心。這顆內在的心，心與心理的所緣等兩種形態生起，這些被稱爲心的本質與特徵。「外在事物」泛指位於這顆心之外的一切事物，其中，包括我們自己的這個身軀。

在理解心之自性這件事情上，涵蓋兩項元素——一個外在元素，指的就是所觀察的外在事物；一個內在元素，指的是進行觀察的這顆心。從事觀察的這顆心也有兩個部分——體驗的這顆心，以及所體驗的心理所緣。換句話說，這顆觀察之心生起了這顆主要的心，以及它的心理性活動。

讓我們來討論這幾句話的涵義吧。比如說，當我說一切我所體驗的都是我的心，這時我不必然指其他人也是我的心，或是矗立在我面前的這道牆、或這把椅子也是我的心。我並不是在說，這整個世界都是我自己的觀察想像。如果事實如此，那麼當我不在這裡時，這裡應該是沒有人的，應該是空無一物的。而這顯然並不正確。外在的世界，從它開始在這裡產生時，就出現在這裡了。它是因緣而生的。

觀察中的這顆心，在這裡是非常重要的一部分，它也是互為緣起的。即使我不在這裡，只要其他人有出現在這裡的因緣業力，他們還是會出現在這裡。換句話說，只要人們有著類似的人身，大腦與身體機能，他們就會看到一個類似這樣的世界。我所看見的，與他們所看見的，基本上會是一個同樣的世界，因為我們彼此相似。不同的眾生間，像是人類與動物之間，看視這個世界的方式是不一樣的，然而即使各式各樣的覺察的確發生著，說到真實或非真實存在，這卻是另一碼事。

外在這個世界是不存在的，我們無法這麼說；然而，我們也無法斷言：它真的存在。世界，是互為緣起而發生，至於覺察者，則是這個生起中的主因。

無論你在這個世界中體驗到什麼，那都是你的個人經驗。對於這個世界，你是以自己的眼睛、耳朵、身體與你的心去體驗的。你無法以其他方式體驗。我所體驗的也許會與你的體驗相似，但它們不會完全相同。是有著我們都在體驗著的外在事物存在，對於這些事物，我們擁有個人的體驗。所謂「外在事物」，指的是位處在你的心之外的一切事物，這其中包括你的身體。

事物，總是在這顆心之中被體驗，這正是岡波巴大師所指，這顆內在的覺察之心有兩個部分：體驗事物的這顆心，以及它所體驗的心理所緣。心之本質，是它所體驗的事物，至於心的特徵，則是這些被體驗的事物。

你總是在跟自己的體驗打交道

金剛乘的大手印法門，是從體認這顆覺察之心的自性下手，這與我們在第六章探究過的大乘法門中觀派教授方式不同。現在讓我們再稍微複習。

中觀派主張行者要從觀察外在世界——或是被視為外在的世界——開始修持，並且還要解析它。比方說，你注視一個像是杯子或手錶的東西，然後自問：這個杯子的自性是什麼？這個手錶的自性是什麼？堅實存在的事物的自性又是什麼？你以發問這類的問題對它們進行檢視——這個東西是否存在不同的部分呢？它是單一事物，或是許多事物？中觀學派擁有像是「非一亦非多」之類的各種推理方法，那是你可以運用在自己的檢驗上的。

尋找事物的自性為何時，你將找到的，是一種互為緣起。一切事物的自性，是相對、瞬間，並且基於種種因（causes）緣（conditions）而發生。換句話說，一切事物的自性，是空性。一旦清楚外在事物的自性，接著，你審視自心，你看著那位正在檢視這一切的覺察者，你運用相同的推理方式去檢視它。這是中觀派與大乘佛教中常見的方法。

相反的，在金剛乘，特別是大手印法門，是從直接審視這顆心著手。如果你能直接理解這顆心的自性，那麼，所觀察物的自性，對你來說就不是那麼重要的了。這是因為你總是在跟自己的體驗打交道。關鍵，是你如何體驗自己，以及你如何轉化自己的體驗。

> 開始時，必須體認心之自性爲何；到了中間過程，你需要熟悉它；最後，那必須成爲一體。

修持心之自性，有三個階段：體認自性、熟悉自性、融入自性。這三個階段，也被稱為根的大手印、道的大手印、以及果的大手印。這三個大手印觀點，基本上就是修持的三個階段。根的大手印，是心之自性；道的大手印，是熟悉心之自性的過程；而果的大手印，則是與心之自性完全合而為一。就是那樣了！不需要做其他更多的事。經由直接、並且完全明白與體驗心之自性，我們獲致證悟。

你對於心的真實自性的最初、直接體驗，就稱為體認，這是第一個階段。體認，就像匆匆一瞥，而從這個體認中，你獲得一個更深刻的理解。因此，你需要對它下功夫，禪修它，讓自己對它變得熟悉。之所以需要這麼做，是因為體認是會消失的。有時候，你對這個自性產生驚鴻一瞥，但那只是片刻的體認，然後它就不見了。你了解到自性為何，但是，後來記不得了。

第二階段的熟悉，是最困難的部分。除了禪修再禪修，別無他法。在這個階段，你可能會有許多不同的體驗——有些非常美好，會讓你感覺充滿熱情與獲得啟發，其他時候卻是什麼也沒發生，因而你覺得遲鈍與無助。在修持中會有許多起伏，不過，如果你堅持不懈，你的體驗終究會變成體悟的，這就是第三階段。這種體認是穩定的，而且你知道它不會被弄丟。你不會再忘記它，因為那是一個深刻、持續與這個自性合而為一的體驗。

體認自性

岡波巴大師是一位大手印法門的偉大上師，他曾經親身仔細體驗這三階段。即使是第一個階段的體認，也有三個討論層面。

> 想要對此詳加解釋的話，首先，體認存在三個層面——第一、心之自性被直接、經由經驗而被體認為俱生智慧；它是無法被指出的明空。

首先，我們必須直接體認心之本質就是俱生智慧。這裡說的俱生智慧是什麼意思呢？那是在這顆心中，同時存在的明性與空性，是無法被確定指認的兩種智慧。有時候，在禪修中，我們看著這顆心，然後提出問題：「心是什麼呢？」我們會找到的，是被我們所體驗的那些如心理上生起的念頭、情緒、覺察與感受。在西藏，這些心理上的因素被稱為「心」（sem）。它們一再生起，然後消逝，比如說，每一次入睡時，它們就消逝了；如果不消逝，我們是無法入睡的。這種消逝，是入睡的過程。

除了心理層面的生起，這顆心還意味著更多的事物嗎？是的，還有覺知的存在，那是所有念頭發生的意識。在藏文中它被稱為「本覺」（rigpa）。此等細微的覺知，是不會消融或停止的。在死期來臨時，我們的意識：包括這顆粗大的心以及它的心理性因素，它們都將消融到這般微細的覺知中。即使是在死後，這道微細的覺知，依舊不會消融，或者止息。

當我們注視著這些心理層面的因素以及意識本身時，我們的下一個問題會是：心在哪裡呢？這些念頭與情緒，是從哪裡產生的？我的意識又在哪兒？在你注視著這顆心時，你能找得著它嗎？你可以把它拿起來，握在手上嗎？

你會發現，沒有什麼事物是你能指認出來的。這顆心無法被看見——它不具形狀，也無色。沒有一個事物叫做「這顆心」。即使你有一把小鑷子，也無法夾起某個東西，然後說：「這就是我的心」。無法找出這顆心的這個無法，正是這顆心的空性。空性，並非意指某物是空的。它的意思其實是沒有什麼可以被攀著的事物，沒有什麼東西，是你可以握在手上不放的。

不過，在此同時，心總是存在明性。正因為它是清晰而且無法被指認，心，因此可以被描述為明空。這就是心的自性。在這裡，明性指的是覺知。什麼是覺知呢？覺知在哪裡？直接發現並體驗到這道理——我指的是你的心為明空這件事，而且除此之外別無其他——就是體認的第一個步驟。

> 第二點，是體認到各種念頭與情緒的發散，與其本質其實不可分。

在我們這顆心上生起的，無論是一個念頭也好，一種情緒也好，或是一個覺察也好，它們都是俱生智慧的生起。那是這顆心空性與明性的發散。每一種生起，都是短暫的生起——一個念頭產生，接著消逝；接著，另一個念頭產生，並且消逝。我們的所有念頭，都只是出現，然後消逝。

明白這個道理非常重要，因為，我們常常對於發生的一切事物緊抓不放。比如說，心中有一股悲傷產生，我們緊抓這個感受，然後想著：「我好難過喔，我是如此沮喪。」然而，從大手印的觀點看視，究竟發生了什麼事呢？就是如一朵雲那般有個感覺在心中生起。像是一朵雲那樣，它顯現然後消逝，對它來說，全部的事實就是這樣了。這一次，生起的是悲傷的感覺，下一次，生起的也許是幸福感，再下一次，也許是憤怒，然後有可能是仁慈。這一類的事物，會像春天草原上長出的野花那般生起。各種的花長成，各種念頭與情緒也會生起。那些都沒什麼問題；這些事並不特別。一旦明白自己的念頭與感受為何物，而且以這樣的方式體驗它們，我們就能讓它們自在來去。

這裡的重點，是要理解其實沒有某個覺得傷心的「我」存在。不管生起的是什麼，比如傷感的情緒，那就只是一種生起；並不是那個「我」在傷感。倘若認同所生起的事物，並且認為自己就是那個樣子，它就會變成堅實的存在了。它變成了一個認同，接著，是我們陷入麻煩中。

這個理解我們這顆心以及它所產生事物的新方式，是具有非常深度的。既然這完全改變我們與自己這顆心的連結方式，所以，它也是相當深遠的。

> 第三點是明白這些各式各樣五彩繽紛的外在事物與我們的心是不可分的。三者之間無法分割。

要體認心的這個自性，還需要再一個步驟。除了理解情緒與念頭是從自己的心中生起，我們也需要明白所經歷的外在事物，同樣也是由這顆心所產生。外在的事物，並不是完全獨立於這顆心之外的。我們往往認為自己看見的事物，的確就存在於該處。然而，當我們真實理解事物之間的互為緣起，這些事物，就不見得必然存在於該處了。

就拿顏色做為例子，我們往往認為黃色總是黃色，藍色總會是藍色；然而，我曾經被告知，實際上其實沒有一個藍色或黃色或紅色等顏色存在；相反的，是我們所見的顏色，其實展現出的是某種光線被吸收或者被反射的程度。只是，我們以為顏色是真實的存在。

事實上，沒有什麼是絕對的；每件事物都可以存在許多不同的方式。你越能深刻理解這件事，就越能輕鬆處理事情。當你直接理解了這個事實，你就體認到心的自性了。這可以是完全的解脫。它會改變你看待事物的方式，也會改變你看待自己的方式。平常，我們認為自己身處在這裡，有某些東西則是在那裡。有個東西是好的，然後另外一個東西是不好的。我們想要那個好的東西，不想要那個不好的。這就是我們的心之所以一直非常非常忙碌的原因。

然而，事實真相並非如此。那些好的東西，其實是你的反映，不好的反映，也是你的反映；並不是有某個你真的在這裡，然後有另一個不同的東西在那裡。你所體驗的每一件事物，都是「你」。它們都是你的體驗。舉個例子，通常，當你照鏡子，某天你喜歡鏡中的自己，因為你正在微笑，而在另外某一天，你不喜歡自己，因為你在皺眉頭。一旦你理解這一切的覺察都只是你的這顆心生起的顯現，你就能自我解嘲，淡然看待事情了。這一類的體認將帶來自由，那是大手印的精髓部分。

熟悉自性

> 在中等程度階段，是有熟悉度，要藉由在僻靜處或是某處塚間適當並勤奮地修持而產生。

在體認心之自性後，我們得練習，讓自己對其更加熟悉。岡波巴大師說，我們需要獨自於荒郊野外或是某處塚間非常勤奮的如法修持。包含密勒日巴與岡波巴在內的許多偉大上師，都曾在深山中獨修，他們也曾在塚間修行過。塚間，是城外埋葬屍體的地方。這些地方住著會把屍體撕裂與吃掉的野獸。人們常常避開這些地方，因為它們挺嚇人，而且危險。

在印度，曾經有過許多墓地，不過因為現在的印度已經人滿為患，我懷疑現在還剩下多少這類的地方。所以，現在是真的不可能在這樣的墓地中修行了。但是，還是有些地方，是可以讓我們不至於在修行時過度分心的，這些地方，就是岡波巴大師建議我們可以用來熟悉自己心之自性的處所。

我這麼說，並不表示人們如果不在僻靜處或長期閉關的狀態中就無法修持。有很多傳承上師，從未居住在僻靜處，不過，他們仍然完成了修行。比如說，帝洛巴是住在城市裡的人，而且他曾經從事榨芝麻油的工作長達 13 年。那時還沒有榨油機，所以，他鎮日都得徒手將油從芝麻中榨出。馬爾巴是另一個例子，他是一位農夫，也是一位擁有妻子與許多孩子的一家之主。然而，所有的傳承上師都從事修持；他們修持甚多。缺少了修行，要穩定認知心之自性這件事，是不可能的。

不可輕言鬆手

> 熟悉度會在三個階段中生起——禪修與禪修後，是不同的，禪修與禪修後，是可比較的，以及禪修與禪修後，是不可分的。

堅固，也有三個階段——首先，你的體驗在禪修時與非禪修時，是不同的；其次，禪修之心在禪修時與禪修後同樣呈現；第三，禪修與禪修後是不可分的。修行有三個層次，而且，它們一個要比一個來得深入。

> 第一、當你對於自性的體認是在禪修時存在，在非禪修時卻不存在時，禪修與禪修後是不同的。在這個階段，內在的念頭與情緒不會傷害你，不過，你也無法把它們消除。因此，請待在僻靜處，並且持續向你的上師祈請。除了保持不退失的虔敬心，將心專注於安住在平穩中，也是非常重要的事。

這是非常進階的部分，即使被稱為第一個層次，它與禪修那種常見的第一種層次之間，存在著相當的距離。岡波巴大師描述的是某人在禪修中體認到心之自性的情況，這時一切事物全都沒有問題。不過，一旦某人不是處在禪修狀態時，一切就不是那麼完全妥當的了。重要的是，我們要記得這已經展現出一種成就的層次。單純體認心之自性這件事，在一開始，是非常困難的。

無論如何，當人們體驗到這個層次的成就時，他們也許認為，既然在自己禪修時，一切事物都沒問題了，那表示自己不再怎麼需要從事禪修了。他們認為，與其禪修，應該要去做些其他的事。這種念頭是個嚴重的錯誤啊。這時候，正是人們需要更加禪修的時刻。必須在此時保持全心全意修持，因為他們正接近獲得證悟的階段。

因此，大師建議我們要待在僻靜處，並且持續向上師祈請。當然，這個層次的修持者將理解上師並非存在於外在；上師並非處於這位修持者的身外。即使如此，行者仍然需要修持自己的虔敬心。

我們必須持續深化自己的虔敬心與修行。在這個層次，你將明白沒有什麼事物是需要禪修的，但是，直到禪修與禪修後對你而言已經無二無別之前，你必須持續進行禪修。直到你達到第二種層次的熟悉度前，在禪修中的不變與非禪修時的不變之間，仍然存在差異。

篤定的前一刻

> 第二個層次，當這個自性在禪修與禪修後展現時，禪修與禪修後是可以比較的，它不受行、住、坐、臥四種日常活動損害。對於所有發散的念頭與情緒與心之自性是不可分的這件事，你將變得更爲篤定。有時候，對於外在五光十色的顯現，你視之爲妄想與空洞，然而在其他時候，你視它們爲眞實且確定的事物。在這個階段，有些禪修者會感受到一種強烈的催促，使其這麼想：「比起待在這裡，出外旅行對我來說，是比較好的。」這時要持續留在某個僻靜處，這一點非常重要。

岡波巴大師說得很清楚，對我們來說，即使在這個階段已經能在禪修之外的情境中體驗到真實自性，這時離開閉關處，還是太早了。繼續做這個修持，直到你的每個體驗都如妄想與空洞般生起，這麼做是重要的。

融入自性：這個部分留給你自己

> 在最後一個階段，禪修與禪修後是無法分別的。俱生智慧是法身的發散。心的俱生本質，就是自性。涅槃，以及輪迴中的一切外在事物與現象，都化現爲無概念性的平等大

樂。在禪修與不禪修之間，並無分別。無論從事的是四個日常活動中的哪一種，都不會讓你從平穩的安住中動搖。時時刻刻，你的修持如同河水般持續流動。無需保持留意、專注，或去思考與檢視，自性，就只是時時刻刻存在。關於這一點，無論你是移動中或停留在某個地方，兩者並不會造成差別。既然禪修者從事的是修持，停留在某處，會比離開要來得更爲恰當。有此一說，通常，禪修者可以分成兩種類型，一種是把自己的鞋子給穿壞，另一類則是把他們的坐墊給坐破。兩者之間，選擇停留的後者，將會更加喜悅。

舉例來說，密勒日巴尊者在深山中待了 42 個年頭，直到 84 歲圓寂前，他在山與山之間來去。我們尊貴的師長岡波巴大師曾經問過尊者：「上師，您爲何總是待在山裡頭？」尊者是這麼回答的：「對我來說，身處在僻靜處或某個市集裡，其實沒有差別。然而，在此身此世，我已經把眾生放在心上，並且努力要將他們自輪迴之中解脫了，住在城裡，並不是一名禪修者的眞實之道。」

我們尊貴的岡波巴上師，也曾以這個相同的方式修持。我們必須從事他所做過的那些修持與訓練。對於這件事，我們要非常清楚。

在這時，一位行者已經證悟，是否禪修，對他是不會造成差異的。密勒日巴尊者持續留在洞穴中從事禪修，不過，那可能已經為他當世的弟子以及後世的弟子提供了一個典範。

正如你也許知道的，源自密勒日巴與岡波巴的噶舉傳承，以所謂的修持傳承為人所知。噶舉弟子是以從事大量的修持而為世人所知，他們並不是以博學多聞著世。某些傳承因此譴責噶舉弟子只知道禪修，對於其他則一概不知。不過，如果你回頭看看，有許多藏傳佛教的偉大作品，其實就是出自噶舉的師長。我無法說明這是怎麼發生的，不過，那是事實。

無論如何，我想，我不需要對法本的這個部分加以評論，因為我們之中，大概沒有人是正身處在這個階段的。我打算要讓這個部分僅僅呈現原文。你們可以將它視為指南，在向你展示著這條修行之路如何將在你對心之自性有所熟悉後展開。

第十章

具格上師的特質：

告訴我找上師這回事

如果有個人到你面前說：「我就是你的上師；你必須成為我的弟子。」那就盡可能努力逃走吧。

接下來，岡波巴大師談的是關於一位具格上師的特質。

> 上師仁波切說：在人們開始探索這個共通的修行之道後，如果他們想要進入非比尋常的金剛乘領域，找到一位具格的大乘佛教的師長去服侍，是非常重要的事。一位具格的上師，具有以下幾項特徵——第一、那會是一個與金剛乘傳承有所連結的傳承；第二、他是一個與仍在流傳的教言有連結的傳承；三、他的教言能連結某個可信的傳授；以及第四、那是一個與加持有所連結的眞實傳授。

有時候，弟子會問我，他們是否真的需要一位師長或上師。我的答案會是這樣的：如果他們正好擁有一位具格上師的話，有一位上師，對於修行會是一件好得許多的事。然而如果他們遇到的是一位不具格的上師，那麼，沒有上師，對他們來說才是好事。這並不是有關要不要擁有一位上師的問題，而是究竟這位上師是否具格。你是不會從與一位不具格師長或修行者建立關係而獲得利益的，因此，去明白是什麼讓某人成為一位具格上師，這點非常重要。

先弄清楚這件事

我會建議弟子，別從試圖尋找一位心靈師長開始；從努力理解佛法開始才是比較好的方式。正是藉由學習佛法，你能知道某位師長是否具格，一旦理解佛法，你將找到一位合適的師長。

在那之前，不需要對於自己要跟誰學習這件事過度刻意。專注在學習佛陀真實且經典的教法，對於這些教法獲致更具深度的理解，會是較好的。在追求它的同時，你也將找到一位心靈上師。

在傳統法教中，我們讀到弟子應該要以淨觀視上師是完美的，或者應該要視師如佛。不過，太早使用淨觀去觀察師長，在我看來是不太行得通的。在接受某人成為你的上師前，你需要務實與客觀一些。有可能會發生你看到了某個過失，但你想著自己是不該那樣想的，因此你便假裝且欺騙自己。這是不會有幫助的。在觀察師長時，保持誠實且客觀，是非常重要的。一旦你找到一位自己能夠信任的師長，某位具足正確條件的人選，那時就自然而然能培養出某種淨觀了。

如果你對某位師長感到些許遲疑，提出問題並獲得澄清，才是解決的辦法。你為什麼會想要成為某位讓你有所疑慮的人的弟子呢？沒有人把劍架在你頭上，告訴你去成為某人的弟子。

凡夫不是錯

我們需要知道的另一點，是上師也存在許多層次的，這個話題曾在岡波巴大師的《解脫莊嚴寶論》（the Jewel Ornament of Liberation）中被提及。有些上師是證悟者轉世，有些上師是偉大的菩薩，還有些上師，是平凡的輪迴眾生。即使是這個時代，某些上師仍可能是大菩薩或化身佛，不過，大多數的上師，都是像我這樣的教學者，僅僅只是凡人而已。我並不是說所有的上師都是凡人，不過我自己的確是一個平凡的喇嘛。

弟子們必須明白的是，身為輪迴眾生的師長與自己並無太大不同。一位師長往往已經領受較多的教授，學習與修持了更多佛法，或至少是出自一群擁有正統傳承的師長門下。如此的善知識，不太可能說出任何與佛法相違的內容。如果那位師長真實地分享他對法的理解與知識，而不是帶有任何自己的暗自盤算，這位師長就能成為一位具格的善知識。

要小心的是，別只是因為某人是一位師長，就把證悟的念頭加諸在他身上。有時候，弟子會這麼想：「這個人是一位師長，那他必定遍知萬物，並且已經獲得深度體悟。這位師長一定已經證悟了。」這種心態，在這位師長其實尚未獲得多少體悟時，將造成問題。如果你睜大自己的雙眼，往往就能不費力氣地明白這位師長尚未證悟。岡波巴大師在《解脫莊嚴寶論》中提到，依止一位凡人為師並不是錯誤，因為修行往往是從這裡開始的。對於我們在修行道上的進展，一介凡夫可以是非常重要的。

所謂的具格上師

岡波巴大師以探討這位師長的傳承為開始，對我們描繪一位具格師長具備的特徵。

不曾中斷違逆

> 第一、這位師長的傳承與其出身傳承是有所關連的。這是指這些證悟者的傳承，是自佛陀時代至今未曾間斷的傳承。這個傳承不能是一個含有違反三昧耶戒、或牴觸戒律而傳下的傳承。

我們首先要找出的，是這位師長是否擁有一個正統的傳承。一位好的上師將會擁有一個具備真實教法的傳承，這裡所說的真實，指的是一位完全證悟的眾生所體驗的法。自從那位我們稱他為佛的完全覺醒眾生，從他的時代至今，這些法教已經由一連串，成群的師長，純淨且完整無缺地傳承下來。這樣的傳承，必須是不曾間斷的，不只是在文字與意義上如此，在修持上也要是如此。這個傳承中的師長，需要修持過這些教法，最好的情況，是這個傳承中的所有師長，都已經完全體驗過它們。

所謂的傳承持有者，是一位已經實際修持源自某位完全體悟者的教法的人。所有已經達到某種體驗程度的弟子，都被視為是這個傳承的持有者。因此，一個傳承可以同時擁有許多持有者；並不是一次只能有一位。傳承這個詞彙，最初意指的是人們所具有的修持與體驗。傳承並不只是知識——那是你可以從書中就能自己獲得的事物。傳承的持有者，必須是不曾違反三昧耶戒或破戒的人。如果曾經造做某件完全不正確的事，那是不會獲得證悟的。

真實的修持與體悟，與不違背誓言與戒律之間，是相互關聯的。

心口相傳

> 第二、這會是一個與世上仍在流傳的語言相互連結的傳承，意思是這個口語的傳承是由口傳口、耳傳耳、心傳心而延續的。它不該是一個只以書寫文字、或是破破的舊書所呈現的傳承。

傳承必須藉由言語傳授，意思是法教經由口到耳、心對心的口語方式傳授。你無法只是因為讀了一本書就成為一位傳承的持有者。教法必須是親身傳授的。比如說出「我有一個傳承；我的傳承源自噶瑪巴」這樣是不夠的，你得從噶瑪巴身上領受法教；那些法教，必須是被傳授給你的。

有少數例外，是上師只授與弟子少許的法教傳授，而弟子仍然獲得傳承的例子。其中一個故事發生在第二世噶瑪巴與成就者鄔金巴（siddha Ugyenpa）之間。他們之間只見過一次面，而且還是在渡河時相遇，各自要往不同的目的地去，只在一盞茶的歇息時間中共處一地。他們一起喝杯茶，聊了一陣子，然後，噶瑪巴對鄔金巴這麼說：「現在，你已經獲得我的傳承。你已經知道我所知道的一切，你將是我的傳承持有人。」

這是非常不尋常的情況。我想，大概是因為鄔金巴已經獲得證悟了。有少許類似這樣的例子，不過，一般說來，一個人在成為某個傳承的持有者之前，必須領受法教，並且修持它們。

真實理解

第三、這個傳承會是一個與某個可信的傳授有所連結的傳承，這句話的意思是它的上師們確定已經明白這些教授的涵義，並且專精。

第三點，是這個傳承必須與某個可信的傳授連結。這表示一位具格的師長必須真實理解法教的涵義。這個人需要對這些法教具備真實的精通能力。至於一位上師或弟子，又是如何獲得傳授呢？在金剛乘有三種層面的傳授——灌頂、口傳，以及針對修持的開示。藉由獲得灌頂與口傳，弟子領受加持以及從事修行的准許。針對修持的開示也是非常重要的，這是弟子能夠獲得一個詳盡解說的時候。如果人們不懂，他們可以在這時提出問題，並且獲得澄清。當這三種層面都已領受時，這個傳授也就領受完成了。

以上所說這些條件，都和能夠將這個傳承延續這件事緊密相連。這位師長必須從一位已經獲得加持而能將教法授與他人的正統傳承者身上領受教法。如果這位師長並未真正領受過這些教法，那麼，他是不可能傳授它們的。

我不認為自己會提過這件事太多次——僅僅只是獲得傳授，這是不夠的。這些教法還必須被實際修持與吸收。一位具格的傳承上師，不該只是某個單單領受灌頂、開示以及口傳的人，他必須親身修持，並且真實理解這些法教。

得到加持

第四、這位師長的傳承，會是一個與加持相連的可信傳授，這句話的意思，指的是既然傳承從未間斷，其中就有能讓他人心中生起美德這類的加持。因爲這些緣故，我們要去尋找一位擁有以上特質的上師。

第四個條件是具備一個與加持連結的可信傳授。此處所指，是這個傳承中的延續性不只是未曾間斷，還必須是一個被賦予加持的傳承。為了成為一位傳承者，這位上師必須具備為他人加持的能力。這只會發生在一個修持的傳承中。一個「未曾間斷的傳承」，意指兩件事——在這個傳承中，從來不曾發生任何重大的戒律違犯，同時，獲得傳承者已經實際領受加持。

加持是非常重要的，特別是在金剛乘之中。就算是到達大手印與大圓滿的層次，加持與虔敬心依然重要。在大手印法門中，單單只是聰明或智商高，並不重要；重要的是具有一顆開放的心。一顆開放的心，是「具備虔敬與加持」的另一種說法。

所有的金剛乘傳承都是以加持為基礎，噶舉傳承尤其重要。我曾經讀過一個故事，說的是一位寧瑪派喇嘛對頂果欽哲法王（Dilgo Khyentse Rinpoche）提出一個相關的問題。如果你不認得頂果欽哲法王這個名字的話，他其實是廿世紀最偉大的寧瑪派師長中的其中一位，也是利美運動的大師，以及達賴喇嘛的其中一位師長。

總之，在一位寧瑪派喇嘛與頂果欽哲法王的這段對話裡，這位喇嘛說：「大部分的噶舉出家人都沒讀過太多書，沒有太多的知識。但是，他們之中有許多人，都在斷氣時進入三摩地（譯註：samadhi，三昧）狀態。這是如何發生的呢？」

頂果欽哲法王是這麼回答的：「噢，那是由於加持的緣故。任何人在一生中只要修持了第八世大寶法王的上師瑜伽，就能在死亡時進入三摩地狀態，即使，他們對此懂的也不是太多。這是因為這個修持具有偉大的加持。」

一個真實、未曾間斷的傳承是具有偉大加持的，因為那是包含一整個傳承的加持，也包含把這個傳承傳給你的這位師長個人給予你的加持。即使這個傳承中，有一或兩位持有者並未達到非常高的證悟，只要他們不曾違反自己的三昧耶戒，加持仍會延續。

佛法的眼目

> 換句話說，一位大乘的善知識，將具備所謂的佛法之眼，或是所謂的智慧之眼。

接著，岡波巴大師說，一個大乘的善知識，應該具有下列兩者之一的特質——他們應該是一位具備佛法之眼的人，或是一位具備智慧之眼的人。佛法之眼的意思是清楚明白教法，而智慧之眼，則是對於智慧同時具備理解與真實體驗。當然，能擁有智慧之眼當然要好上許多，不過，一位師長至少必須具備佛法之眼。

> 或者，一位具格上師，會以以下三種方式描述——第一、憑藉著偉大的智慧，這位師長具備能在修行路上引領他人的能力；第二、憑藉深度的悲心，沒有一位有情眾生會被遺棄；以及第三、這位師長對於世俗關注之事，不具一絲一毫的貪著。

身為一位師長，應該還要具備另外這三項特質——深廣的智慧、深廣的悲心，以及無貪著心。憑藉深廣的智慧，這位出家眾能夠引導他人在修行之路上前進；憑藉深廣的悲心，他不會忽略任何一位有情眾生；憑藉無貪著心，他對權力、人氣或歡悅不感興趣。岡波巴大師在這裡用了更加強烈的文字來談這件事——一位具格的善知識，是不該對世俗關注之事存在一絲一毫的貪著念頭。深廣的智慧、深廣的悲心，以及深度的無貪著心，這些都是非常完美的特質，不過，它們不太容易能被找著。

近日，當第十七世大寶法王在印度菩提迦耶舉行的噶舉祈願法會上給予開示時，他告訴在場的出家眾，對他們來說，應該持守的最重要戒律，就是永不欺騙弟子與護持者。大寶法王說，最近有喇嘛為了獲取錢財與權力而欺騙人們，這種事尤其發生在西藏境內與境外的華人社會中。大寶法王說，要是有誰這麼做的話，那就別麻煩還來見他了。對於一位師長來說，最嚴重的戒律違犯，是為了個人利益而利用他人。師長，必須超越那些平常且世俗的關注之事。對於世俗不抱任何關注，是一種高深的狀態，但一位師長至少必須要做到不至於利用弟子或他人。

狐狸和猴子闖不得關

> 或者，可以這麼說，這位師長必須具備下列四項特徵——對於三寶具有眞實的虔敬；對於眾生具備眞實的悲心；對深奧的涵義具備眞實的理解，以及具備並非出自考量個人利益而從事佛法教授的發心。

岡波巴大師以一位具格師長應該具備的四項特質總結這段討論，這四點特質出自佛陀教授的不同經續，由大師將它們並列在此。這四項特質分別是對三寶具備虔敬，對眾生具備悲心，對真實之義具備體悟，以及不考量個人利益從事佛法教授的發心。

> 我們應該要承事一位具有這些特質的出家眾。一位行爲舉止有如狐狸或猴子般的出家人，對於護送我們從輪迴出離到涅槃這件事，是沒有用處的。

岡波巴大師以我們可以仰賴、可以帶領我們從輪迴走向涅槃的師長做結論。行為舉止像狐狸或猴子的師長，是無法幫得上我們的。我不確定大師為什麼會提到狐狸或猴子，也許，那是因為牠們是鬼鬼祟祟又會偷東西的動物吧。狐狸以狡猾出名，牠們是聰明的，但不是以一種正確的方式發揮聰明。猴子則是以跳上跳下和性情燥動而為人所知。也許，當大師提到猴子時，他想到的是一顆執著與不穩定的心。

無論如何，大師給了我們關於尋找一位師長所具特質的清晰概念。這麼說，是因為總是由弟子選擇上師。一位上師不會跑到你跟前說：「我就是你的上師；你必須成為我的弟子。」如果有這麼一個人跑到你面前這麼說的話，那就盡你可能，努力逃走吧。在西藏的傳統中，是弟子檢驗某位上師，確認他是否具備良好的特質，如果是，這位弟子就可以選擇拜這個人為師。

是他拉了我一把

我聽說，有些西方弟子曾經去拜訪一位西藏高僧，他們向這位喇嘛請教，是否能夠稱呼自己的師長為「仁波切」。萬一你不知道的話，藏文「仁波切」就是「珍寶」的意思。這位高僧回答他們，如果他們想要，可以尊稱自己的師長為「仁波切」。這就是西藏系統的運作方式。這個系統不存在某人應該怎麼被稱呼的官方宣告。比如說，我可以拜某人為師，然後以任何我想稱呼他的方式，比方說「尊貴的」或者「仁波切」或是「宜津諾布」（Yizhin

Norbu）——這是我們給予達賴喇嘛的一個尊稱，意思是「如意寶」。上師們不會如此稱呼自己，那只是弟子想以這些稱謂來彰顯自己的師長。

所以，你要如何進行選擇上師這件事呢？你要尋找的，是某位你可以學習的對象。一旦這位師長教授的內容並無不妥，而且這位師長也像是某位你可以信任的人時，你就可以將這位師長奉為上師。花時間檢驗師長是好事，不過，並不是需要完全確定才行——有時候，我們是無法完全信服的。但是我們還是可以從一位信得過的人身上領受教法；畢竟學習才是最重要的事。特別是在初期時，師承哪位師長這件事，並不如其教授內容為何要來得重要。也許在稍後，誰是這位師長這件事將變得更為重要，不過那是之後的事。首先，你得學會的是如何修持；那是你如何能在這條道路增上的方法。

有時候人們則是提問：「我要怎麼分別誰是我的根本上師呢？」我會說，你的根本上師，是他所給予你的法教與引導，是對你帶來最多幫助的人。有一個故事，是關於阿底峽尊者的，他一共拜過五十位師長為師。當任何人向他提到那些師長時，他會隨即雙手合十並恭敬地低下頭來；不過，一旦有人提及他那位來自印尼的師長，也就是金洲大師（Serlingpa）[51]時，尊者則是壓低身子並流下眼淚。人們問他為什麼這麼做，他說，「因為金洲大師正是那位協助我生起菩提心的師長。因為他的教授與引導，我才能生起悲心。我對他有著最崇高的尊敬。這使得我將他奉為根本上師。」

[51] 中譯註：金洲大師來自蘇門達臘。

只能有一位嗎？

另外一個我在西方經常聽到的問題，就是你是不是只能擁有一位根本上師，有些人不允許一位以上的理由，是說擁有多位上師也許會讓你感到困惑。我的看法則是，你並不侷限於一位上師。那並不是像一次跟幾位女士約會，但只准許你娶其中一位為妻那樣。只從一位上師領受佛法，是可以的，不過，如果你從兩位上師處聽聞，也許成果還會更好呢。

我不認同只能有一位上師的主要理由，是我自己其實就擁有好幾位根本上師。我不只是從噶舉傳承的師長處學習佛法，也曾向來自寧瑪、薩迦與格魯傳承的上師們學習。在那些時光中，從他們那兒，我不曾聽過任何互相牴觸的教法。真正的佛法，是不會發生牴觸的。

但要是只有一位根本上師，也是可行的。如果你找到一位非常棒的師長，而且就這麼跟隨這位師長，也不成問題。如果你喜歡跟許多師長學習，而且能找到不只一位根本上師，同樣沒問題。

有些事情你根本不必問

還有另外一件事——你在私人生活中的某些事情，是不需要徵詢師長意見的，要不然的話，你會把自己搞得活不下去。

有些與你的文化與生活風格相關的事情，對你自己來說應該是比對一位西藏喇嘛來說要更為熟悉的。我聽過當弟子向上師請教上師並不瞭解的某些事情後產生的問題。之後那位弟子會說：「我的上師告訴我應該要這麼做和那麼做，但是它們並不管用。我不知道怎麼辦才好。」當你徵詢了上師的意見，卻又不照著上師所說的去做時，你會因為沒有遵循師長而難過；只不過，要是你真的照著做，但又不喜歡這方法，那樣的話，還是會讓你痛苦。你得視情況為自己做許多決定。如果你知道如何能做到這一點，那麼，擁有數位上師，其實不會造成問題。

徵詢師長的意見，是有可能會讓人變得困惑。也許你請教上師的，是要用哪種顏色粉刷你的房間。某位師長最喜歡的也許是黃色，而另外一位可能最喜歡紅色，然後第三位師長又喜歡藍色。不過，這跟佛法可是一點關係也沒有，純粹是個人意見罷了。換句話說，你需要學習的，是哪些是適合對上師提出的問題，而哪些又不是。我想，就算你不把自己的房間刷成上師最喜歡的顏色，也不會違犯你的三昧耶戒。

所以，上師應該不是那個讓你去徵詢自己要住在哪個城市，進入哪所大學，或者誰才是你結婚對象的適合人選。你要尋找的應該是一位符合資格，能在佛法上引導你修持的人。岡波巴大師針對這一點，已經給了我們非常清楚的指導。

如何落實見、修、行、果：
睜大眼睛用正念摸索

心的自性，是明空與其發散的光輝。是空間與智慧的和合。
它未經編造、出自本能、不帶條件。

尊者仁波切說，就一位已斷除世俗關注貪著之心的優秀修行人來說，首先，所謂的見，是與體悟有關的；第二，所謂的禪修，是與體驗相關的；第三，所謂的行，會與時間有關；而最後的果，則是關乎利益眾生。

優秀的修行人，不會受世俗關注之事所左右，岡波巴大師是以這麼一句話作為話頭。要檢視這句話能不能適用在我們身上，讓我們先複習「世俗關注」這個詞彙的意涵吧！有八件主要的事物讓人們認為是造成自己完全快樂或完全悲慘的原因。有幾種不同的方式去描述這些事物，其中之一，是以財富與貧窮這兩個對比開始。有些人覺得，如果自己是個有錢人，就能得到想要的任何東西，或者他們相信自己要是窮人，人生就毀了。第二組對比，是具有權勢或毫無權力；有些人覺得要是不能位居某個權力之位，自己就什麼也不是了。再另一個對比，是享有名聲、人氣或默默無聞、無足輕重兩者之間的比較。通常人們認為，要是每個人都崇拜自己，或者大家都知道我是誰的話，那是很棒的事情。其他某些人則是覺得，擁有諸多奢華與感官的愉悅將讓自己覺得棒透了；要是少了這些東西，人生就會變得悲慘。

擁有愉悅的事物是不錯的，不過，那些東西永遠無法為我們帶來持續的幸福。一旦明白這才是事實，我們才會往別處尋找幸福。我們該做的，是從自己身上去找：我們該改善自己體驗的方式。當我們致力找出自己的生命之道，致力於找出自己反應的方式之時，才會成為一位貨真價實的修行者。真實的滿足感，或稱為真實的平和，出自我們的心與心靈。

首先看看你的心

因此，首先，對於一位不再對世俗關注感到貪戀的優秀修行人來說，他的見地必須與證悟之事有關。見地是什麼呢？那是對於心之自性的一種經驗式體悟，這是就所謂俱生之心以及俱生顯相兩個層面來說的。

> 首先，見地包含兩個主要層面——心的俱生自性爲法身，以及俱生顯相爲法身的發散。心之俱生自性，也就是法身，在每一位有情眾生的心緒中呈現；而那些俱生顯相，則是以各式各樣的念頭與情緒展示，以彩色般事物的模樣出現。俱生顯相爲法身的發散及俱生之心，這兩個層面本身，在自性中，是不可分別並且完全純淨的。

岡波巴大師說，當你從自身向內審視，這顆俱生之心就是法身；這些俱生的顯相，就是法身的發散。在大手印教法中，對心之自性往往是以這個方式描述——它是法身與法身的發散，或說佛性與佛性的發散。這個自性，在每一位有情眾生的身上展現。心之自性，「意識、覺知以及心」的空性層面，即為法身。這是俱生之心，有時則被稱為平常心，或是藏文 tamel gyi shepa。

一切生起，都出自這顆平常心。使用「生起」(arisings) 這個字眼，所指的是我們所有的覺察、情緒、念頭與感受。俱生顯相是以各式各樣的念頭、情緒與外在事物等形式展現，它們是法身的發散。

這裡，我們可以以太陽為例來做個譬喻。如果太陽存在，就會有由太陽發散出來的光線。它們是不可分的，而且，就本質來說，它們也是純淨的。換言之，事物原來存在的模樣，是一點差錯也沒有。如果我們讓一切都順其自然，以一種完全的自性方式存在，那麼，這顆心與它所有的一切展示，將如它們原來存在的方式那般完美。

> 它們是完美的，是超乎文字或言語表達的完美；它們是原始並且自然而然任運而生；它們是簡單的——並非由因緣條件所創造。一切現象（phenomena，法）的基本空（the basic space）與本初智是不可分的。這是延續的根本方式，並不是某種由遠古時代的佛陀所創造的事物，也不是由某些聰明的有情眾生捏造出來的事物。這種存在形式，被稱爲見地。

心之自性，是明空與其發散的光輝。那是空間與智慧的和合，超越概念與文字。那是未經編造、出自本能呈現、並且不帶條件的。那是我們存在的根本形式。一旦真實理解這一點，我們將能感受到信心，因為自己已經明白，沒有什麼東西需要被移除，也沒有什麼事物必須被添加。我們可以讓每件事物如其本來面目那般存在。這是非常具深度的。以一種深度而且體驗性的方式去理解這個道理，那就是見地。我們需要理解自己的心為何物，理解我們的自性為何。要體驗這件事——讓它不只是一個概念，而是一種真實的體驗，這就是體悟見地。

> 這是某種必須被體悟的事物。沒有體悟，就不會帶來任何幫助。上師仁波切說：未被體悟的見地，被稱爲易爲極端（譯註：extremes，邊）所影響，不過，那依舊只是一個心理上的構思。

這是一個非常重要的見解。見地，並不是一套概念。當然，具備概念性的理解對我們來說，是好的，就這件事情上來說，它一點錯也沒有。只不過，一個概念上的理解，以及所謂的真實體驗，這兩者之間是非常、非常不同的。無論與事實有多麼接近，一個概念性的理解，只是一連串的念頭。而體悟是直接的體驗。概念性的理解與直接體驗的不同之處，就像閱讀對於某地的描述與身臨其境之間的差異。體悟不會從學習與思維中產生，當然，學習與思維對我們是有幫助而且具有重要性的，不過，體悟必須是一種個人體驗。

體悟平靜大樂

那麼，要體悟的又是什麼呢？岡波巴大師說：

> 要體悟的，是心的俱生自性就是法身，而這些俱生顯相，就是這個法身發散的光輝。一切輪迴與涅槃的顯相，都如平靜的大樂那般生起，無一例外。

涅槃與輪迴都如平靜的大樂那般生起，這就像是〈短軌大手印祈請文〉(Short Mahamudra Prayer) 中所唱誦：「願我明瞭輪迴與涅槃的無二無別。」有時候，弟子們對此會有疑惑——輪迴的顯相與超脫輪迴的顯相，如何能無二無別呢？這是因為兩者都只是法身所發散的光輝，在真實中，它們只不過是這樣的東西。

岡波巴大師稱此為「平靜的大樂」。在這裡，平靜指的並不是麻木或漠不關心；這裡說的平靜是極為清楚地明白我們所體驗的一切，其實都來自自心。我們所體驗的一切只是自己這顆心的發散，是這顆心的法身自性所發散的光輝。

這番話的言外之意，是你能體驗與享受每樣事物。無論出現何種體驗，不管是正面或負面體驗，不管是讓人覺得快樂或不快樂的體驗，都沒有問題。一旦你具備這個體悟，一切事物都將如大樂那般生起。大樂指的是沒有什麼讓人不滿意的事情，沒有什麼創傷，沒有什麼是實質上不正確的。

當這種真實自性被深度體驗時，同時，你對此變得非常熟悉時，你就可以說：「就是這樣。」不會有你是否究竟真實擁有這種體驗的問題存在。你會知道，自己已經體悟這個見地。

事實上，具備這個見地，是佛法修持最重要的部分。關鍵在於徹底瞭解你這顆心的自性。一旦具備這個見地，從事禪修將只是為了讓你對這個見地達到百分之百的熟悉；而最後的果，就只是完全落實這個見地。

在修行中，我們所做的每一件事，從理解無常、互為緣起與空性開始，都是在為了體悟這個見地而做準備。各式各樣所有的修持與禪修，也都會導向這件事。在完全體驗心之自性時，那就是我們所說的智慧。具備智慧遠比具備明白的理解還要來得多。那是具備一種徹底且直接的體驗——我們明白自性，而且自己就是那個自性。這是我們進行一切學習、領受一切教法，以及所做一切修持的目標所在。慢慢的，我們朝向這個終點一步一步靠近。

在大乘佛教中，我們致力於圓滿六波羅蜜——佈施、持戒、忍辱、精進、禪修與般若。前面這些美德，據說只有在智慧現前時，才會成為波羅蜜。要是缺乏理解真實自性的智慧，這些優點，就不會是真實的波羅蜜了。只有在智慧存在時，一切才會變得圓滿與成就。

在金剛乘中，我們的情緒被視為智慧也是依據相似的道理。金剛乘談的是轉化我們的情緒或者使它變質。這並不是說你擁有許多負面情緒，而突然間它們都被轉化為智慧；與此相反，這是指我們藉由理解心之自性，將所有情緒都體認為法身所發散的光輝。我們理解到自己不需要與那些情緒抗衡，也不需要成為它們的奴隸。那些情緒並不是我們的敵人，也不會是主宰我們的人。我們，可以讓那些情緒來了又去。它們生起，然後它們消融。既然是我們自身這顆心的生成之物，對於它們，我們是沒有問題的。這就是將情緒轉化為智慧的方法。

一切事物，以及我們所經歷的一切，都像是這樣。明白心之自性，是治療一切疾病的唯一用藥。深度理解心之自性，被視為是最重要的重點；那是大手印的心要。

> 這種體悟，並不是經由學習與思維而產生的智慧，它是來自內在深處，透過大量禪修所生起的理解。具備這個體悟之後，你的見地會連結到這樣的體悟。

釋論

大手印是一個畢生的修持。要直接理解心的自性，這件事並不像它聽起來那樣簡單，而且可能要花上一段長時間，往往需要一些不同的方法為階石，比如說，大手印修持法的其中一部分包括思維無常與互為緣起、對治我們的態度與習氣以及長養悲心。金剛乘常常以四加行開始，人們有時候會做完十萬次、四十萬次，或一百萬次的四加行；有些人是一輩子專心從事四加行，也有些人是從來都不做的。你做過幾次四加行都沒關係，要從事金剛乘的主要修持，我們需要領受直指教示，接著是從事生起與圓滿次第等練習。最重要的，是逐漸訓練這顆心去理解這個真實自性。

所有的修持，都是為了體悟大手印而做準備。我們學習、並且修持佛法，為了將自身的佛性完全打開並喚醒它。在這個傳承中，我們以大手印為主要修持法門，以它為最高深的修持法門，要是無法直接體驗它，那就從其他法門開始，向它邁進吧。

修持大手印，是非常個人的事情。最好是由一個人傳給另一個人。為了體現大手印，有些人需要在止禪練習多下些功夫，有些人則是需要多做一些研究功課，還有一些人就只需領受那些關鍵教誨就可以了。又比如說，需要花在研習法教上的時間也會因人而異，會依照在修行中的不同階段進行研習而有所不同——你是在一開始、在中期，或是在接近尾聲時研習它們將造成差異。有些人是非常智識性的，要讓他們的心安住之前，需要獲得更多的理解。所以，那完全取決於個人。大手印的教示很多，而弟子則無須照單全收。有些適用某人，有些則對另外一個人管用。

因此，找一位有經驗的師長來引導你，這是必要的。儘管有些教示留下文字記錄，也有讓你可以運用的書籍，但如果你想要的是完全體驗大手印，那還是需要一位自己的師長。真正讓我們獲致解脫的，是對於大手印的體驗。這條路上全是有關克服無明、以及藉由理解與體驗心之自性而驅散無明的方法。這也是大手印被稱為一切經續典範的理由。

再來直接體驗

第二、至於禪修與體驗有所連結，你所體驗的是什麼呢？你體驗到的，是體悟。體悟，就是體驗的意思。

岡波巴大師接著說，我們從事的禪修必須與體驗有所連結，而我們所體驗的，就是體悟。我們所體悟的，是我們已經在討論的見地，我們是經由禪修去獲得它。禪修不外乎別的，它就是見地。禪修，是我們訓練自己擁有一個對於見地完整而直接的體驗。

不過，有些偶然發生的體驗，是不會連結到眞實的禪修的，其中包括當我們的脈與風能同時發生時、包括眼睛看到的不同顯現、耳朵聽見的不同聲音、以及在禪定時感受大樂、明性與無想等體驗。在這些情況裡，沒有要觀察的事物或正在觀察事物的體驗；那就像一片完全清澈的藍天，存在的感受完全隱沒入空性之中。即使這些偶然發生的體驗將會停留一段時間，稍後，它們仍然消失不見。在薩迦派的道果教授中，也稱爲修行之道與其果實之中，這些屬於間接體驗。

在禪修時，我們可以擁有許多不同的偶然體驗，包括提高的認知感以及體內脈與風能產生的變化。在「止」（梵文，Shamatha）的階段時，我們能夠感受深刻的平靜、大樂、明性與無想。這裡說的無想，指的是在一段長時間中不具念頭。這不是一種昏昏欲睡的感覺，而是一種三摩地（梵文，Samadhi），是處於一種甚至不知道時間已經經過幾天的境界。曾在法本中提到的其他偶發體驗還包括不具覺察、或是沒有要覺察的事物，或是一種浸沒在空性中的覺受。這些都被視為偶然發生的體驗，因為它們顯現，但在一段時間後會消逝。

大師提到道果教授，這是藏傳佛教薩迦派的主要修持法門。這個法門將所有這類的事物描述為間接體驗。也許我們會有一個非常美好的體驗，不過它隨後就會消逝，而我們會想知道，到底發生了什麼事。這些體驗，就像我們現在提到的這些，都只是過眼雲煙。它們不是解脫，並不是特別有用的東西。

解脫，指的是你知道何事正在發生；你知道「事物的真相（what's what）」。你具備了見地，一旦獲得體悟，你是不會失去它的。到了那個關頭，你會知道自己要如何解脫你的念頭與情緒，所以它們不再會是問題。換言之，你會知道如何自行解脫，這將建構出真實的智慧。體悟並不是具有正面體驗這一類的事，你也許有過某些很棒的體驗，不過，當它們消逝時，它們就是不見了，只留下一個不知道要怎麼向前踏出腳步的你。

這就是大師要清楚指出偶然發生與真實體驗之間差異為何的原因了。真實的體驗，指的是你深刻明白要致力於何事，明白要怎麼做，以及它為什麼管用。你會知道如何讓自己的念頭與情緒獲得解脫。那並不是某件你今天能做、明天就不能做的事情。具備真實體驗時，不管發生什麼事，你都會知道應該要如何處理自己的心。你會知道自己不要受到輪迴的束縛，因此，你根本不會被妄念所騙。這種體驗就是解脫。那是真實的智慧，也是斬斷輪迴根源的事物。

那麼，什麼樣的體驗會與眞實的禪修連結呢？那是對於本質，對於俱生，以及對於自性狀態與大手印具備個人經歷的體驗；這一切所指的，都是理解你的心之自性。這種自性像什麼呢？心的自性，並不是某個存在的事物，因爲它一絲一毫也無法被找著；不過，它也不是不存在的東西，因爲你能體驗，能體悟它。心之自性是無法被直指辨識的明空。明空會自然生起，而且從未被打斷，一旦這件事變得顯而易見，禪修與體驗便相互連結。這也被稱爲體驗與體悟同時發生。

一旦發生這個情況，禪修已經落實，此時此刻的這個禪修經驗，就被稱為體悟。秉持這個正確的見地，因為已經明白自己正在做什麼事，我們的行事就無法變得過於離譜。稍早，我們提到需要一位師長使我們得以學習如何修持，然而，一旦確實明白如何修持，我們就不再需要追隨一位師長了。

然後行事像個君主

第三、接著，修行與時間有關，這部分具有四個層次——一位初機行者的行爲舉止，表現地像是一位年輕的君主；一位瑜伽士則是遵照密咒乘而行事；一位修行有成的大師，或稱爲大成就者，會遵行瘋狂的智慧行事；而一位智慧的傳承者，舉手投足則是依據偉大的平和之心。

在金剛乘，整個修行之道包含見、修、行、果；相較之下，大乘佛教是以六波羅蜜來描述這條道路；至於南傳佛教，則是專注在討論四聖諦與八正道。在這裡，岡波巴大師運用金剛乘的方法。我們已經概略討論了見地與禪修，現在，要來談談行持。

岡波巴大師的主要看法是這樣的——修持與所謂的時間相關。此處，「時間」指的是你修持或體悟的層次，你必須依自己修行道上身處的階段來行為舉止。大師提到四種不同的層次，或可說四個時期。在一開始，行者的舉手投足，像是一位年輕的君王；在瑜伽士的階段，行者是依咒、或是所謂的密咒乘行持；一旦具備一位大成就者的體悟後，行者將依循瘋狂的智慧（狂慧）舉手投足；最後，一位具有智慧者，則是依循廣大的平靜之心處世。這裡所說「智慧持有者」，意指一位持明——那是一位已經徹底成就的大師。

這四個層次，對我們來說，最重要的是身為一位初機行者時要做的事。岡波巴大師說，你需要如一位年輕國王或王后那般行為舉止。當你成為一位君王，你得行事謹慎，並且提起正念。在與你的顧問和大臣們應對進退、以及與你的臣民相處時，你得同樣保持警醒。這跟我們初期在金剛乘修持的情況是一樣的。

> 第一個層次，是一位年輕君主必須觀察，同時不讓自己違犯任何已經領受的戒律，其中包括別解脫戒（the pratimoksha vow）或優婆塞戒（the upasaka vow）。這個人還必須維護自己對踏上這條生起願心與實踐菩提心的菩薩道修持之路、以及對一位持明持守三昧耶的承諾。數十萬條戒律可以濃縮成十四條根本墮罪及分支。我們要從學習與理解各式各樣的戒律著手，持續守護它們，避免墮落；最終，如果違反戒律，我們必須致力修護它、淨化它、然後維護它。

岡波巴大師說，首先，我們必須持守自己領受的任何一條戒律，讓自己不犯戒。大師提到兩個戒，別解脫戒是律法的準則規範，優婆塞戒則是在家人受持的誓戒，其中包括所謂的五戒——避免殺生、偷盜、妄語、邪淫與醉酒。律儀戒可以是五戒中的其中一項或更多，又或者，如果你不打算持守它們，至少你應該受皈依戒。對你的身、語、意所造做的一切有所觀照，這麼做很重要。

除此之外還有菩薩道的行持，其中包括悲心、願菩提心與行菩提心，還有，努力修持六種波羅蜜。

因此，身為一位金剛乘的修行者必須持守三種層次的戒律——律儀戒、菩薩戒以及金剛乘的戒律。金剛乘的戒律有許多——或稱持明、三昧耶戒，有此一說，總共有十萬條三昧耶戒。我們也許寧可自己不知道它們所有的內容吧！不過，所有的金剛乘戒律，可以被濃縮成十四根本戒及八條支分戒。

身為金剛乘行者，我們同時致力於修持這三種層次的戒律。正確的行持，是為了維持我們的戒誓，守護它們，不至於墮落。研習戒律、了解戒律，並且致力在生活中做到依循它們，這是重要的。歸結起來，它們都是讓我們遠離造做惡行，同時，對於行善一事更加習慣。如果在戒律上有所違犯，我們努力修補它們、淨化它們、然後重新受戒。從本質來說，我們正訓練自己安住於活在正念，所以，我們會一步一步變得更加正面，減低負面習氣。

睜大眼睛，按圖摸索

將戒律融入我們的生活中，這是非常重要的。在某種程度上，我們也許已經明白萬物皆從法身平等生起這個見地——不過，我們尚未成就這個見地。如果讓自己的行為舉止依循這個見地行事，我們也許會這麼想：「既然一切都是這個法身的發散，一切事物就應該都是平等的，是超脫接受與拒絕的，所以這表示我可以為所欲為。」有這類念頭的話，代表你對法身的體認已經喪失。如此思維並不是狂智，抱持這種態度的話，你已經喪失智慧了，只是讓自己邁向瘋狂的地步。我們必須致力於別讓自己過度迅速地成為一位瘋狂的瑜伽行者。

這就是上師仁波切為什麼告訴我們，即使已經具備非常高深的見地，我們的行為仍需保持嚴謹且務實。我們必須保持安住正念，必須持續致力於自己如何行為舉止以及對事物做出反應。這有待訓練，同時需要時間。即使我們也許對於見地與禪修有了某種體會，我們的俱生習氣依舊在輪迴中，因此，我們需要繼續對治這些習氣。這是行的第一個層次，是對身為初機行者的我們來說，一個恰當而合適的層次。

至於依循時間來行為舉止，這是我們必須辨識在特定情況下，哪些是可以做的事，還有哪些是不能做的。最好的辦法，是去做某件對自己與他人都有益的事——就當下與長時間來說都是如此。不過，我們也必須務實——那並不是關於去遵循某些很久以前就被制定而寫下的規矩，或者是去依照上面並沒有標示你眼前見到的那道懸崖的一張地圖然後繼續往前走。你得運用自己的眼睛，而不是照著地圖直行，然後掉下懸崖。這是大師為什麼說，你得依照時間與局勢行事。

這些地方不證自明

在法本這個章節接下來的篇幅中，岡波巴大師所談的是遠遠超乎我們之中許多人程度的體悟層次，我不認為自己有必要在這個節骨眼上對它們發表意見。法本中接下來的內容，都在以下的篇幅中，如我先前的做法，我打算讓它不證自明。

第二個層次，一位密乘瑜伽行者的行爲舉止是依循轉化之道而行事的，這需要做到在某個僻靜處：像是塚間閉關修持。在這一類的修持中，觀修我們的身體轉化爲本尊，語言轉化爲咒鬘，至於心意則轉化爲本尊的自性。在《幻化密續》（The Mahamaya Tantra）中是這麼說的：

咒鬘、形體，以及這個絕對自性
它們是三種智慧（譯註：英文原文爲 yogas，瑜伽）。
藉由這三種智慧，
我們不會再被輪迴的過患所染污。

轉化身體爲本尊，這裡指的是禪修中產生虛幻之身、以本尊的形態顯現的這些階段。在最高階層次，轉化語言爲咒鬘，是禪修智慧之風「墻達利」（chandali）——也就是拙火（Inner Heat）。在中階層次，是去計算平日呼吸中的吐氣、吸氣與閉氣。最低階層次，則是持誦本尊咒鬘。轉化心爲自性，指的是你瞬間進入像是大手印這類不具形態的禪修中，同時修持金剛乘中各種特殊的法門。

說到咒鬘或秘密眞言，這裡說的祕密，所指爲何呢？那是你閉口不談自己的本尊，不讓人知道自己的上師究竟是哪一位，也不讓人知道自己曾經領受哪些教法，並且暗自以守護自己的身、語、意進行修持。

一位已經成就的大師，是依循瘋狂的智慧而行爲舉止的。與以上描述的這種瑜伽行持有關，這位成就者的身軀，已經被轉化爲本尊；言語已經轉化爲咒鬘，而心思也已經轉化爲自性。因此，有人說這樣的人可以讓人起死回生，還能讓事物發生與消失。這些就是一位狂智大師的行爲舉止。

一位智慧持有者的行事舉止，將反應其對大平等的體悟。在日常生活的四大活動中，這個人能夠自然處在一種不被打擾的大樂空性中。這是一種超脫禪修與後禪修、一種不再學習的一致狀態。沒有什麼事情要做或不去做，就本質上來說，一切行爲舉動，都是應運而生的；一位持有智慧的人，是不去設定計畫的。

就這四種人來說，最上乘者不應該如低階者那般行事，而那些道行較低的人，其行爲舉動也不該如同高成就者那般表現。一旦我們的行爲與自身能力產生共鳴，我們的行爲也就與此處所說的時間連結上了。

第四，就結果與利益他人有關這一點，一位眞實的瑜伽行者不會具有觀察者與被觀察物間的二元差別。他不需要刻意保持正念，或是刻意去思考任何事情。毋須費力，這位瑜伽行者自然而然便沉浸在大平等的體悟中。在果的層次，當身體結構在死亡屆臨時分崩離析，然後，你的身、語、意與那個大樂的證悟之身，將變得無二無別。這個果，會在我們的體現應運而生時獲得。至於這個果將如何與利益他人建立連結，從法身開始，這些化身將自然而然、並且不費吹灰之力地顯現，去爲了他人的利益而賣力。

我們之中的每一個人，都必須運用這裡所說的見地與行持。請謹愼思量這一切。

第十二章

認得「平常心」的重要性：平常原來最難

自性非常單純，我們之所以無法體驗，只因為不敢徹底面對自己。

如同前面章節，本章依然是以「尊者（Jetsun）仁波切說」這句話起頭。當然，這裡「尊者」仁波切指的是岡波巴大師，由他以這個方式進入教授主題：

> 身爲修行者，請記得提醒自己死亡與無常；別忘了業力因果；要體認輪迴以及小乘佛教的缺失；要串習慈愛心、悲心與菩提心。從此刻起，如果你想要從輪迴中解脫，就必須對平常心（藏：tamel gyi shepa）有所體認。因爲，那正是一切佛法的核心。

作為自身基礎，我們必須一再提醒自己無常這個道理，努力看清事物。無常是明顯存在的，只不過大多數時候我們不想看見它。通常，我們寧願被自己現在的處境纏住，然而這類的貪著卻會把我們帶往麻煩。我們的問題將倍增，因為不知道該如何放下手邊發生的事情；我們不明白那些正在發生的事情將會改變。有時候，即便是小問題都能把我們掩沒。一點點小事就能讓我們雞飛狗跳，這是沒道理的事啊！我們也許在今天晚上就會死去，或者下星期，或是不久之後的某一天會死，如果能多加串習無常與死亡，我們的小問題也許就會顯得一點也不是問題了。

我們必須從心的輪迴狀態中解脫自己。只要有一顆被困在恐懼與執著裡的心，我們就無法從受苦中解脫，也無法找到恆常持久的快樂。因此，每當開始學習每一座佛法研究或修持，就必須提醒自己這些基本的道理。

此平常非彼平常

一切眾生就像我們自身，都不想受苦，也都想活得快樂。因此，除了自我解脫，我們也應該幫助他人獲得解脫。培養愛、悲心與菩提心，並且發起願心，這些是重要的。一旦幫助一切眾生解脫的這個希求成為我們最重要的關注時，做什麼最好呢？有什麼可以讓我們解決他們的問題，也解決自己的問題？從大手印的觀點來說，這個解決辦法，就是對平常心有所體認。

藏文中，tamel gyi shepa 往往翻譯成「平常心」或「平常意識」，不過，別把這裡說的，與我們習以為常的那種體驗事物的習氣有所混淆。後者那種平常心，並不是這個藏文詞彙的涵義。Tamel gyi shepa 指的是對於心之自性所具備的基本覺性。我們的心在自性狀態中是平靜、喜悅、具備悲心並且清清楚楚。事實上，在它的自性狀態中，這顆心是如此清楚而遍知一切。它具有巨大的自性力量與能力，這才是這顆心的真正自性。

對這顆心具備這樣的理解，這是佛教中最高深的教授；岡波巴大師將此稱為「一切法的心要」。在我們談到大手印或是大圓滿法門體悟時，說的就是這個。由這個觀點來說，這個平常心並不是純理論的事物。它不是某種花上時間才能造作出來的事物。對生命的存在具備正確理解與正確方法時，我們就能立即體驗這種自性狀態。在大圓滿與大手印等法門傳授中，總是涵蓋對心之自性的介紹。一旦時勢得宜，因緣具足，你就能立即體悟，在當下就能如此。如果你能做到這一點，也就體驗到所謂的證悟之心了。

證悟並不是某件遙不可及的事；它就存在我們即刻的體驗中。問題是，我們並不是在有意識地情況下體驗它，我們無從得知要如何觸及它。儘管這個基本覺性一直存在於自身，我們卻如此習慣以受侷限的方式反應，無法打開心房接受自己原有的廣闊。如果能夠放下自己那狹隘且自我中心的思維，以敞開這顆心取而代之，此刻，我們就能體驗證悟。

自性狀態是非常單純的，然而因為我們大多數人缺乏這個膽量，體驗它變成是一件不容易的事。一般來說，我們不喜歡驚喜，也不喜歡被驚嚇，比如說，為什麼我們怕黑呢？因為我們無法知道那裡有什麼東西。我們不想遇到自己以前不曾遭遇的經驗；同樣的道理，我們的畏懼，讓自己無法全面而徹底地檢視自我。

我們得大膽一些！為了體悟心之自性，我們必須更加勇敢，同時必須準備妥當。準備什麼呢？準備好岡波巴大師在本章一開始提到的態度。我們需要具備悲心——是這種覺受，讓我們的心得以對每個人敞開；我們需要具備出離心——是這種覺受，讓我們對瞋恨與貪著，以及因為它們而衍生的一切問題感覺到已經受夠了。我們還需要放下自己的無明——那是我們由來已久的自我偽裝與隱藏模式。

有時候，人們會因為發現身處在輪迴中是如此艱難，因而想要遠離每個人；他們想要前往山林中獨居。如果有任何人來到面前，他們會覺得是打擾。這其實是對出離心的一種錯誤理解。在你對輪迴的理解有所增長時，你對人們的理解也會增加，解決他們問題的能力也同時成長。你處理這個世界中那些艱難層面的能力也會倍增。在更加具有出離心的同時，也會更具悲心。因為瞭解包括你在內的所有人是如何同病相憐，所以你希望協助他人解決他們的難題。那將自然而然讓你變得更能隨遇而安，同時，你會發現自己與人相處更加簡單了。這就是出離心與洞察力引導我們產生悲心的方式。

我們必須探索自己的心，去敞開它，並且對於自己的本來面目著實地更為熟悉。這是我們揭開自己真實自性的方法。如果願意藉由體驗任何事物而完全瞭解自己，我們是有可能體驗自己的真實自性的。從某個角度來說，比如頂禮、持咒與禪修等等，佛法修持的每一個部分，都能被視為是讓我們準備好體驗心之自性的方法。

> 平常心，那是什麼呢？它是不摻和任何雜質的心識自身，未經任何世俗意識所破壞的心識。無論被任何形式的遲鈍或念頭隱藏起來，它仍舊保持在自己的自性狀態中。一旦體悟它，那是所謂嶄新覺知的智慧；如果你無法認出它，那是俱生的無明。當你體悟到這件事，那被稱爲「本覺」（rigpa），被稱爲本質，被稱爲俱生智慧；它也被稱爲平常心，被稱做是本初狀態，被稱爲遠離二邊。它被稱爲明光。

因此，這個平常心是我們不受打擾的自身覺性，那是持續存在於其自性狀態中的心。

影子起不了作用

這帶出念頭這個問題。當我們看著自己的心，我們將看見所有的生起——不同的念頭、情緒反應、感官覺受與見解。以大手印的觀點來看，這些都是心的發散。如果心的自性狀態是如同太陽那般，這些心所生成的事物，就像太陽發散的光線。

最細微的意識形式，也就是我們意識的真實自性，只是一種覺知。這就是平常心，這就是 tamel gyishepa 或本覺。如果你看著這個覺知，沒有什麼東西可找。你無法說出自己的覺知就在這裡或那裡，或是它其實住在腦袋裡面這個細胞還是那個細胞中。你什麼也找不著，不過，這個覺知將持續發生，因為覺知被稱為明光。明光指的並不是某種發光體，像是燈那一類的東西，它的意思是這顆心是自覺的，意思是覺知是總是存在的。既然覺知沒有任何形體或形狀，有時候它也被稱為明空。它本身什麼也不是，但是同時，我們體驗到自己是具有覺知的。

覺知本身不受我們的任何念頭、看法或感受影響。它們就只是覺知的放射，就像海洋中的浪花。海浪本身與海洋並無不同，浪花只是海洋的一部分，只在表面出沒，並不打擾海洋。像這樣，各式各樣的念頭與情緒，是在不打擾根本意識的情況下顯現。

一旦體認這個平常心，明白我們的經驗都是它的發散後，我們將體悟，無論發生任何事，我們都沒有理由被干擾。無需對自己所經歷的事物有所貪著，而且，事實上，我們可以一笑置之；沒有必要從它們身邊逃跑，或是追著它們跑，它們，不過是那些堅不可摧的覺知的展示。以這種方式理解我們的經驗，是獲得證悟的特徵。無論生起的是什麼樣的體驗，都不會有問題，因為就其自性與深處來說，覺知是不會被任何事物所干擾的。每一件顯現，僅僅都只是這顆心的自身發散。

它就跟你的影子相似。毋須對它害怕，也沒必要對它貪著——它就只是存在於那個地方而已。當它存在於那裡時，沒有什麼問題，當它不存在時，也不會有問題。你的影子是不會困擾你的，如果你知道你的念頭、情緒、感官覺受其實也是如此，你就知道自己要如何獲得解脫了。

將這個道理與禪修連結，重要的是請記得僅僅只是具備一顆注意力集中或穩定的心，是不足以讓我們從輪迴之中解脫的。那只會讓我們平靜下來，僅此而已，是不會帶來長期利益的。真正的訓練是知道如何讓自己從恐懼、貪著到我們自身經驗中解脫。一旦明白所有體驗都只是這個平常心的發散，它們就可以在我們不至於貪著、或是想要擺脫它們的情況下來了又去。這就是解脫發生的方式。

岡波巴大師說，要是你能體悟這一點，那就是本初覺知的智慧；要是無法體悟，它就是俱生的無明。當我們談到體悟或體認時，我們說的，是在不把覺知視為一個覺知物的情況下，體驗我們最根本的覺知。往往，當我們覺知時，我們覺知到的是某件事物，我們擁有某個覺知的目標物——那是某個我們看到或聽到的東西。不過，體驗俱生智慧時，那就只會是有所覺知了，不是某個模糊、昏暗的覺知，是一個極度清晰的覺知。當你明白此事，在藏文，那被稱為本覺，被稱為本質，也被稱為俱生智慧；被稱為平常心，它也被稱為本初狀態、遠離二邊、明光。

> 如果能夠體悟這一點，你已經比一位五明學者擁有更大的功德。因爲那些學者是透過概念與文字理解知識，他們也許無所不知，不過，這件事可就要難倒他們了。而你，要

是理解這個平常心，藉由明白一件事，你將明白每件事。既然你已經掌握要點，因此也就擁有更大的功德。

這就是關鍵，也是人們之所以說：「藉由知一而遍知一切。」與其作為一位知道一切卻其實什麼也不知道的偉大學者，不如藉由知道如何使自己解脫這件事，而知曉所有你需要知道的事。

真正大成就

理解這個平常心，要比獲得那種是如此穩定以至於不知晝夜的禪定成就來得好些。那種禪定是常見的，甚至連長壽的天神與土撥鼠、熊以及其他的穴居動物也都有這種能力。然而平常心是不常見的，這就是爲什麼它擁有更大的功德。

比起擁有那種沉穩到使你對日夜失了準頭的禪定，對你來說，更好的是對於這個平常心有所理解。人們可以擁有那種禪定體驗，不過，它的效力非常有限。因為尚未斷除這些心毒之根，一旦出定，你的那些貪著與瞋恨是可以死灰復燃的。當你深刻理解平常心，因為明白自己的真實本質，就能將那些心毒根除。當你直接明白自己的一切情緒與念頭，其實與智慧－覺知為無二無別時，心毒就被根除了。

比起依次第接受四灌頂、修持本尊生起，以及體驗接觸、耳聞與親見本尊等這些事，理解平常心，會是更好的事。親見本尊是純淨的相對眞理（譯註：世俗諦），也是某人的障礙已經窮盡的一種徵兆；不過，理解平常心才是究竟眞理（譯註：勝義諦），所以是更大的功德。

請不要因此有所誤解；成就生起次第的修持與體驗純淨知見，這是大成就，只不過岡波巴大師說，直接體驗平常心，會是更大的成就。親見本尊是純淨的相對真理，而理解平常心是究竟真理。

> 比起具備更加靈敏的眼耳等五種覺察力（譯註：神通），能對平常心有所理解，是更好的事。那些神通都伴隨著染污，即使是鬼界與動物，也能擁有這些能力的。然而一旦你理解了這種平常心，你所具備的更高覺察力是無垢的，因此也就更加不可思議。有段經文是這麼說的：

> 智慧啊，智慧是那個顯著的區別。
> 具有智慧者，明瞭存在與不存在。[52]

那些眼睛與耳朵具有的更敏銳覺察力，指的是天眼通或天耳通這類的事情。[53]藉由禪修培養神通力，這是可能的，不過，這些神通能力，並不如平常心那般特別。那些各式各樣的直覺能力與療癒能力，也只是一般成就者的一般心靈成就；對於心的真實自性有所體驗者，那是超級成就者，是究竟的成就了。藉由達成這個超級成就，你獲致解脫，並且斷除心中所有的輪迴狀態。這正是平常心之所以珍貴的原因所在。

> 與其不去體驗覺察，或讓那裡沒有可覺察的事物，去擁有那些體驗的閃現，或是沉迷於有如一片完全清澈天空般的那種空性狀態中去理解平常心的意涵，會是更好的作爲。

[52] 這段引言，以及本章中接下來所有法本的引言，都出自《聖妙吉祥真實名經》。（譯註：原文作，於一智中而出現　以智慧器破一切）

[53] 這五種較高等的觀察力，分別是天眼通、天耳通、他心通、宿命通與神足通。

這麼說，是因爲上述都是經由推論而生的歸納；然而，對平常心具備理解，那才是眞正獲得要點；那是以直接的覺察爲基礎，因此具備了更大的功德。

對平常心具備理解，這是無上知識之王。既然平常心並不是辨識理解的對象，它被這麼描述：

憑藉深奧知識，在一剎那間，
一切現象（法）被完全理解，
一切現象（法）被徹底體悟。[54]

這正是它身爲本初智慧之王的緣由。本初智的五種智慧都包含在平常心之中，因此，那是現象的基本空（the basic space of phenomena）。藉由理解領會者與被領會之事並非兩件事，那是一種具有辨識—覺知的智慧。它說：

在一瞬間，一切細節被了知，
在一瞬間，佛性圓滿。
在心的一瞬間，一切遍知。

毋須藉由這五條智慧修持之道前進，也毋須急在一時前進。在一瞬間，一切目的都被圓滿，那便是成所作智。由於在這個相對世界中一切事物都被理解如鏡中影像一般，於是達到大圓鏡智。所有的輪迴與涅槃都是某人自身的覺知，那是平等性智，因此，經文是這麼說的：

[54] 中譯註：廣大智慧剎那中，解持諸法無遺餘。

佛性沒有起點或終點。
本初佛是沒有起因的。
智慧那無垢而單一的眼，
智慧的具體實現，即是如來藏。

這就是平常心如何成爲智慧之王的由來。平常心，是一切功德之王。沒有比上述那些神通要來得更爲高深的覺察力了，不過，平常心卻還要比它們再更高深一些。平常心是所有三摩地[55]之王。無論曾經體驗任何形式的三摩地，一旦體悟平常心，任何三摩地都將形同爲外殼或莢了。平常心，是整個佛法的精髓，也是所有輪迴與涅槃之根源，因此，追根究柢，其實那就只是你是否體認到這個平常心的問題。所以，要認出這個平常心，這是非常重要的。

某種程度上，佛法的整體修持就是有關體悟這個平常心，尤其是在金剛乘、大手印與大圓滿等教法中，更是如此。為了要體驗心之自性，我們修加行，進行三年閉關，以及一切形式的禪修、思維與學習。在你領會這個道理後，你會知道，這條佛法之路將引領你往哪裡去。

要完全認出這個平常心，並不容易。也許我不該這麼說，因為，據說要是你知道如何認出它、或是如果具足適當條件的話，那會是非常容易的事情。你就是能認出它！

[55] 中譯註：原文為 Samadhi，又或譯為等持、定。

心心相印的三種方式

有三種體認平常心的方式。有些人是以心傳心的方式獲得。如果一位傑出的上師與一位出色的弟子之間心心相印，那麼一合拍，事情就成了。

第二種方法，是藉由一位持明給予手印傳授而獲得。由一位傑出的上師打手印，給予灌頂，或是往你的頭丟一隻鞋然後打到你，接著，你就得到它了！

第三種方法是口耳傳授。這是由師長對弟子說明如何做到這件事。不過，關鍵仍然在於你的個人體驗。在大手印的修持中，你禪修，並且致力於理解與體驗自己被告知的知識，然後，你到師長跟前說出你已經理解與體驗的事物，而老師總是會說：「不，並不是這樣的。」然後讓你回到坐墊上。就這樣，你修持的多了，體驗也就多了，這能讓你的理解有所修正。就像這樣，漸漸的，完整的認知經驗就能產生。

你是不貪著，還是冷漠？

有時候，人們認為體悟平常心的意思，是某人已經超越平常的見解，不過，體悟並不是不去看見或不去感受事物。平常的見解依然存在，不過，一旦你體悟平常心，那將改變的是你如何回應自己的見解。你會知道自己沒有理由對於發生的任何事情感到害怕，或者有所執著。

當然，有不同程度的體悟存在，那取決於習氣，以及你對心之自性的體驗程度。一般說來，首先，是你體會自己沒有必要習慣性對所看見的事物產生反應。優秀的大師不會執著於自身的感受。雖然有些師長從來不曾生氣，而且看起來總是自在隨和，但也有些師長，是非常情緒化的人。

達賴喇嘛就是一個合適的例子。他的情緒，是充滿活力的。觀察過尊者的科學家說，他的情緒反應與其他一般人其實是一樣的。尊者會像其他人那樣拭淚，也會打從心底歡笑。他不是一個麻木、冷漠的人。尊者的不尋常之處在於他能迅速轉變的情緒；達賴喇嘛不會被某種情緒所俘虜，他體驗感受，並且非常清楚地表達出他的情緒，不過，不是對此執著。尊者感受悲傷時，是可以非常悲傷的，但是就在下一秒，他也可以是非常開心的。

有一回，某些腦神經學家與達賴喇嘛在達蘭薩拉碰面，那時，剛好有則新聞報導說的是某位住在西藏兒童村的孩子過世了。尊者的面容因此顯得非常悲傷，那就像是一位父親失去他的孩子那樣眉頭緊蹙並且拭淚。每個人都可以看到他的表情，毫無疑問地令人感受到他心碎了。不過，下個片刻，當尊者提到別的事情時，他打從心底真摯笑開懷，回到正常狀態了。令這些科學家們感到震驚的，是尊者改變情緒的速度之快。

因此，我們的問題並非來自擁有覺受與情緒；我們的問題，是來自於對上述兩者的堅持。身為佛子，我們所要修持的是不貪著而不是冷漠；冷漠，指的是你不在乎，然而不貪著的意思，是你不執著。因此，在我們對心之自性的體悟漸增時，我們可以十足體驗自己的情緒，然後讓它們立刻消失。不再身陷於情緒性的經驗中，我們會知道，怎麼使自己解脫。

第十三章

瑜伽行者的解脫之道：

上道的自我檢核表

因為一切已經成就，這裡超脫希望與恐懼，不懷抱期待，
或渴望事物變得更好。

接下來，岡波巴大師談的是瑜伽行者如何辨別自己是否已經體悟、或者是否已經獲得真實解脫的方法。不受限制是最重要的重點，在許多情況中，我們必須是不受限制的。

有時會發生這樣的事，人們獲得禪修體驗，因此認為自己已經獲得體悟。不過，如果在尚未體悟時自以為已經體悟，那可是會對自己與他人都造成問題的。而如果你已經理解、並且體驗這種平常心，那算是獲得多大程度的體悟呢？讓自己具備判斷這件事的能力，讓自己擁有某些標準來判定你不受限制的程度，這是重要的事。

> 尊者仁波切說：對於一位已經體悟大手印的瑜伽行者，第一點，所謂的見地，是免於兩種欲望的；第二點，所謂的禪修，是免於三種階段的；第三點，所謂的行，是遠離有所謂前後（不在當下）的行爲；以及第四點，其結果，是免於希望與恐懼的。

岡波巴大師說，這見、修、行、果必須是解脫自在的。現在讓我們逐一探究。

別打這兩種主意

> 就見地遠離兩種欲望這件事。首先，在已經體悟遵循的根本之道後，我們也許想在毫無異議的態度下，希望他人的見地跟自己的見地相似。第二，我們也許想要在自性的修持中，一個接著一個地獲得成果。我們需要讓自己免於這兩種欲望。

就從檢視「見地」的涵義來開始我們的討論吧。見地並不是哲學，它是直接的理解。那是我們如何看待每件事的方式。在大手印中，直接體驗平常心就是見地。當然，我們理解事物的方式也是見地，不過，那是超乎概念化的見地。事實上，見地也是來自經驗的。

第一種欲望，與我們對究竟自性抱持的信條有關。對真實自性發展出一份理解後，我們常常想要看到他人與自己抱持著相同的見地，我們也會害怕別人的見地與自己的見地互相衝突。我們往往以自己理解事物的方式這麼想：「這明顯是對的。如果你理解事物的方式與我不同，那你肯定是錯的。我不喜歡事情變成那樣。事實上，如果你的見地與我不同，我就不喜歡你了！」

有時候，在我講完一堂課後，人們會來到我跟前，對我說：「噢，您真是一位很棒的善知識，您說的，正是我心裡所想的。」從另一方面來說，如果我說的剛好與他們心裡所想的相反，他們也許就要強烈的厭惡我了。所以，岡波巴大師提醒我們應該抗拒的第一個欲望，就是想要別人跟我們擁有同樣的見地。這種心態，會在你的修行邁向體悟的過程中逐漸減輕，直到不復存在。

第二種欲望，與你希望在修持真實自性上能夠接二連三獲得成果是互相連結的。這時存在的問題，是你仍然渴望成果。如果你真實擁有了正確的見地，那「就是」成果了。事情並不是在獲得這個體驗後還會有其他的成就體驗發生。如果你認為自己已經擁有正確的見地，但是仍然好奇這個正果何時到來，那麼你擁有的並不是真正的見地。真正的見地是解脫，那是沒有再多的欲望，再也不會有感覺想要「這個」，而不想要「那個」的境界。一旦對見地獲得真實體驗，你已經獲得解脫。

靜水流深

> 第二、禪修是超脫這三個階段的。有別於將禪修分爲前行、正行與結行三個階段進行，我們的修持應該隨時遠離這三個階段。我們的禪修必須是瑜伽禪修，就像某條河裡從未間斷的水流那般，永遠不會從眞實的自性偏離。

第二點與禪修相關。這裡三個階段指的是前行、正行與結行。對於某個已經體悟平常心見地的人來說，是沒有一個首先的「這個」，也沒有其次的「那個」，更沒有第三的「某個另一個」。一位已經體悟的瑜伽士，永遠不會背離真實自性。並不存在什麼不同的階段。對於真實自性的體驗，是前行，是正行，也是結行。毋須再做其他的事。行者的整體存在，已經成為禪修。

在體悟的層次，行者的禪修與河裡不曾間斷的水流是相似的。這說的是密勒日巴尊者，他有一股如河水流動般的禪定。對一條河來說，水是日夜持續流動的，它在流動之間不需要暫時停歇。同樣的道理，一位已經體悟的瑜伽行者，在不做任何活動的情況下一樣持續禪修。一位瑜伽行者，就只是處在那樣的狀態中。那些獲得體悟的生命，明白什麼是自己的真實面目。他們徹底明白，因此總是處在禪定狀態中。

這裡沒有計畫趕不上變化

> 第三、所謂的行，是遠離稍早與稍後作爲的，這是指摒除像是「首先我要做這個，然後我要做那個」之類的念頭。簡言之，行者是沒有計畫的。另一種說明這個道理的方式，是行者是免於表達拒絕與接受這兩種行事的。行者已經不再受限於想要擺脱情緒上折磨及想以成就智慧作爲解脱之藥的欲望。我們必須讓自己免除一切的否定與肯定行事。

「所行遠離稍早與稍後的作為」指的是你不再思維過去與未來，換句話說，你沒有計畫。不讓自己有所計畫，是修持的重點。具備體悟，你會明白自己已經擁有一切所需。你不再追求某件事物，也不再逃離另外一個事物。你已經不需要擺脫、或是成就任何事情。

然而，這不代表獲得體悟的瑜伽行者不再試圖去成就他人的目的。一旦體悟，你在自己的行事中仍將懷抱利益他人的意義。至於不具計畫，大師在這裡並不是暗示瑜伽行者是瘋狂的，儘管有時候他們可以看起來是真的有點瘋。

有一句西藏諺語是說，瑜伽行者在社會上無法與大家處得來。一般人想要的是某些東西，他們不想要其他某些別的東西，然而瑜伽行者的思維與行為可以與一般人大不相同。瑜伽行者有自己獨特的思維與行事方式，那可能是徹底異於世俗慣例的。他們的活動是為了他人而行事，他們再也不關注自身。

這令我想起那位行事瘋癲的不丹瑜伽行者竹巴袞列（Drukpa Kunley）的故事。關於他的瘋狂事蹟，流傳著許多故事。在他那個年代，包含他在內，一共有三位眾所皆知的瘋癲瑜伽行者，他們分別居住在西藏中部、西藏西部，以及不丹的竹巴袞列。他們都是已經體悟的眾生。人們知道這三位都是成就者，而他們之所以被人們以「瘋癲」稱呼，是因為他們做的那些奇怪事情。

我要說的這個故事是在拉薩附近曾經發生過的一次乾旱。有長達數月的時間天空未滴一雨，萬物都漸漸變得乾涸。許多喇嘛舉行了回遮除障法會（pujas）以及各種儀式。不過，看樣子是一點幫助也沒有。最後，人們跑來找竹巴袞列，問他「你不能做點什麼事嗎？你應該是一位證悟的瑜伽行者啊。」

竹巴袞列告訴這些人：「我可以幫你們，不過，你們必須完全照我的話做。」

人們同意凡是他要求的都會照辦。竹巴袞列要求三大寺，包括甘丹寺（Ganden）、哲蚌寺（Drepung）及色拉寺（Sera）的所有僧眾都到某個地方集合，要他們帶來大量的糌粑粉或是烤裸麥粉。僧眾們到達後，竹巴袞列開始脫掉他身上的衣物，直到一絲不掛。他頭下腳上倒立，要那些僧人將糌粑粉放到他的屁股上。當僧人把糌粑粉堆疊在竹巴袞列的屁股上，他開始放屁，那些糌粑粉也因此朝空中噴散，生起了一大片帶著臭味的烏雲。雲越飄越高，越長越大，然後開始下雨了。

這個故事應該可以說明一位瑜伽行者不再在乎自身、只關心他人的體悟。

不參雜的無欲無求

> 體證的果，是免於希望與恐懼的。這裡指的是擺脫希求證得涅槃及懼怕在輪迴中流轉。簡言之，藉由理解輪迴與涅槃是不可分的大樂，對於上證佛性這件事便不再具有希求，對於墮入輪迴也不再感覺恐懼。

第四點，一位已經體悟的瑜伽尊者已經超脫希望與恐懼。無希求不代表感到無助與沮喪，它的意思是不懷抱期待，或者渴望某件事物能變得更好。不帶期盼的原因，是因為一切已經成就。你的理解是完全的，而你也感到滿足；同時，再沒有什麼好害怕。你已經超脫想要出離輪迴與進入涅槃，你知道輪迴只是一種充滿執著與恐懼的心靈狀態。體悟發生時，心的輪迴狀態不再發生，因此不會再有輪迴。一旦輪迴不再，涅槃也就不再，因為兩者只在相互依存的情況下存在。所有的一切都已經證悟；那都是好的。有時候人們是這麼說的，真正的解脫是免於輪迴與涅槃等概念的。這就是體悟的結果。

這一點非常重要。即使你覺得自己已經具備一個非常高深的見地，也擁有良好的兆相或禪修體驗，只要希求或恐懼依舊存在，你就不是完全自由的。良好的理解與體驗並不會讓你高度體悟。當我們對明性、平靜或大樂擁有棒透了的體驗時，有時人們會認為自己已經達到體悟——覺得自己超棒，一切是如此美好。為了消除這個誤解，岡波巴大師告訴我們應該在體驗中尋找什麼。體悟的主要基準，是完全免於欲望、希求與恐懼。

第十四章

聽聞佛法的理想方式：為眾生而學習

菩提心比悲心要多得多；它是無法與智慧分割的悲心。

擁有大手印體驗，不代表你已經完全證悟。光是理解心之自性，那是不夠的。雖然證悟可能在一瞬間發生，大多數人仍然需要先從培養智慧開始做起。有三種主要方式能讓我們培養智慧——學習、思維與禪修。在這個章節，岡波巴大師言簡意賅地告訴我們應該如何學習或聽聞佛法。

為什麼要？

尊者仁波切說：一般說來，聽聞佛法涵蓋兩個層面——理想的動機、與理想的應用。

因此，岡波巴大師要告訴我們，就學習而言，什麼是最好的動機與最好的方法。

度彼岸

完美的動機包含四種態度——第一、我希望聽聞佛法，並不是因爲我想變得有名，而是爲了帶領所有眾生橫渡這片輪迴受苦的汪洋。

想知道你的學習或修持是否朝向證悟之路邁進，可以藉由審視你做這件事的理由去辨別。檢視自己的動機，進而明白你所從事之事會把自己帶往哪個方向，這是好事。

無論是與學習、修持相關，或任何其他活動，動機是極為重要的部分。我們不應該為了讓每個人對自己印象深刻而去學習，去成為一位偉大的學者。最好的態度，是如此思維：「因為希望幫助有情眾生，所以我想研習佛法。一切眾生都因為處於輪迴狀態的心而受苦中，我想要協助他們跨過輪迴之海。為了要做到這件事，我需要學習。」

不為榮耀只為「它」

第二、我希望聽聞佛法，並不是爲了獲得榮耀與收穫，而是爲了獲得遍知一切的智慧。

第二，具備正確的動機，你不會為了要被人誇獎或是增加自己的收入而從事研習。你是真的因為想要成為遍知一切而去理解、培養自己的智慧。

第三、我希望能聽聞佛法，不是爲了贏得辯論，而是想要戰勝我心中的那群煩惱敵軍。

第三點，你並不是出於想要在辯論時表現得宜、獲得勝利而聽聞佛法。弟子之間通常存在著競爭，相信你們知道在西藏佛學院裡，僧侶會在辯經上花費許多時間。辯經可以近乎暴力，有時候，參與辯經的人會因為情緒極度興奮而跳上跳下，我甚至看過有人因為太用力跺腳，而把地板給踩破了。在有些傳承中，當最優秀的辯論者擊敗其他人時，敗方必須把他們辯論時帶的帽子脫下，讓這位贏家踩著他們的帽子走過；要是其中有人沒把帽子摘下，這位辯論贏家被允許可把那人的帽子摘下，然後將它丟得遠遠的。不過，我可以跟你保證的是，不會有人建議你那麼做！岡波巴大師建議我們要做的，是運用我們學到的法，去對治自己的負面情緒與妄念，那才是我們需要打敗的敵人。

你也許有興趣知道，我聽說有喇嘛為了擊退身為辯經對手的阿尼們，在辯論中使出了激烈手段。自從阿尼參與了那些辯經後，她們之中有許多人表現的比喇嘛們出色，也因此衍生出更暴力的辯經風格。有些喇嘛不開心看到阿尼在辯經場上的表現，他們開始以大聲吵雜與粗魯的肢體動作來辯經，於是阿尼們離開比賽。我不知道這是不是真的，不過我的確知道最近阿尼們正回到辯經場上。我聽說，最近在達蘭撒拉舉行的一場由喇嘛與阿尼較量的辯經中，最後是由阿尼們勝出。

別找碴

> **第四、我想要聽聞佛法，並不是因爲想讓自己的師長露出破綻，而是展現我對師長與其教法的尊敬。**

第四個動機討論的是弟子與師長的關係。有時候，弟子帶著想要找碴的意圖聽聞佛法，想找出師長說錯的地方，然後予以糾正。

他們真實的動機是想要展現自己知道的要比這多得多。岡波巴大師對此提出警告，他說，我們必須對於自己的師長與其傳授的教法，展現尊重。

> 在佛法上下功夫的最好方式，包括三個部分——前行，正行，以及結行。第一，前行是由菩提心所策發，在此同時，行者明白萬物皆如一場夢，或一個幻象。

再一次，岡波巴大師將我們的注意力導向菩提心，這是因為就一位修行中的菩薩來說，菩提心優先於我們一切的行為。菩提心往往被想成是如悲心那樣，不過，它其實比悲心還要多得多；它是無法與智慧分割的悲心。菩提心著重兩件事物——有情眾生與解脫。一般情況中，當我們感受悲心，我們著重的只是有情眾生，會看到人們碰到麻煩，而對此我們感到非常難過，並且強烈希求他們得以離苦。往往，我們的念頭不會超過這個程度。

將重心放在他人受苦這件事情上的問題，是這類的悲心也會對我們自身造成痛苦。我們看到他人受苦的樣子，卻沒能看見他們所受這苦的虛幻本質。當我們看得見這種虛幻本質時，我們將會看到他們的苦是可以止息的。要是無法看見這一層，我們是無法理解自己可以做些什麼讓他們停止受苦的，那也會讓我們感受無助與悲傷。

菩提心也以解脫為關注。當你擁有具備智慧的悲心時，你不只是看得見他人受苦且想要終結那樣的情況，你也會知道這苦，其實是有出路的。這使得菩提心成為一種帶有希望、樂觀的悲心。你的熱忱來自明白受苦存在著一條出路，也許你並不是確切地知道要如何解脫，但你知道那是可能發生的，而且你試著要探究這件事，致力於實現它。

以菩提心為基礎，你所做的一切，都著眼於一切眾生的福祉。由悲心與智慧所啟發，你帶著熱忱與目標行事。菩提心給予你清楚的視野；悲心變得有所專注、是被引導，並且正面樂觀的。

到底還是不脫這六件事

第二、所謂的正行，是聽聞一切法教的同時去修持六度。

六度，是布施、持戒、忍辱、精進、禪修與般若。現在讓我們一一檢視，這六度可以如何被運用在聽聞佛法時。

從第一度開始，布施，是你付出自己的時間與心力去聽聞佛法。布施包含為聽聞佛法做準備，像是供養上師花朵，或是布置準備授課場地。就聽聞本身來說，獻曼達也是接受法教的一部分，那是另一種面向的布施。

第二度，正確行事或持戒，是以良好坐姿並且保持身、口、意正面行事與約束。比如說，在聽聞中，你將避免在聽聞佛法時生起負面的念頭。

第三度是忍辱，是當課程過長、或是需要對一起聽法的弟子有所包容時。如果課程中有些部分難以理解，你就藉由仔細聽聞與發問來修持忍辱，而不是在聽不懂的時候，立刻變得焦慮狂躁。

第四度，精進，是以喜悅的興趣去聽聞，不會聽著聽著人就變得惱火或失去興致。精進會在聽聞時，帶來一股喜悅。

第五度是禪修，它會在當你的心專注於聽聞上時顯現。不會為外在事物分心，或是讓你的心向內集中而昏睡。在聽聞時，最好能讓你的心專注如禪修狀態，不要太多，也不要太少，讓自己保持醒覺，並聽見一切所說。如果過度專注，你的心會變得遲鈍，無法掌握或記住內容。當你的心處在不落入專注與分心的平衡狀態時，你將更能理解、並且記住更多課程內容。

第六度是般若，用來辨析你所理解的內容。具備智慧時，你的感官能力清楚，可以從不同的角度發問與檢視自己所聽聞的主題。記住自己聽聞的內容，也用得到智慧，那使你不至於忘記其中的字句或意涵。

這些是可以讓你在聽聞時運用六度的其中一些方法。當然，還有其他的方法，不過，這裡說的是如何應用六度的一個概述。

眾生如幻夢

> 第三、結行，是將自己聽聞的成就迴向眾生得以獲得證悟。

迴向功德，這永遠是重要的。在聽聞或研習後，我們要以將功德迴向眾生圓滿證悟作為結行，就像我們從事所有的法教修持時都會那麼做。

> 要統整上述這些要點進行修持時，心裡要這麼想：「我將立足於無數有情眾生的圓滿證悟之上，眾生，就像是一個幻象或夢境。為此之故，我將成就圓滿證悟。為了要完成這件事，我要聽聞珍貴的教誨，去理解它們，實踐它們並且奉行它們。」我們需要生起這類的特殊動機。總的來說，聽法時，具備一個完全純淨的動機，這是重要的。

體驗的陷阱與見地的偏差：

讓你從頭走到心

空性是體驗而非概念。就像擁有一張巴塞隆納的地圖，
它也不會是巴塞隆納，只是一張巴塞隆納地圖罷了。

尊者仁波切說：

所有的過患中，何者爲最？那是對於世俗之事的貪愛。除非將我們的心從世俗之事上移開，否則，我們是不可能成爲一位偉大的禪修者的。

事情就像是這樣的，如果我們想著擁有像是錢財、權力或是一段特別的關係等等，以為某些世俗之事將為我們帶來恆久持續的快樂，那樣的話我們是不會修持佛法的。這麼說，是因為任何這類事物要是能為我們帶來恆久持續的快樂的話，我們何必做些別的呢？我的意思並不是每個人都應該出家成為法師或尼師，或是應該住到寺院或洞穴裡。顯而易見的，是我們住在這個人世間，必須做些在人世間需要做的事情。就實際面來說，擁有世俗之物是好事。我們擁有得更多，生活也會更輕鬆一些。不過，如果認為這些世俗事物將為我們帶來真實的快樂與滿意的話，我們的修持是不會有太多進展的。

比如說，很多有錢人並不開心，這不表示是財富導致人們不開心；

當然，人是可以既有錢又快樂的。可是，世界上有著許多有權勢卻不開心的人；有許多擁有名氣卻不開心的人；還有很多過得舒適、卻不開心的人。外在條件，並不是造成快樂的理由。

活出長久的寧靜與快樂

我希望說清楚，擁有財富、成功或過好日子並不是錯事，然而，持久的快樂其實是發自內在的，這便是我們修持的所有內容。修持佛法並不是關於擁有某件或另一件事物，也不是相信這個或相信那個；佛法的修持是關於學習活出一種得以擁有持久的寧靜與快樂的生命方式。這就是為什麼理解自己的心，以及明白自己的本來面目，是如此重要。

就算是放棄一切跑到山洞裡打坐，你還是可以對於這個世間充滿許多貪著。沒能擁有某件事物與對它不具貪著，這是兩碼子事。事實上，沒能擁有某件事物，還可能引發人們更多的貪著。比如說，某個沒有鞋子的人，對於鞋子也許會更加依戀；或者如果你沒有東西吃，你對食物的注意力，將會變得極度強烈。

我在修持「紐涅」（Nyungne）時，對此曾有少許體驗。紐涅是一門包含需要進行將近 48 小時斷食的修持悲心法門。我記得在某次從事紐涅法門修持時，自己能夠聞到一百英尺外的糌粑香味。烘焙過的麥粉，往往只有非常清淡的氣味，然而，當我在紐涅修持期間聞到它時，那味道，仍是無比美好！我甚至開始想著它的滋味。在修行圓滿的早上，當那碗味道溫和、味道稀淡的湯品被端上來時，它看起來，就像是世上最美味的食物！所以，重點不在於我們是否擁有某件事物，而是我們是否對它有所貪著。外在有什麼並不是非常重要的事，更重要的，是我們的內在擁有什麼。

三種好事上身要小心

修行時，存在三種與體驗有關的陷阱與四種遠離正確見地的偏差。在三種與體驗相關的陷阱中，首先是在意自己擁有一個舒適之身、快樂之心，以及遍滿全身的大樂體驗。

圖個快活的陷阱

有時候，我們能在禪修中體驗到這種大樂，身體變得非常舒適，心變得非常愉悅，有各種不同的大樂體驗生起。然而，這些是會帶來問題的。修持的主要目的，是讓自己從痛苦中解脫，如果我們對於快樂變得執著，那可不會讓我們變得更開心；相反的，我們會陷在這種想法裡：「我想要自己是快樂的，我想要自己覺得美好。」接下來，我們就會覺得不想失去它。害怕它會消失，害怕它不再回到現狀。在那當下，那個快樂其實已經消失了。

即使在禪修中可以感受許多大樂，也別貪著這件事，這是非常重要的。禪修體驗往往是短暫的；它們讓人覺得美好，而擁有這些經驗，並沒有什麼不對。不過，要是對它們變得貪著，當它們不復存在時，這會讓我們覺得痛苦。學會放下這類大樂的體驗，甚至刻意去打斷這些體驗，這是重要的。訓練打斷自己的大樂體驗，是一種挺好的修持方式，否則，我們會被自己的欲望征服，然後發現自己的反應又重新回到一種輪迴狀態。

如果大樂不是優質禪修的一個真實徵象，那什麼才是呢？最重要的體驗是一種平和。具備平和心，一旦這顆心與身體感覺舒適時，我們能夠享受這股感覺，不過，如果這種感覺消失了，那也不打緊。我們並不害怕失去這些感覺。在不具有想要更多的欲望去體驗大樂時，如果能讓自己的心放鬆自在，我們的修持將會是非常優質的。

然而，更常發生的情況，是我們的體驗並不是那麼充滿喜悅。我們的心可能被打擾或覺得沮喪，而身體則可能感覺不舒服或者病懨懨的。當我們能夠在病痛中說出：「我可以應付這件事；這不是問題。這病痛如過眼雲煙，對我來說不是問題。」如能以這方式接受正面與負面的體驗，我們的心便能享有真實的堅固。

當我們真正具備堅固，所有的體驗都會是好的體驗。不好的經驗都會是可行的，至於好的經驗，當然，本來就是好的經驗。因此，在某種程度上，再也不會有不好的經驗。當我們對自己具有信心，相信自己能夠應付任何體驗的發生時，我們已經在修行道上有所進展。

請勿將這一類的平和心與麻木、或是對一切事物缺少感覺等情況相互混淆。優秀的禪修者能完全且清楚地對於事物產生覺知，不過，無論是正面或負面體驗，他們不會被自己的體驗淹沒。我們正在訓練自己將萬物視為過眼雲煙，不帶恐懼或攀緣。這是我們禪修的主要理由。

> 透過對於這些事物存在貪著以及毫不隱瞞的執著，其結果是讓這些事物對我們來說變得異常重要，而這正是我們長久在欲界中輪迴的原因。倘若在那樣的心境下臨終，人們將投生到欲界。在經歷大樂以及欲界中的狂喜後，要在惡趣中無止盡輪迴，是毫無困難的。

岡波巴大師告誡我們，如果貪著在愉悅或極幸福的體驗之中，我們是無法比那些身處欲界中的天神更朝向解脫邁進的。欲界仍然身處在輪迴之中，要是投生於該處，那並不是一個偉大的成就。

佛陀教導我們三界的存在——欲界、色界以及無色界。我們較為熟悉的六趣有情眾生都在欲界之內，除了同時延伸到色界與無色界的天趣之外。眾生要投生到天趣這三個層次的其中一個方式，就是對禪修體驗有所貪著。岡波巴大師提及的第一個陷阱，正是對於禪修之樂的貪著，這種狀態，與天趣的欲界是類似的；如果我們在臨死前對禪修之樂感到貪著，是有可能投生到該處的。

貪愛清明的陷阱

> 第二個陷阱，與在不帶睡意（譯註：昏）與暗鈍（譯註：沉）的情況下所產生的明性體驗有關。由於對明性有所貪著，將其看成是最重要的事，此人將會因此投生到色界。在經歷這般大樂與色界的極樂體驗後，想要墮入惡趣，那是毫無困難的。

往往，我們在心裡同時擁有粗重與細微的遲鈍。在此，岡波巴大師所說的禪修體驗，是已經釐清粗重遲鈍的禪修體驗；禪修者可以看透事物，在某種程度來說，他們變得具有透視能力。人們可能因此對明性懷抱貪著，將它視為一種重要的體驗。有時候，人們會這麼想：「我是如此清明，一定是已經證悟了。」這種禪修狀態與色界的天神體驗是相近的。如果在將死之際對於這種禪修中的明性感到貪著，你可能會投生為色界中的天神。你可以在那樣的境界中享樂一段很長的時間，不過，這個體驗終究將耗盡，因為你仍然身處在輪迴之中。當它結束後，你將墮入更低的惡趣。因為那並不是某種自由自在或證悟的狀態，因此，它仍然是一個陷阱。

不受念頭情緒左右也有錯

> 第三個陷阱，與不爲念頭與情緒之風所影響的體驗有關。對於這種心理狀態感到貪著，並將其視爲無上之事，那是導致我們無止盡在無色界中存在的原因。如果人們在那樣的心境中死去，他們會投生到無色界。在體驗過大樂與那個境界中的極樂體驗後，某人將無止盡在三惡趣中游移。

身處在這種體驗中，你的心已經變得極為穩定，不會被念頭與情緒牽動，因此，那是非常祥和的感受。這是一種完全穩定與平靜的狀態。不過，要是你對這樣的心理狀態感到貪戀，並且使它持續存在，那會讓你投生到無色界的天人趣中，一旦那樣的業報受盡，你就要受苦了。

恐懼不會讓事情變好

能夠區別陷阱與障礙，對我們來說是有幫助的。陷阱與好的體驗相關，而障礙則似乎是負面的。障礙似乎是阻礙你的事物，而當你擁有一個美好的體驗時，如果處理它的技巧不夠好，在遇到難題時，它可能就會變成一個陷阱。我們現在所談的大樂、明性與平和這些禪修體驗，它們都是非常棒的事物，然而，你得小心謹慎，別貪著它們。感受極大的喜悅、清明與平靜，這是超棒的事，唯一的問題，是當你對它們開始抱持渴望或執著。

其實，當岡波巴大師在這裡提到禪修時，他指的是在那些進階層次的修持。不過，在我們的日常生活中，這些體驗也在發生。我們需要學會如何在不對它們產生貪著的情況下去處理這些美好體驗。我們還需要具備能力，在不被淹沒或失意喪志的情況下去經歷自己遇到的負面體驗。我們受佛法訓練，因而得以在問題發生時善巧地處理它們。除非我們的修持和自己的生活息息相關，否則，那並不是真正的修行。如果我們夠善巧，那麼，障礙可以被轉化為某種正面的存在。

重點是別對它害怕，也別對它產生貪著。我們已經談過許多有關貪著的話題，不過，畏懼也是另一個時常困擾我們的情緒。我們需要深刻認知，畏懼是無用而且不必要的，一旦某件事在我們身上發生，我們需要的，就只是經歷它。不論是好是壞，我們的唯一選擇，是持續向前。心懷恐懼不會讓事情變得更好，雖然，它的確可以讓事情變得更糟。

修持也需要勇氣

我們必須藉由智慧去理解，自己沒有必要恐懼。這麼說並不表示我們應該卸下心防，對於風險毋須預防。這不是我的意思。如果你發現，某件事正為你帶來問題，而且那應該是對你跟其他人都有害的情況，這時就別管它了吧。不是因為恐慌或畏懼，而是因為你知道那不是好事。一旦你明白這道理，不管那是什麼你都會避開，或減少你投入的程度。如果仔細觀察，我們是具備智慧去理解哪些事物是有益、哪些不是有益的；有能力理解哪些是對的事、哪些並不是。試圖去理解、去檢視，然後盡你所能去做。

我們需要一些勇氣，在應付每天的生活中需要一點膽識，在修持上也是如此。要是缺少勇氣，你可能會停滯不動而想著：「我沒辦法做這個，我永遠都沒辦法。」我的意思並不是建議你變成一個莽撞的人，不過，你必須做一個勇敢的人，特別是當你覺得自己無法應對某一件事時，這就是你必須具備膽識的時候。如果能以勇氣去面對某個情況，你就不會受困其中。

在《佛說本生經》（Jataka Tales）中，有個無畏而且非常感人的故事。[56]很久以前，有隻鸚鵡住在森林裡，有天森林失火了，因為她能飛，於是飛出了這座森林。接著，她聽見困在林子中那些動物與蟲子的哭嚎聲，牠們無法像她那樣展翅飛走！當這隻鸚鵡聽見牠們痛苦的叫喊時，她想：「我不能就這麼一飛了之；我必須幫助我的朋友們。」

於是，鸚鵡飛到河邊，把自己的羽毛打濕，再飛回森林中。她在森林上空甩拍自己的羽毛，但羽毛上的那一點點水根本是杯水車薪，無法止息一場森林大火。於是她又飛回河邊，再次把自己的羽毛浸溼，一次又一次地往返救火。火勢實在太猛烈並且熾熱，把她的羽毛都燻黑還燒焦了，她也因為濃煙而呼吸困難。即使差點就要送命，鸚鵡還是這麼來來回回地救火。

此時，天界中有些天神正俯看著這場大火，並且笑著說：「瞧瞧那隻愚蠢的小鸚鵡，她正在試著用自己的弱小翅膀撲滅一場森林大火啊！」

天神之王因陀羅（Indra）無意間聽到他們說話，想要親自一探究竟，所以他把自己變成一隻大老鷹，飛到那隻鸚鵡上方。老鷹大聲對鸚鵡說：「喂！蠢鸚鵡！你在幹嘛呢？你所做的，一點

[56]《佛說本生經》中記載著佛陀數個前世中經歷的故事。

好處也沒有，還讓自己快被活活燒死了。趁你還能脫身時，快走吧！」

鸚鵡回答他：「身為這麼一隻大鳥，你怎麼不來幫我撲滅這場火呢？我不需要你的建議，我需要的是你伸出援手。」

當這隻鸚鵡帶著無比的勇氣與堅定的信念說出這些話，老鷹——其實也就是天神之王——如此受感動而落淚。他的眼淚具有無與倫比的力量，因而能將整個火勢撲滅。因陀羅的幾滴眼淚，剛好也滴在鸚鵡被燒焦的羽毛上，眼淚滑落到哪裡，哪裡就長出不同顏色的新毛。據說，這就是鸚鵡一身彩衣的緣由。所以，是這隻小鸚鵡的勇氣將火撲滅，同時，她也變得比以前更加美麗。

前方還有四差池

即使沒有向上述的三個方向偏差，還存在四種偏離空性的可能。

提醒我們三個陷阱後，岡波巴大師提到從空性觀偏離的四種可能性。空性，必須以互為緣起為背景來理解。當提及萬物的自性為空性，這麼說並不代表一切是虛無的，指的是萬物都是在互為緣起中發生，無論是最廣大的宇宙，最微細的次原子粒子，或是有情眾生的心、情緒與業都是如此，它們都是由於因緣而顯現。如果原因與條件沒有以某個特定方式聚合，這些事情就不會發生了。即使只是欠缺其中某項條件，也會產生完全不同的事物。

一切唯心：一切只會在心裡被體驗

有時候，佛教徒說萬物唯心，這意思也不是除了你自身心的投射，除此之外再沒有別的東西。這句話意味的並不是如果你離開一個房間，房間裡的所有東西就不再存在了。所有的這些並不只是你投射的影像，它們不會在你走出房間之後就消失不見。當我們說「一切唯心」，意思是一切皆為互為緣起，而且只會在你的心裡被體驗。超出你的心，你是無法體驗任何事物的。

我們往往認為自己所看見、所體驗的，就是事物存在的方式。我們走進這個房間，看到並感受這些牆壁、顏色、家具等事物，認為自己對於這些東西的感受，就是它們存在的樣貌。對此，佛陀以一種稍微不同的方式說明——我們看到的事物與我們自己是什麼樣子的，兩者極有關連。舉例來說，如果我們的眼睛不具足現有的條件，如果我們是用顯微鏡在看東西，那麼，我們看見的，將會是某個非常不一樣的事物。類似的道理，我們的心是以我們被教育與被限制的某種方式去發展，這將絕對影響我們看見的是什麼。

與我們相似的有情眾生，所見事物或多或少與我們相同。你和我夠相像了，所以我們看到的是相似的事物，並且能夠相互溝通。不過，某個擁有與我們不同結構與體驗方式的眾生，並不會看到我們所見的事物；它會看見某種別的東西。事物會如何顯現，取決於我們存在的方式。

空性：一切都在改變的另一種說法

空性的意思是萬物其實依據因緣條件在改變。佛說，我們永遠也無法找到一個事物擁有獨立存在、亙古不變的基礎，因為一個獨立存在的事物，是無法起作用的。如果某件事物是不會變的，如果某件事物是無法改變的，它將無法被任何事物所影響，也無法影響其他事物，在這個情況下，它將變得完全無用，並且毫不相干。因此，一切正在發展中、活著、或是正在作用的事物，必定互為緣起，並且正在改變。

空性，是另外一種陳述沒有任何事物為獨立存在的說法。空性並不表示那裡什麼也沒有，我們認識的一切仍然存在，只是它的存在，是流暢並且正在改變中的。萬物都是有條件存在，因而它們得以被影響、被改變。

其實萬物比較像一場夢或海市蜃樓。海市蜃樓是一個非常好的例子——很奇怪的是，你如何能在沒有水的地方看到水。當你開車經過某處又熱又乾燥的地方時，有時候會看見馬路前方出現海市蜃樓。跟你同車的人，也能看見那個幻象。在這個幻象中甚至可以倒映出一台由對面方向開過來的車。事物是如何能在實際不存在的情況下呈現出它的水面倒影呢？這是怎麼發生的？那是因為諸多原因與條件，在某種特別的情況下聚合。在一定距離中，你可以看見它，然而，一旦靠近它，它就會消失了。

因為無實，所以不壞

同樣道理，由於特別的原因與條件，萬物才會如其現今所顯現般而存在，這當中，也包括你自己。如同其他事物，你並不具有獨立的存在，不過，你仍然在這裡存在，甚至你的心態、覺知也是這樣。覺知是存在的，它正在起作用，不過，如果你試圖要把它找出來，你是無法指認出它的。覺知本身，並無實物。

從另一個觀點來說，這表示你的覺知是無法被摧毀的。因為不是一個實體的事物，所以它是無法被破壞的。它會一直出現，但是，在此同時，它也讓人找不著。深刻明白這件事後，可以讓你從恐懼與貪著中解脫。在你知道自己的覺知永遠不能被摧毀後，你就會明白，沒有什麼理由要讓自己感覺缺乏安全感。

當然，你的身體毫無安定可言，它一直在變化中，所以，我們不可能使這個身軀安定下來。說真的，沒什麼所謂的安定可言，每一秒，一切事物都在改變，所以安定是不可能的事。然而，說到你的心，那沒有什麼東西好讓你害怕的；因為它不是實物，所以永遠不會被摧毀。當我們完全明白這一點，我們就已經超越輪迴方式的反應，讓自己獲得解脫。

錯把空性認虛無

說到第一種方式，人們會從對空性產生正確的理解中偏離，岡波巴大師是這麼說的：

> 第一、那是一種把存在的根本基礎視爲知識客體的偏差。也許有人會說：「一切攀著心與攀著之物，最初都是純淨、是解脱的。從一開始，證悟就存在；從一開始，自然呈現就存在。禪修不會讓事物變得更好；不禪修，事情也不會變得更糟。沒有什麼正面或負面的問題。正面舉止不會帶來幫助；負面舉止也不會帶來傷害。把你的頭伸進一只黑色袋子，以及把你的頭放到一隻山羊的腸子裡，這兩件是同等的事情。」這麼説，只是嘴上空談。這就是一個人如何把空性偏差成了知識客體的見解。

第一種偏差，是將空性視為某種知識性的事物，將它視為某種經由這顆概念之心所認知的事物，這會導致將空性誤解為空無的虛無主義。一位虛無主義者會說，事情並無好與壞等存在；他會說，究竟上來說，沒有什麼正面與負面等事物。抱持這種除了空性之外其餘皆無的見地，可以是危險的事，因為那意味負面行事將不會造成危害。如果某人認為自己做的事情都不要緊，那樣的見解是有所偏差了。

正確理解的空性，是互為緣起。你越明白空性的自性，對於業力因果的信心，也會更加增長。對於要做什麼以及別做什麼，你將變得非常清楚，這是因為你已經知道互為緣起的道理；你已經明白，自己的身語意將對自己與他人產生的影響。

對空性擁有正確理解，並不會使你變成一個不負責任的人，恰恰相反的是——你會變得更有責任感。如果你的空性見地讓你覺得自己可以為所欲為，覺得就算造作不善之行，也不會為自己或他人造成痛苦或是問題的話，這樣的見地已經明顯偏離正見的空性。所以，對空見只是抱持一種知識性理解的話，是可以造成非常糟的結果的。

錯拿空性當解藥

> 第二種偏差，是將空性視爲一帖解藥。一般說來，我們從事學習、思維與禪修，都是爲了使它們成爲煩惱的解毒劑。這種說法，從一位新進僧侶要學習的戒律法本：論頌[57]，到《密集根本續》（Guhyasamaja Tantra）都能應用得上。這說法也可以應用在與禪修相關的主題上——從死與無常

[57] 中譯註：梵文 kārikā 是一種文體，為一種長行頌偈，用於議論之用，即論頌。

到無生自性，也到持戒、積集資糧與淨化業障等修持上。

斬斷煩惱之根，這很重要。倘若能從根部就斬斷煩惱，那就像是從根部砍樹。無法做到這一點的話，一旦生起五毒或三毒，你也許會做出假設，那是以分析爲基礎的行事，認爲既然它們的自性爲空性，所以它們並不是眞的存在。[58]也許，雖然以它們從未被創造的這個觀點來進行禪修感覺上似乎對我們會有幫助，然而那並不會削弱或壓制它們，比從根部就把它們砍掉來說要少多了。這就是那種將空性視爲煩惱之解藥的一種偏差。

當然，每一個法門修持都被用來做為煩惱，或稱心毒的解毒劑。如果我們的修持不能對自身的情緒與習氣反應造成影響，那就不算發生作用了。岡波巴大師在此強調的是直探迷惑之根的必要性。我們更加理解心與一切現象的自性，就能更加減少以負面情緒對事情產生反應的情況。當我們真實明白空性的自性，我們也將越能讓自己的情緒來了又去。這是從根部就將負面性質轉化。藉由徹底理解情緒的自性，這些情緒，也就自我解脫。

某人也許會這麼想：「專注在空性上，將讓每一件事都變得妥當。我要開始禪修我所碰到的問題的空性，然後它們就會消失了。」這個辦法，簡單來說是不會管用的。應用空性這個概念並不會把任何東西變不見。為了讓念頭自我解脫，我們必須直接理解它們的自性。首先，我們訓練自己培養一種正確的全面理解，接著，藉由直接體驗念頭的自性來修持從根部就將它們切斷。光是想著「這並不是真實存在」這句話，那是不會帶來多大幫助的。

[58] 五毒指的是貪著、瞋恨、無明、自慢與嫉妒；三毒則是貪著、瞋恨與無明。

錯將空性作加料

> 第三種偏差，是將空性加諸在一切現象上。有如一劑欲消除我們執著於視事物或行爲舉止具有堅實存在與特徵的解毒藥，你也許會邏輯地藉由推理將它們分析成「非一也非多」，以此證明它們爲空性的存在。或者，你可能試圖以空性或觀空咒淨化它們。59再或者，你也許藉由表達三輪清淨這種非概念性的無上認知，試圖證明它們不存在。起初專注於視某物爲堅實存在，再以空性置於該事物之上，以此創造它爲不存在的自性，這是將空性施加在眾多現象之上的一種偏差。

另一種錯誤的方法，是將某物視為真實，然後再於其上施加空性這個概念。比如說，你也許會說「這隻手錶是空無的」，然而在此同時，你還是認為手錶就在那裡。這是一種對空性的誤解。

有時候，我們會以分析去理解事物並非真實存在。就某種程度來說，這會減少我們的執著，不過，那並不是真實的體驗空性。真實的體驗，在你再也不對事物感到攀著時發生。這也可以應用在概念、情緒、覺察與任何事物上，不執著於任何事物的直接體驗，所展現的就是一種對空性的真實理解。

「空性」這個字並不是真的去計數。空性本身並不是某樣事物，它也不是一種「這一切都是空性」的歸納法。相反的，空性是一種體驗方式，去體驗沒有攀著，同時也沒有必要攀著。

59 這些咒提到的是我，以及一切現象的究竟純淨與空性。

岡波巴大師指出的空性觀點，是細微卻極為重要的。佛教徒說過許多有關空性的事，不過，因為那只是概念層面上的究竟事實，所以不會有多大幫助。在我看來，談論很多的空性是不會有用的，有時候甚至是一種誤導。並沒有一種稱為「空性」的東西可以讓你用來加諸於事物之上，以此使它們消失或變得妥當。與其將重心放在空性這件事情上，不如將注意力放在互為緣起的事實上，將會更加有所幫助。其實並不存在什麼與相對事實有別的究竟事實。明白所有事物是如何只在與他物之間的關係中存在，這是非常重要的。明白這個相對世界如何運作，也就是明白這種空性的自性。

說到業力，也是一樣的道理——那也是相互依存。如果你知道每樣事物是如何仰賴其他事物才會發生，你就明白業力了。既然你如何看待人們將影響他們給你帶來的感覺，於是你明白，藉由改變你看他們的方式，你的感覺也會有所改變，解脫於是發生。

錯當空性是修行之道

第四、最後，還有一種偏差，是將空性視爲修行之道。一般説來，體悟或稱大手印的這個眞實自性時，根、道、果這三者，已經在這個單一的自性中圓滿。眞實自性並不是由這顆心所造；它是由内在生起。對此，《聖妙吉祥眞實名經》是這麼説的：

正覺無垢亦無邊，
最初正覺亦無因。
獨一智眼無垢染，
具足智身即如來。

缺乏這層理解的話，你也許會想：「經由以禪修空性爲修行之道，我將獲得這樣的成果——擁有三身與五智、擁有成爲一位遍知一切的佛陀的徵兆與印記。」這是將空性視爲修行之道的偏差。

總結來說，不讓自己犯下這些錯誤，是很重要的。

大手印的教法，討論的是根的大手印、道的大手印，以及果的大手印。這三者並非三件不一樣的事物，它們是同一件事。對於空性或心之自性的體驗是根，也是道，而且還是果。根的大手印是事物存在的樣子；體悟根的自性這件事，就是果。

你也許誤解，以為修完一個法門，接著再修持另一個法門的這個過程就會讓你變成一位佛陀。不過，成佛並不是某件你花長時間修持禪修，然後成就就會顯現的事。這些證悟的特質，也不會藉由禪修空性而逐漸展現。相反的，一旦完全體驗心之自性，你就成佛了。覺知你的自性，就是智慧那無垢、唯一之眼。

已證悟與未證悟之間的區分，在於你是否完全體驗自己的自性。就明白你的自性這件事來說，因為那裡什麼也不存在，所以也就沒有什麼要去明白的。這個體驗可以被稱為空性；不過，那並不是像把某個東西命名或歸納為存在空性，相反的，那是覺知你的自性，以那種我們在第十二章時提及的大手印平常心，也就是「tamel gyi shepa」的方式來覺知。

體驗空性、體驗心之自性，以及體驗大手印，這些，都是一樣的東西。如果你試著想要找出這個體驗，其實沒有什麼可以讓你去找著。這句話的意思是，其實沒有什麼事物發生存在，因此也就沒有什麼事物可以被摧毀。心的細微自性，我們稍早提到的平常心，就是佛。佛性的自性，沒有起點也沒有終點，它是無來由的。

以上四種與空性有關的偏差，微細而且不容易把握。我應該補充的是，這四種偏差並不是空性可能被誤解的所有情況。佛陀教導我們一共十八種的空性類別，因為至少有十八種對於空性的誤解。[60]

從頭到心的旅程

就空性獲得一種概念性的理解，我不想讓自己聽起來顯得過分嚴苛。運用分析與推理，是可以引導我們對空性產生理解，尤其是經由辯經的方式運用推理，那是格外有效的方式，因為在辯經時培養以不同角度思考，呈現的是另一個人的理解，那是兩人一起分析出來的所得。佛教提供許多有用的方法。擁有一種知識性的理解，可以為你帶來一個更寬廣的見地，同時能對這些教法之間是如何彼此調適，得到全觀的意會。

不過，這裡的底線是，要明白空性是一個體驗，而不是一種概念。概念就像是一張地圖，你可以擁有一張巴塞隆納的地圖，然後說出：「這裡是巴塞隆納。」不過，這張紙就真的是巴塞隆納了嗎？並不是這樣，那只是一張巴塞隆納的地圖。概念與事實是相當不同的，然而，我們通常把它們混為一談。概念存在腦袋中，但體驗，是停留在心裡的東西。這也是為什麼有時候人們會說，對我們來說，最遠的一段旅程，其實是從我們自己的頭到心之間的這段歷程。

60 中譯註：十八空。根據《大品般若經》，它們分別是：內空、外空、內外空，空空，大空，第一義空，有為空、無為空，畢竟空，無始空，散空，性空，自相空，諸法空，不可得空，無法空、有法空、無法有法空。在此無法詳述十八，可參考《大智度論》或相關經論。

第十六章

如幻、如夢的菩提心：

訓練和修正你的動機

由於明瞭一切現象那如夢般的自性，因此你無須嚴肅看待一切，變得更加放鬆，特別是如此對待自己。

尊者仁波切說：在大乘佛教中，不管是持戒也好，集資淨障也好，或者是布施，這一切修持的層次的本身，都不是最重要的。修持者的發心，才是其中最重要的因素。以一個純淨的動機開始任何佛法行持，這是非常重要的。爲了要生起一個特別的發心，修持者要以一種精巧、適中，或簡潔扼要的方式來產生菩提心。

就大乘佛教的觀點而言，動機是極為重要的因素，因為善行與惡行並不總是從表面上就能明顯顯現。我們可能造作看似正面，但其實是惡業的行為；可能造作看起來像是惡業，但其實是善業的舉止；也有可能造作看起來像是善業，實際上也是善業的行為，或者是看起來是惡業，實際上真是惡業的事情。有這四種可能的情況存在。

我們也許看起來像是正在造作某件善行，而且每個人也都認為我們正在行善，然而，因為是出自自利的發心，我們的行為其實並不良善。相反的，也有可能某人看起來似乎正在造作某件惡業，不過，如果其行事背後的理由是具有悲心的，那麼這件事就不會是一樁惡行了——舉例來說，為了要防止某件將會傷害廣大眾生的事件發生而付諸的行事。就業果來說，動機是造成我們行為的決定性因素。

岡波巴大師提到持戒，一般來說，戒律是防止我們造作負面舉止的誓言。有五條主要的戒律：不殺生、不偷盜、不妄語、不邪淫，以及不飲酒。戒律是行為導向，如果你不違反這些規則，你的行為就是完美無缺的。

這一切是怎麼開始的？

至於菩薩乘，則對修持者行為背後的動機更為關注。比如說，某人可能為了想要擁有一個較為簡單的生活而受持出家戒律。你們當中有許多人並不理解一個僧侶的生活是多麼簡單。大多數人的問題，都發生在人際關係上，是這樣的，對吧？這是弟子們告訴我的。不過，身處亞洲，如果你身為一位僧人，人際關係並不會是個問題，人們會供養你食物以及一個可以休息的地方，而且你不需要辛苦工作一整天。那就像是參加一場野餐啊！不過，想要讓每件事對自己來說都能變得簡單化，這個動機並不是一個正面的動機。甚至另外有些人也許是因為負面的理由才想成為僧人的，那就更糟了。因此，行為究竟是行善或行惡，並不是以我們看起來正在做的事來決定，是由行事背後的動機定奪。

在這條心靈修行之路上，創造更高的動機並改正較為低淺的動機，這是非常重要的。說到從事合格的佛法修持，關鍵因素並不在於所修持的是哪個法門、或者做了多少修持；抱持正面動機才是關鍵。發心廣大，即使是小事情，也會有非常正面的效果。以菩提心為發心基礎，尤其重要。

追求快樂與助人是本能

既然每個人都希望能離苦得樂，所以，我們都是具有某種程度的菩提心的。在西方，人們告訴我，有些人因為痛恨自己而有求死之心。我是不贊同這種說法的。人們不會希望死掉，他們希求的應該是解脫。當某人真的受苦時，自然而然希望能夠停止這樣的處境。事情，有可能看起來糟到讓他們覺得除了自我了斷之外，沒有其他方法可以解決自己的問題。在這種情況下，人們的「死亡之願」其實比較像是擺脫問題之願。我不認為人們會痛恨自己，他們痛恨的只是自己碰到的問題。

有時候，人們會對自己感覺生氣或是不耐煩，他們會這樣想：「我不夠好。我應該要和現在這樣不同的。我應該要比這樣還要更好的！」如果你是因此而對自己生氣，那是因為你對自己的期望太高了。雖然可能這樣責備自己，不過，那跟恨自己仍是不一樣的。那就只是期盼過多罷了。

每個人都想擁有快樂，也都想免於受苦，這是我們從事每件事的最初動機。最重要的是，我們都擁有某位讓自己覺得親近的人，比方我這麼對你說：「你可以獲得自由，不過，其他人就得受苦。」這會讓你覺得開心嗎？對此，我是抱著存疑心態的。會有那麼一些人是你希望他們也是快樂的，像是你的家人與朋友。只有自己快樂，那是不夠的。我們也許不在乎這個世界上的每個人是否都過得好，不過，會有些人是我們在乎的。這道理甚至適用在素昧平生的人身上。就算聽見不認識的人正在經歷極大的痛苦，我們也會希望他們的苦能夠止息。這也不只適用於人類，還有動物；牠們的痛苦也會觸動我們的心。大多數的人都像我們，希望其他眾生也能過得好，並不是只對我們周邊，以及我們所親近的人會有如此希望而已。

在這個世界上，有許多天性就具有關懷以及利他個性的人。最近，我聽說在愛爾蘭有兩位為了拯救兩個落水的年輕女孩而跳進海裡的男士。他們彼此並不認識，為了救活這兩個女孩，這兩位男士最後都過世了。許多時候，人們為了拯救絕望中的人，往往不假思索就依直覺行事。這份未曾考慮自己的安危就跳進海裡幫助他人的意願，是人類與動物都具有的特質。我們天生就有悲心，那是我們希望他人過得好，希望自己與他人都能免於痛苦的天性。

在如夢眾生中發心

於是，這就衍生出以下這個問題——什麼是成就此事的最好辦法呢？我們的優先任務應該是什麼呢？有許多事情看起來是好的、是有幫助的，然而因為沒辦法每件事都做，我們必須從中選擇。如果想要做好所有看起來有趣的事情，到頭來只會一事無成。我們必須明白，哪些活動能對成就這個目標造成最大的貢獻。

岡波巴大師在此建議我們，首先，是藉由修持佛法來轉化自身，特別是藉由禪修，在轉化我們的困惑與痛苦後，我們將擁有幫助他人轉化的知識與能力。這麼說，並不表示我們只有修持佛法這件事可以做。也許會有其他的事情也是重要並且有用的，我們也可以去做那些事。不管做出什麼樣的決定，在我們已經確立自己的優先任務後，我們必須致力在那些事情上。

發起菩提心的詳細儀軌，是思維：「我必須帶領無邊無際的眾生橫渡輪迴之海，這如夢或幻覺一般無邊無際的眾生，我不會將他們帶往小乘佛教聲聞乘或辟支佛的證悟之境，我要將他們安置在無上的證悟之中，因此，我自己必須獲得完全而圓滿的證悟。爲了做到這件事，我會完成各種不同種類的禪修、修持與修法。」

此處，我們所想的是自身要去利益有情眾生，不只是利益他們一點點，而是要盡可能讓他們擁有最大的喜悅與利益。一旦完全免於受苦，他們也能如是廣大的利益重生。不是只希望少數人能獲得最高境界的證悟，而是希望一切眾生都能如此。沒有人應該被遺留在輪迴裡。為了實現此事，我們必須學習、修持、並且徹底訓練自己的心。具備這般精巧的動機，我們生起要去從事一切能將所有眾生安置於證悟中的發心。接著，懷抱這個同樣的抱負，還有越來越短的版本。

中軌的發菩提心，思維：「爲了要讓一切如假相、如夢一般的有情眾生擁有完全的證悟，我會做這個跟那個。」短儀軌的發菩提心，則思維：「我會圓滿這個修法來利益所有如假相、如夢般的眾生。」

這類生起菩提心的方法強調的是眾生如幻覺、像夢一般的自性。不管我們說的是有情眾生、是我們自己，或者是佛法修持，它們無一物是超脫空性的自性。你對空性理解越多，要幫助他人也就更加容易，因為，你比較不會陷在貪著與瞋恨的情緒裡。同時，你也不會淹沒在他人受苦的強度中因而感到有所負擔。以這類方式生起菩提心，岡波巴大師強調的是那眾生如夢一般的自性。

在空中認真行事

> 一般來說，無論是何種形式的淨罪集資，最初都是藉由虛幻如夢般的菩提心，以擴大、適中或濃縮等形式的動機而策動。在正行部分，佛法是以如同一個幻象或一場夢那般的修持。結行時，將這個如假相與夢一般的功德迴向給有情眾生。這個迴向者（本人）以及被迴向的對象（有情眾生），還有這些被迴向的功德效果，全都如同幻覺與夢一般，因此，它們與自身這顆心，是無法分割的。它們都是心之自性的魔幻展示，本質上是無二無別的。

當我們說一切都是幻覺，沒有任何事物是以本來樣貌存在的，這麼說冒著一個風險，就是人們將因此抱持虛無主義，認為自己不論如何行事，其實無關緊要。這是一個錯誤的見地，因為那是會有關係的。我們以自己的身體、言語與心所造作的行為，將影響我們的體驗，而那影響著我們的未來，也會影響到他人。這是我們的業：我們的行為是具有影響效果的。當然，這些影響效果也如同假相，只不過我們還是要體驗它們。即使受苦是假相，我們還是不喜歡；只要我們不喜歡假相般的受苦，就不應該依著會使它產生的方式去行事。相反的，我們必須以帶來快樂與幸福的正確方式行事——即使它們同樣也是假相。

真實理解空性的人會變得更加小心謹慎；對於自己的身、語、意，以及行為將如何影響他人等都將變得更加注意。行為舉止的效果細微卻影響深遠；業力因果之所以起作用，正是由於事物其實如幻覺般，它們並非堅固。由於明瞭一切現象那如夢一般的自性，因此你無須嚴肅看待它們。你會變得更加放鬆，特別是會如此對待自己。

有情眾生是不堅實的，只不過他們自己不明白。眾生其實是已經獲得證悟的，只是他們並不明白這一點。最後，他們終究會超越受苦，只不過在明白之前，他們還是得受苦。具備菩提心使我們希望他們能出脫輪迴，不過，這個意樂本身其實也是一場夢。一旦理解這一點，我們的一切經歷，都將成為一場魔術展示。

即使這個世界是一場夢，與相對真理共處仍然是我們的重要課題。體驗究竟自性不會阻止我們去從事正面的菩薩作為。事實上，明白究竟自性，反而會讓我們變得更具有效率——因為我們更加看清自己的行為與反應所造成的結果。儘管明白自己的行為在究竟上並非真實，我們的行事，仍然具有後果。

因此，事物的自性以及它們所展現的樣貌，也就是究竟及相對，它們兩者是不會分道揚鑣的，它們總是一起出現。它們攜手並進，並且在我們更加了解究竟自性後，要在相對世界中應用我們的菩提心，也將更加簡單得多。

第十七章 給閉關者的由衷建議：閉關如何不卡關

做對自己有益，也對他人有益的事吧！轉化自己就是最好的，
轉化自己的最好方法就是修行。

尊者仁波切說：
所有集聚在此的偉大修行者啊，如果想要從事眞正的修行，你們必須切斷對於此世的關注，要達到可以放棄一切的程度，即使是你的身體與性命也都可以捨棄。

不論在哪都不能半吊子

法本的這個部分，岡波巴大師特別對正在從事閉關的修行者們提供了他的建議。閉關，完全就是修行。如果真心想要在這一世獲得證悟，你必須全心全意地修持。你必須願意付出一切——你所有的時間，所有的精力，以及所有的專注。

這個道理不只是適用在修行上，對於比如從事運動等其他目標，也是如此。正在為了參加奧運而受訓的人，也不會去做別的事的，在一切時間裡，他們都在為自己的運動項目而努力。這裡說的也是如此。如果你真的想要在這一世就獲得證悟的話，不能只

是半心半意，不能只是這裡碰一點，那裡沾一些。你必須將自己的一切都奉獻給它。當然，你對世俗事物的關注越少，對你越好。一旦身處在閉關中，食物、衣服之類的東西就不再應該是你關注的事物。即使只擁有少量的這些東西，你也必須感到滿足。

> 將你的食物與衣服減低到最低的需求程度，然後從事修行。爲了眞正從事修行，你必須保持在一個僻靜的閉關。最高等的修行者，是如同一隻獅子般前往雪山之中修行的；中等層次的修行者，則是如一隻老虎般走入森林修行；至於較低層次的修行者，是如一隻禿鷹般走入岩石多的山裡。別像一隻狐狸那樣繞過城鎮邊緣，潛入陰森森的墓地。

我聽過一個故事，是關於一位前往覲見十六世大寶法王噶瑪巴的喇嘛的故事。這位喇嘛告訴十六世大寶法王：「我正努力讓自己變得瘋狂，不過，我還沒辦法做到這一點。」我想他的意思是說，不想自己變得流俗；他再也不想做一個凡夫俗子了。大寶法王回答他：「如果你真的想要變瘋，那就前往岡底斯山（Mount Kailash），去那裡待上 18 個年頭吧。」喇嘛同意這個提議，並且直接動身前往岡底斯山，在那裡從事了 18 年的閉關。

當這位喇嘛再度回到楚布寺（Tsurphu Monastery），他見到的是一位新的大寶法王；那時，十六世大寶法王已經圓寂了。於是，這位喇嘛向第十七世大寶法王稟告他的閉關經歷。數年後，當這位喇嘛圓寂時，出現了體悟的美好徵象。

這就是岡波巴大師建議我們的事：擺脫猶豫，在你的修行中，完全朝向單一目標邁進。

在此同時，重要的是也別做得過頭了。就做你能力所及之事。首先，在你的動機上下功夫，對於自己想做以及能夠做到的事，要非常清楚明白，然後就邁開腳步去做它吧。但要小心，別過度要求自己超出自身能力。一步一步地進行訓練。那並不是只要擁有某些理解，就馬上跑到岡底斯山上閉關這類的事情。這麼做的話，可是會變成災難的。

不算計衣食還有我的好

通常，如果你對食物與衣服過度貪著，那是無法待在山裡的。能夠只穿著一件棉布衣，只靠著少許食物過活，這是很重要的。不管你想要成就的目的爲何，無論目的是大是小，當生活順遂時，你沒問題；就算事情變了樣，那也沒關係。不管發生什麼事，我們的思考方式必須是這個樣子。一般而言，從事修行，你不該期盼從他人身上獲得太多。別變得難以取悅，或者輕易就被惹惱，最好是不要去計算自己對他人做了多少善行。我一直不讓自己記得我對人們做的善行，雖然，我眞的認爲自己應該對你們帶來很大的幫助。

這個勸告不只是適用於佛法修行者或閉關者，它也適用於每個人。期盼越多，我們將變得越難以被取悅。當事情發展不如我們的意，我們變得容易惱怒和沮喪。訓練自己安貧，是件好事。

岡波巴大師的第二個觀點，同樣極為重要。別計算自己已經為他人做了多少善行，能這麼做比較好；當我們越回想自己做過的事情，會更加期待獲得回報，然而人們並不必然會回報你的仁慈之舉。通常，你怎麼待人，人們也會怎麼待你；不過，如果你帶著獲得某種回饋的期盼去從事某些善行，鮮少會有機會獲得如你原來所希望那般程度的回饋，而這會讓你感到不滿意並且不開心。所以，如果你做了某件好事，就讓它只是因為幫助某人而去做吧，別期待獲得任何回報。無論身在何處，這是非常重要的。

別打自己的頭

> 總的來說，無論是弟子的行爲使師長蒙羞，或是師長的行爲讓弟子感到羞恥，這兩件事其實是一樣的。而我並不想使你們丟臉。最好的結果，是我讓所有的弟子都能在此生獲得無上證悟。次好是讓我的弟子能在中陰身獲得證悟；最差的情況，至少是他們會在某個來世達到證悟。

一位師長可以因為未能如理修行，或是未正確傳授佛法而使弟子名譽掃地；至於一位弟子使自己師長蒙羞的方式，則是舉止不當。師長與弟子同樣有責任要如理修行。岡波巴大師說，他持續不斷努力以全力協助弟子修持，不過，弟子本身也必須自助。他們能獲得多少程度的成就，將有賴自身的修持。

最好的結果，是在這一生就獲致體悟。所謂此生獲得體悟的意思，也包括在中陰身獲得體悟。有人說，比起在世時，在死後顯現的那道明光出現時，是比較容易體認真實自性的機會。

> 我要對你們提出請求，請別斥責自己。如果能對自己展現眞實的仁慈，事情將會如我所希望的那樣發生。

這裡藏文的字意是：「別打自己的頭。」意思是要對自己仁慈，別做傷害自己的事。這麼想吧：如果你對自己不仁慈，其他人會對你仁慈嗎？試著去做對自己有益，也對他人有益的事吧。如果這真的是你想要的，那麼轉化自己就是你能做到的最好的事，而轉化自己的最好方法，就是修行。

只是讓你的心對治你的心

> 總的來説，當你修行，別做那種只在嘴上談修行的人，也別做那種只沾一點邊的人。別挑那些簡單的法門修持，也別一年只做一回修行。

接下來，大師勸告我們別只是假裝做一名修行者。字面上這麼說：「別光說不練。」換句話說，別做一個只在嘴上談修行、卻不身體力行的人。別在你還只是對佛學知識有興趣而已的階段，就說自己是一位修行者；也別像那種明明時間很多，卻只做少許修持的人一樣，把修行當成是一種兼職或嗜好。我們不該以最安逸的方式修行，也不該只做簡單的修持，甚至，更極端一點，我們不該一年只做一次修行。

> 即使人們已經知道你是一位修行者，而你也認爲自己是一位修行者，這時你還是有著會如一位凡人那般死去的風險。禪修三士道、念死無常以及業力因果，這是非常重要的。這些禪修，將成爲使我們精進的那條鞭子。[61]

這句話暗示的是我們其實可以不動聲色地修行，不需要昭告天下自己是佛弟子。巴楚仁波切曾說：「佛法修持並不是像一位金匠

[61] 這是一個提供給俗世中修行者、聲聞與菩薩的參考意見。

在打造金飾。」換言之，我們既不需要一堆工具與技巧去做這件事，也不需要展示自己的修行。佛法修持，純粹就只是讓我們的心去對治我們的心。

我們需要的是清楚的覺知，伴隨一些正念、菩提心、出離心以及對於應該如何對治這顆心的理解。具備大量的學習或學識，這並不是必要的，那比較像是我們應該對於自己想要邁進的方向具備清晰的理解，並且，在行為上更加具備正念及覺知。修行上，沒有什麼東西是我們需要對外展示的，我們不需要向外廣播自己正在對治自己。不過，我們當然還是必須完成這件工作。那並不是用來談論的一件事情，也不是要對它產生興趣或知道它是什麼之類的事。即使知道傳授的一切法教，如果不把它們用在自己的心，那些法教是無法轉化我們的。

有一位聆聽佛陀說法長達廿年的弟子，就是這樣的一個例子。他知道佛陀的所有法教，也如此自豪於學習這些他從未如實修習的法教，結果是他一點也沒有領受到持續隨侍在佛陀身邊的任何真實利益。

修持佛法，這句話的意思是運用你知道的任何方法，使它們融入你的心。你所運用的技巧不需要是複雜或某種特別高深的教授。徹底了解一個小重點，然後將它運用在自己身上，就能夠轉化你的生命了。毫無疑問，這當然需要更多的修持。

帶著笑容面對生死

通常，對於那些已經進入佛法修持之路的人來說，這種轉化的作用方式，是最上乘的修行者帶著微笑往生，他們充滿喜悅與深度的自信。他們是從快樂啓程前往快樂。

有關一位行者的修持是否如法，其中一種測試方式，是看他們如何處理自己的死亡。我最喜歡的密勒日巴尊者道歌中，有一首提到的就是尊者對於死亡的真實自性體悟。尊者唱道：「我曾經害怕死亡，於是，我逃進山裡。我禪修死亡的不確定性，直到體悟無死。所以，如今即使死神降臨，我也再無恐懼。」

在我們與死亡之間，存在太多的不確定性，不過，關於死亡本身的這個概念，其實是個誤解。認為我們此時此刻維持不變，要到生命尾聲時才會經歷一個巨大的變化，這麼想的話，那是一個錯誤。每一件事物無時無刻在改變。恆變，才是真實的自性。這句話的意思，就某個方式來說，是沒有什麼東西是一直在改變的；沒有什麼東西要死，沒有什麼東西可以死去，因為，死一直都在發生。這就是密勒日巴尊者所說的無死。藉由體悟恆常變化的重要意義，尊者才得以徹底感受平靜與無畏。

岡波巴大師說，最上乘的行者，是帶著微笑死去的，充滿喜悅與自信。這裡我還要加上這一句——比臨死時帶著喜悅與自信更棒的，是帶著喜悅與自信活著。帶著一張微笑的臉活著，甚至比帶著一張微笑的臉死去，要來得更加優秀。

> 面臨死亡，中階層次的行者是對它已經不會帶有恐懼。再低層次一點的，行者不會有任何後悔遺憾，不會想著「我的身、語、意已經做完這件事，也做完那件事了。」

中階層次的行者，對於死期不會感到害怕。稍微低階層次的行者因為知道自己已經盡己所能完成自身能做到的事，因此，他們不會感到後悔或是遺憾。

這些教誡不只可以用來討論善終；在生時也同樣受用。如果具備其中一項態度，你已經是個優質的修行者。

改變自己最有價值

偉大的修行者選擇留在僻靜的閉關處，因爲他們已經放棄一切活動，放棄一切娛樂消遣，他們想要在與世隔絕的環境下，一心一意地從事心靈修持。如果你喜歡參與娛樂消遣活動，喜歡留在城鎮中、過著社會群居生活時，那看來是合宜的；然而，如果眞的開始閉關，別再比住在城市時創造更多休閒娛樂了。勤加修持你的心靈修練吧，因爲佛法是一個如此偉大而無窮無盡的珍寶，是一個像如意寶那樣的寶物。那是你生生世世的累積，是無比重要的事物。

如果你正在閉關，你需要一心一意地修持。不要為自己製造娛樂消遣。如果你想要為這些事物分心，那最好住在城市裡。

一旦開始修持佛法，你必須經由熟悉它來獲得完美。見地，必須運用在禪修中。這麼做能保證他人的福祉。少了這麼做，利他的舉止將可能傷害到自身，也會讓它變得難以帶來任何幫助。因此，最開始的步驟，應該是成就自己的目標，在那之後，你也能培育弟子。爲了要成就你的目標，讓自己處於與世隔絕的狀態，這是非常重要的。

修持佛法的主要目的是幫助自己，然後才是幫助他人，並不是以一個微小的方式，而是以廣大的方式。首先，你需要轉化自己，一旦知道怎麼做這件事，你就已經準備好要幫助他人了。你無法在自己不會游泳時去救一個快要溺斃的人。當你身為一位游泳健將，才會有能力去拯救其他人。因此，我們必須先改變自己，因為那是某件我們能夠去做的事。

我聽過一個發生在蘇格蘭的故事。有位住在愛丁堡的基督教牧師，他的墓誌銘上寫了這段話：「當我還年輕時，我想要改變這個世界。我對天父禱告：『請賜與我去改變這個世界的智慧與力量吧。』我盡力去做了，然而，當我漸老，我才明白其實什麼也沒有改變。於是，我想著，為了要改變這個世界，我得去改變自己周遭以及親近的那些人。如果我可以改變他們，以他們做為一個典範，也許這個世界將會改變。於是，我向天父祈禱：『請賜與我智慧與力量，去改變那些在我周遭、以及我所親近的人們吧。』對此我也已經盡力而為，不過，這些年過去後，我還是發現，一切都沒有改變。而當我已經垂垂老矣，我終於明白自己才是那個首先必須被改變的人。如果我改變自己，讓自己成為一個典範，那麼也許在我周邊、以及與我親近的人，他們也會改變，如果他們成為典範，接著這個世界也許就會改變。於是，我向天父祈禱：『請賜與我改變自己的智慧與力量吧。』我開始盡力去做這件事，只是，為時已晚。」

致力於自身，首先，這並非意味我們已經遺棄他人。我們先致力於改善自身，其目的正是為了幫助他人。對於如何幫助自己、以及如何使自己獲得自在解脫等這些事，我們知道的越多，將越能夠幫助他人。

如果你是一位好的修行人，是一位懂得如何修持、並且實際致力於此的修行者，你能幫助他人的最佳方式就是親自修行，去閉關，先在自己身上下功夫。你在與世隔絕的狀態下修持的越好，長期來說是可以更加利益眾生的。不過，如果你不懂得如何禪修，也沒能好好修行，這樣將無法在閉關中獲得轉變。在這種情況下，最好是去做些除了閉關之外的計畫來幫助他人。我在這裡還是要再次強調，如果你修持得還不錯，對你來說，幫助他人的最好方式，是保持在閉關狀態中修持。

心，隨緣不變

說到要在閉關中生存，歷代噶當巴傳承教導有五項重點：
第一、是行爲舉止擺脱僞善；
第二、確定這個方法會在各式各樣的情況下支持自己；
第三、是對於這些開示達到精通；
第四、透過虔敬心來激勵自己；
第五、具有克服小問題的能力。

第一個重點是遠離偽善。特別是當你獨自一人，像是身處在與世隔絕的閉關時，你的行為舉止必須完全真誠、遠離虛偽。當你身處人群中，也許會想要讓自己的模樣看來不錯，不過，一個人獨處時，你應該完完全全地真誠。

第二、就方法來說，不管你運用的是哪個教誨或方法，它必須強大到能夠支持你度過艱難的處境。你需要具備信心，相信自己正在運用的法教或修行，在各種情況下都能撐住。

第三點、精通教誨，這裡指的是你必須極為理解，並且熟知這些教誨。

至於第四點，你的虔敬心必須比你的情緒來得更為強大。這一點很重要，因為情緒是會起伏的。如果你的虔敬心不夠強大，你的情緒有可能駕馭你，大到一種使你無法修持的地步。虔敬心包含渴望、發心與確信，它必須極為強大。

這套教誨的最後一點，是具備解決小問題的能力。你需要足夠的決心與勇氣來處理閉關時發生的問題。有時候，這些問題會是與身體有關的，有時候是環境的問題，還有些時候是精神心理上的。不管發生什麼樣的問題，你都需要保持勇氣、持續前進。

上述五項指導方針，為我們提供了一個圓滿閉關的重要基礎，它們同時也是給予非閉關者的優質修行方針。無論短期或長期，無論是團體或個人，閉關其實就是訓練。我們在閉關中進行訓練，然後在這一生中修持這些準則。如果你可以把這五件事學好，那麼，不管接下來何去何從，無論是待在城市中與人相處，或是在任何可能發生的情況中，你都能保持自己的堅固與心的明性。

閉關，行嗎？

> 同樣地，我們的這位啓蒙師長岡波巴大師，也提出與閉關有關的四個觀點：
> 第一、對於教誨具備信心；
> 第二、對於自己的能力具備信心；
> 第三、對於你的體驗具備信心；
> 第四、對於見地具備信心。

此處，岡波巴大師提出的是閉關時你需要具備信心的四件事物——教誨、能力、經驗與見地。這些是你必須依照自己的師長或善知識所給予的指導準則來培養的事物。如果對於修行的這四個層面尚未具備信心，你不該前往荒郊野外修行，尤其是到像是伽拉薩山那樣嚴峻的地方修行。

> 要依照這些重點行持，必須視你的師長爲佛。持續向你的師長頂禮，並且長時間追隨你的上師。像一隻雞在搶食那樣對於法教囫圇吞棗，然後再放自己一個大假，這並不是正確的作法；另外一方面，也別與師長變得過度熟悉。別對這些教誨感到厭煩，也別讓自己的虔敬心失去新鮮度。這些，是非常重要的觀點。

對於師長具備越大的信心，你對法教與自己的修持，也將更具信心。你看待自己上師的方式，可以視為衡量你從師長處獲益多大的一種方法。那並不是要假裝、或是努力讓自己視師如佛，並不是要你這樣想：「我的老師並不是佛，不過，我知道我必須視他如佛。」那樣的話是行不通的！

岡波巴大師接著提到你需要花時間與自己的師長學習，因為這才是你學習的方法。如果你不學習、去運用這些法教，那麼擁有一位老師是沒有意義的。理解領受法教的正確方式，這也是很重要的事。這麼想是不合適的：「我需要那個法教，所以我要得到它；然後，當我獲得那個法教後，我就要離開。」你不能只是領受一門法教，然後想著這樣就完事。這同時也是一項從師長處學習發心與典範的功課。聽聞，只是向一位師長學習的一部分功課。

也有可能發生這樣的事，當你與自己的師長變得極為熟稔，你會開始看見師長的過失，於是就會產生個人問題。這情況，特別容易在圍繞於師長旁的弟子們身上發生。因此，有一句西藏諺語是這麼說的，住在離自己的師長至少三個村莊遠的地方，這樣是比較好的。跟師長變得過度熟悉，會變成一個問題，這並不只是發生在與師長之間的關係上，主要會是發生在與那些與師長極為親近的人們的互動時。

岡波巴大師指出的另一個缺失，是在聽聞同一個法教許多次之後，我們感覺到厭膩。這可能會造成我們的虔敬心停滯。有時候，人們這麼想：「我以前就聽過那些法教。我已經聽過很多次了，所以不用再聽一次。」甚至當弟子有機會親近師長時，有時候，他們會變得自滿，心裡這麼想：「我是可以去聽課啦，不過，現在太忙了。我會找時間再去上課。」對於聽聞法教保持一定程度的急切心，並且對聽聞培養出一種強烈的興趣，這是好事。

比如說，巴楚仁波切傳授《入菩薩行論》（Bodhicharyavatara）已經超過一百次，他的一位弟子袞巴堪布（Khenpo Kunpal）說，他已經從仁波切那裡領受過五十次這個法教了。從同一位師長處，他聽聞了同一個法門五十次！日後，袞巴堪布根據仁波切的教授，完成了一部非常棒的《入菩薩行論》釋論。袞巴堪布說，每從巴楚仁波切處聽聞一次這部法本時，他都學到更多。他從未抱持那樣的態度想著「我已經知道那個法門，我已經圓滿它了。」

你我他都圓滿

我們必須這麼想：「我已經獲得一個暇滿的人身，已經進入珍貴的佛法教誨之門，領受了珍貴的佛法，已經遇見一位如此珍貴並且具格的師長，也被授予珍貴的教誨。我現在有修持的自由。這一切吉祥的因緣條件已經聚合，所以我必須禪修。」如果你是在這樣的時間點禪修，這個禪修的狀態絕對不可能不發生。要是它不發生，那是因爲你不去做這件事。

這裡談到另一個重點。大多數時候，當我們的修持未能獲得成果，其實是因為我們不知道如何禪修。學習如何禪修是實做的事，有時候，要確實學會如何禪修，可得花上一段非常長的時間。

> 爲了要取悅師長，最好的承事，就是弟子身體力行地去修行。中等層次的承事，是透過身與語供養師長；最低層次的承事，才是物質供養。如果眞實去行佛法修持，將會成就一切目的——那包括你自己的，還有別人的都算在內。然而，如果不是依循這種方式修行，那麼，你就有得苦受了。人們會藐視你，奚落你，結果是讓你投生惡趣。
>
> 要以一種眞誠的方式來修持佛法，生起虔敬的力量、敬意、喜悅的努力，還有解決問題的方法。別讓你的上師、金剛師兄弟蒙羞。別成爲令別人造作負面行爲的那個原因。至少，我請求你們每一個人，讓自己遠離以一種負面的風格生活。

如果你希望供養或承事自己的上師，最好的供養，是身體力行修持佛法。對於具格的上師來說，令他們最滿意的法教傳授回報，就是那些傳授被加以修持，並且產生成果。當弟子從上師的教授中確實獲得利益，上師的工作於是圓滿。因此，最高等的供養，就是依循、並且就你被教授的方式去修持。次佳的供養，是以身與語供養你的師長，至於第三等的優質供養，才是物質供養。

當你致力於佛法修持，並且獲得某些成就後，你會變得更為快樂，也將有更好的能力去處理問題。你的生活將變得比較容易，而且你也會是一位比較容易跟別人相處的人。這些結果，都將與你修持的數量直接相關。修持得越多，你能自利利他的程度，也將越大。你的師長，當然會為此感到高興。你所付出的努力，以及你的師長所付出的努力，將不白費。正是因為如此，每個人的目的都會圓滿。

第十八章

承事上師的十種方式：

學習信任並且從中獲益

一旦擁有更多的信心，我們會更清楚正在發生的事，
也更加勇敢去做自己、真實呈現自己。我們也就離事實越來越近。

我們已經來到本書的最後一個章節，談的是岡波巴大師所建議弟子如何承事師長的十種理想方式。這是岡波巴大師自己身體力行之道，也是密勒日巴尊者及馬爾巴譯師曾經同樣行持的方式。他們的行為是圓滿的；當然，並不是我們每一個人都可以像他們那樣地承事一位師長。

必須具足的第一個條件，是要擁有一位偉大而具格的師長，並且明白你的上師是如何與眾不同。少了這樣一位師長，我們是沒有可能具備如此虔敬心的。因此，首先，並且也是最重要的一件事，就是擁有一位已經體悟的具格師長，對於這位上師的體悟，具足信心。

依據噶當傳承，尊者仁波切教導我們弟子應當承事師長的十種方式。

此處，「承事」（attending）一位上師這個字的意思，與參與一場會議或上學具有相似的意味。要說成「服務上師」的話，那聽

起來有點卑屈，至於「追隨上師」或是「仰賴上師」，這兩個說法各自的聯想也無法傳達出其正確意涵。在我們逐一探究這十個觀點的過程中，你將明白，岡波巴大師所說承事上師，究竟是什麼意思。

走到追隨與仰賴之外

第一、是以虔敬心承事這位心靈大師，不曾疲倦或乏味。要這麼做，你應該依循那些大成就者的典範。

這與我剛剛說過，有關依循這個傳承中包括馬爾巴譯師以及密勒日巴尊者與岡波巴大師等師長典範，意思是相近的。

第二、是以不懷吝嗇的心供養物質財富以承事師長。這與經典《事師五十頌》（Fifty Lamas）中所說：「甚至是供養那些不會被用於供養的事物，像是你的子嗣、妻子以及自己的生命。」[62]

如果你的師長是一位具格善知識，我懷疑他會要求你供養妻子或子女。這個涵義指的是你願意放棄包含自己最貪愛的事物在內的一切東西。這種無貪著層次，來自擁有一顆非常虔敬、同時極為敞開的心。

第三、要以一種沒有瑕疵並且高尚的發心來承事師長。此處瑕疵所指的可以是以聲聞或獨覺、或是任何其他較爲淺

[62] 中譯註：於藏文版中，原文中譯作「於自誓言阿闍黎，難施兒子與妻子，自之生命亦恒獻，何況不定之受用？」漢譯版中並無此段。

層的發心。相反的，我們的發心，必須完全純淨並且高尚。

你不應該只是具備一位平凡人、或一位聲聞、獨覺的發心。最好的發心，是完全純淨，並對每一位眾生充滿善意。換言之，你是受到菩提心所策發，那是一種想要幫助所有眾生獲致證悟的欲望。理想的情況，是你會以超越利益自我的更大動機，去承事一位師長。

第四、以未妄化的智慧來承事這位善知識。這句話的意思是，你不應該被上師的教誨所困惑，包括不被其中的邏輯所困惑。

具備智慧，這裡指的是有能力領受教誨、思維這些教誨，同時理解其中文字內容以及意涵。我們需要具足能力來運用推理，並且力求明白。

岡波巴大師自己就是一個這樣的好例子。即使相對來說他跟隨密勒日巴尊者學習的時間短暫，大師還是成為尊者最優秀的一位弟子。有許多尊者的弟子，追隨他的時間比起岡波巴大師還要來得久，他們之中有些人甚至花上畢生追隨。然而日後，當人們詢問尊者，為何其他學生待在他身邊的時間其實更久，最後卻是岡波巴大師成為他最優秀的弟子時，尊者的回答是，岡波巴大師知道如何提出問題，並且釐清問題。直到獲得完全理解前，他會持續運用邏輯與修持。

我們應該採行同樣的方法。與其想著：「上師說了這些那些，所以我應該照單全收。」我們需要做的是提出問題，並藉由推理，對此獲得確認。

第五、以崇敬與不傲慢來承事這位師長。這裡的意思，指的是你要視上師爲一位醫生，視自己爲一位病患，而佛法則是醫藥。以如同病患稱揚他們的醫師那般稱揚你的上師。

承事師長時，弟子必須具備崇敬與無傲慢之心。自古以來的比喻，是將上師視為一位醫生，將自身視為一位病患，至於佛法，就是那帖藥方。

第六、要以毫無遲疑的奉侍來承事這位師長，意思是不管上師說的是任何事情，弟子不帶一絲懷疑。

我們必須帶著敬意來承事師長，對上師所說的一切，具備信心。不過，這並不表示我們不應該提出問題——特別是當我們有不明白的地方時。

第七是要誠實、不帶欺瞞地承事這位師長。摒棄說謊與欺騙，要對師長懷抱由衷的崇敬心。

第八、以帶著彈性去承事你的師長，而不是懷抱一絲不茍或驕傲的心態去做。與其鋒芒畢露，或是對於自己的出身感到自負，你必須行事謙卑並平和。比如說，如果你正在寫字，而這位金剛乘的師長要你把英文字母P的底部切掉的話，你就是會這麼做。63你必須去做上師交代的任何事。

弟子必須具備彈性。行事一絲不苟或頑固，或者對於自己的出

63 藏文中所舉的例子說的是「切去字母 NA 的底部」，這個比喻可以用切去英文字母的底部相比擬，同樣是讓字母變得無法辨識。

身、社會地位感到驕傲，這些都是一種缺失。要謙卑、隨和，並且依照上師說的一切指示去做。這裡切掉一個英文字母的底部，讓其因此變得無法辨識的例子，這只是解說弟子應該遵循上師指示到何種程度的一種方式。不過，我想要再一次強調，這不表示你不能問問題。

> 第九、以耐心、並且沒有憤怒的情緒去承事這位善知識。這句話的意思是你必須像上師那洛巴那樣體驗十二個考驗。

> 第十、以視這位師長如一位非比尋常的本尊化身那樣地承事他。無時無刻都要視你的上師爲佛，而不是把他看成一位凡夫俗子。

弟子必須視他們的師長如佛，而不是將其視為一位和自己一樣的平常人。岡波巴大師提到密勒日巴尊者的方式就是一個出名的例子。有關密勒日巴尊者告訴岡波巴大師，當他能真實視自己的上師如佛時，就是準備好開始接受教導的時候了，這個故事，我們在第一章時已經說過。

不過，事實上，在他們建立關係後，岡波巴大師已經或多或少地能視密勒日巴尊者為佛。大師對於尊者具足完全的信任，也極度受到這位上師啟發。領受到密勒日巴更多的法教後，岡波巴越發篤定認為這些法教是真實無誤的。不只是這樣，由於密勒日巴是以禪修中的各種體驗引導他，這使得岡波巴大師確信，密勒日巴是一位如釋迦牟尼佛那般優秀的師長。這也是岡波巴大師建議我們應該採取的心態。

不是只想要做自己

> 爲了承事一位師長，具備這些特質是重要的。只是做自己想做的事，那是不合適的。

這裡的重點是，我們要信任自己的師長。信任是重要的。如果不具備信心，可能會有許多問題產生——即使我們也可能因為信任一位不合適的人或情勢而碰到問題，但我認為不願信任彼此的話，會產生更多問題。

我們通常太害怕去相信；害怕如果將信任放在不對的事物上，自己會因此受到傷害。從經驗中，我們學到信任某些人，而他們卻讓我們失望，我們因此感到震驚與被傷害。於是，我們也許下定決心再也不相信任何人。可是，要是不能相信任何人的話，我們會變得非常孤獨。這麼做是行不通的。

如果能有一個讓你完全信任的人，你會覺得穩定很多，也更加覺得自己與世界有所連結。你知道，有個人是你可以仰賴依靠的。比如說人們往往信任自己的家人，或者，至少以前他們是可以信任自己的家人的！現在一般而言，把每個人當作像是有犯罪嫌疑而且危險的這個想法，人們的懼怕程度已經到了一種幾乎視他人都是潛在敵人的地步。擁有一些信任是重要的，因為，我們無法在缺少信任的情況下安然度日。

在與一位師長建立關係的初期，檢視這位師長是重要的，這大概是建立信任最重要的一個步驟。觀察這位上師一段時間，看看這位上師是否值得自己信任。如果你下定決心，這位師長是一位值得信任的人，那麼就讓自己去信任他吧。隨著時間過去，這份信任感會增長，你也將擁有一位自己可以仰賴的人。

如果你有著更多可以令自己信任的人的話，那甚至更好。比起在你的想像力中承擔恐懼的情景，你的心將會變得更加懷抱信任感。這將為你帶來信心。一旦擁有更多的信心，我們會更清楚正在發生的事，更加勇敢去做自己。當我們敢真實呈現自己時，我們也就離事實越來越近。

願此成為善德

> **這些是由僧人雪波夏努所記載、珍寶上師岡波巴給予的部分佛法教誨。願此成爲善德！**

我們已經來到法本的最後了，這是由結集這本岡波巴大師法教的僧人雪波夏努為此記載所寫的一篇極短結語。雖然我們無法確定，不過，雪波夏努應該是大師的一位直接弟子。還有，這其中可能有部分法教，是由其他弟子日後才加上去的。

僧人雪波夏努這篇結語，是以一篇簡短的迴向與祈願結尾：「願此成為善德！」這是一種為法本結語的傳統方式，懷抱希望它能利益眾生並且帶來吉祥的願望。我也要以同樣的發心來結束這次的教授。願此成為善德！

附錄

岡波巴大師法會大開示錄表解

章節	主題	子題	小題／解釋	解釋	頁次
第二章	如何理解虔敬心	一、如何生起	（一）讀經；		77
			（二）與善知識為友；		78
			（三）依止上師；		79
			（四）生死無常。		79
		二、如何判斷已生起	（一）此世執著變少；		80
			（二）謹慎因果；		80
			（三）修行和法教變得重要。		80
		三、類別	啟發、篤定與渴望。		81
		四、本質	全然正面的行為舉止。		84
		五、說明的類比	可以消除汙垢，心變得清澈。		84
		六、活動	善行增上，非善減少。		85
		七、衡量程度	不捨佛法。		86
第三章	修行重點	一、什麼是一切修行的本質？	菩提心。		90
		二、障礙從何產生？	由於業果成熟。		93
		三、修持應當把握的重點是什麼？	業力因果。		98
		四、一切見地中最重要的？	正見最重要。		100
		五、有多少種覺知？	可說只有一種意識。		103
		六、如何圓滿積集資糧？	般若波羅蜜。		104
第四章	岡波巴四法	願心向法	修持出世法。		109
		願法向道	希望成就佛陀的一切能力。		113
		願道斷惑	去除妄相。		116
		願惑顯智	妄相如智慧般被體驗。		119
第五章	如何在修行中應用俱生智慧	外在盔甲	不造作負面行為。		130
		內在盔甲	（一）對於身體上的病痛不加以抗拒。	1. 其實本來會更糟。	133
				2. 找出痛苦的根源。	135
				3. 自他交換。	137
			（二）內在層面上，不去抗拒心中的想法與情緒。	1. 把念頭與情緒視為心。	138
				2. 用正面代替負面。	139
				3. 心是未生的法身。	140
		其他應用分類	一、能重新建構你的理解；		148
			二、能轉化不利的情況；		149
			三、能去除虛妄；		149
			四、打開佛法之門。		149

章節	主題	子題	小題／解釋	解釋	頁次
第七章	關於大手印	一、自性封印	佛性徹底普及一切眾生。		171
		二、經驗封印	輪迴涅槃在自性上都純淨。		172
		三、體悟封印	無色、無形狀，超越任何立或破。		174
			修後的智慧	1. 悲心更大。	177
				2. 虔敬上師與三寶更深。	177
				3. 更注意業力因果。	177
				4. 對此世貪著消褪。	177
第八章	關於修持生起次第六觀點	一、類型	（一）觀想是由許多步驟所生起；		186
			（二）由三個步驟後生起；		186
			（三）經由即刻憶及整個形體後生起。		186
		二、本質	將凡念與情緒轉化為本尊。		190
		三、定義	（一）心產生出本尊之身；		193
			（二）身與心清楚示現如本尊；		196
			（三）本尊被認知為心的假名。		197
		四、目的 分為全面與特定 全面再分為兩層； 特定目的下分 （一）三昧耶尊、 （二）智慧尊、 （三）加持、 （四）灌頂，四大項。 各自又有三項，合計十二項。	（一）全面	1. 最高層次：獲得無二無別的體悟。	200
				2. 中低層：讓自己免於對世俗貪著。	200
			（二）特定 1. 三昧耶尊	（1）利用它去除凡心妄念。	201
				（2）理解你與本尊無二無別。	
				（3）生起三昧耶尊守護持明三昧耶戒。	
			2. 智慧尊	（1）明白自身與本尊是不可分的；	202
				（2）因此獲得本尊的加持；	
				（3）最後會快速獲得成就。	
			3. 加持	（1）將凡人身、語、意轉化為如來藏的純淨身、語、意；	203
				（2）免於人與非人危害；	
				（3）將完整成就本尊之身。	
			4. 灌頂	（1）讓金剛乘與波羅蜜多乘有所區別；	203
				（2）所有情緒性的障礙被淨化；	
				（3）完整成就本尊之身。	
		五、堅固	（一）修行者的角度	1. 坐、站、眠、夢等，都明白自己就是本尊。	205
				2. 視整個宇宙為一片淨土。	205
				3. 理解純淨的虛幻本質。	205
			（二）他人的角度	1. 最高：別人視你為本尊。	208
				2. 中階：持續以本尊顯現。	208
				3. 最低：餓鬼視你為本尊。	208
		六、結果	（一）究竟	成就報身與應身。	211
			（二）暫時	1. 最佳：在此生了悟真理。	211
				2. 中等：來世成為轉輪聖王。	211
				3. 最低：轉世為人或天人。	211

章節	主題	子題	小題／解釋	頁次
第九章	穩定對於心之本質的體認	一、體認心之自性	（一）心之自性被直接體認為俱生智慧；無法被指出的明空。	219
			（二）體認各種念頭與情緒的發散，與其本質其實不可分。	220
			（三）明白各式各樣外在事物與心是不可分的。	221
		二、熟悉心之自性（在僻靜處或塚間適當並勤奮修持而產生。）	（一）禪修與禪修後，是不同的。	224
			（二）禪修與禪修後，是可比較的。	225
			（三）禪修與禪修後，是不可分的。	225
		三、與心之自性成為一體	禪修與不禪修之間，並無分別。無論從事哪一種日常活動，都不會動搖。	225
第十章	所謂的具格上師	一、傳承不曾違逆		231
		二、心口相傳		232
		三、真實理解		233
		四、得到加持		234
第十一章	如何落實見修行果	一、見	心的俱生自性為法身，俱生顯相為法身的發散。	242
		二、修	明空會自然生起，從未中斷，禪修與體驗相互連結。	250
		三、行	（一）初機行者：像是年輕君主；	251
			（二）瑜伽士：遵照密咒乘行事；	254
			（三）修行有成的大師：遵行瘋狂的智慧行事	254
			（四）智慧傳承者：依據偉大的平和之心。	254
		四、果	不費力的究竟利益眾生。	255
第十二章	體認平常心	一、以心傳心的方式獲得。		266
		二、由持明給予手印傳授而獲得。		266
		三、口耳傳授。		266
第十三章	檢查修行是否上路	一、見	免於兩種欲望：（一）希望他人的見地跟自己的見地相似。（二）想在自性修持中，一個接著一個地獲得成果。	269
		二、修	免於前行、正行、結行三種階段。	270
		三、行	行者是沒有計畫的。免於表達拒絕與接受這兩種行事的。免除一切的否定與肯定行事。	271
		四、果	對上證佛性不再希求，對墮入輪迴不再感覺恐懼。	273
第十四章	聽聞佛法的方式	一、動機	（一）為帶領所有眾生橫渡輪迴汪洋；	275
			（二）為了獲得遍知一切的智慧；	275
			（三）戰勝我心中的那群煩惱敵軍；	276
			（四）展現我對師長與其教法的尊敬。	277
		二、應用：修持是最好的頂禮	（一）前行：由菩提心策發，同時明白萬物皆如一場夢。	277
			（二）正行，聽聞一切法教同時去修持六度。	278
			（三）結行：將聽聞的成就迴向眾生能獲得證悟。	279

章節	主題	子題	小題／解釋	頁次
第十五章	體驗與知見的陷阱偏差	三種與體驗有關的陷阱	一、在意自己擁有一個舒適之身、快樂之心，以及遍滿全身的大樂體驗。	282
			二、對明性有所貪著，將其看成是最重要的事。	284
			三、貪著不為念頭與情緒之風所影響的心理狀態，並視為無上之事。	285
		四種正見的偏差	一、把空性當作虛無。	291
			二、把空性當作解藥。	292
			三、把空性加諸一切現象上。	294
			四、把空性當作修行之道。	295
第十七章	閉關重點		一、能捨棄一切住山；	306
			二、減少衣食的需求；	307
			三、不計算自己的善行；	307
			四、別讓自己、上師、弟子蒙羞；	308
			五、對自己仁慈；	308
			六、禪修三士道、念死無常以及業力因果；	309
			七、以修行成就為目標。	312
		噶當巴的歷代教導	一、行為舉止擺脫偽善；	314
			二、確定方法不論如何都有幫助；	314
			三、精通這些開示；	314
			四、以虔敬心自我激勵；	314
			五、能克服小問題。	314
		岡波巴大師的教導	一、對於教誨具備信心；	315
			二、對於自己的能力具備信心；	315
			三、對於你的體驗具備信心；	315
			四、對於見地具備信心。	315
第十八章	承事上師十種方式	一、以虔敬心、不曾疲倦或乏味；		321
		二、不懷吝嗇心供養物質財富；		321
		三、沒有瑕疵並且高尚的發心；		321
		四、不被上師的教誨困惑；		322
		五、崇敬與不傲慢；		323
		六、毫無遲疑；		323
		七、誠實、不帶欺瞞；		323
		八、要有彈性，知道變通；		323
		九、耐心、沒有憤怒情緒；		324
		十、視師如本尊、佛。		324

表格整理：主編李建弘

經典開示（18）

願惑顯智：岡波巴大師大手印心要

作　　者　林谷祖古仁波切 (Ringu Tulku Rinpoche)
譯　　者　呂家茵
發 行 人　孫春華
社　　長　妙融法師
總 編 輯　黃靖雅
執行主編　李建弘
封面設計　THE ELEPHANT DESIGN
內頁排版　蘇麗萍
印務發行　黃新創

台灣發行　眾生文化出版有限公司
地址：220 新北市板橋區四川路二段 16 巷 3 號 6 樓
電話：886-2-8967-1019　傳真：886-2-8967-1069
劃撥帳號：16941166　戶名：眾生文化出版有限公司
電子信箱：hy.chung.shen@gmail.com　網址：www.hwayue.org.tw

台灣總經銷　紅螞蟻圖書有限公司
地址：114 台北市內湖區舊宗路 2 段 121 巷 19 號
電話：886-2-2795-3656　傳真：886-2-2795-4100
E-mail : red0511@ms51.hinet.net

香港經銷點　佛哲書舍
地址：九龍旺角洗衣街 185 號地下
電話：852-2391-8143　傳真：852-2391-1002
電子信箱：bumw2001@yahoo.com.hk

印　　刷　博創印藝文化事業有限公司
初版一刷　2017 年 11 月
初版二刷　2024 年 12 月
I S B N　978-986-6091-82-7（平裝）
定　　價　新台幣 420 元

國家圖書館出版品預行編目 (CIP) 資料

願惑顯智：岡波巴大師大手印心要 / 林谷祖古仁波切 (Ringu Tulku Rinpoche) 作；呂家茵譯 . -- 初版 . -- 新北市：眾生文化，2017.11
340 面；17x22 公分 . -- (經典開示；18)
譯自：Confusion arises as wisdom : Gampopa's heart advice on the path of Mahamudra
ISBN 978-986-6091-82-7(平裝)
1. 藏傳佛教 2. 佛教修持
226.965　　106017690

眾生文化出版書目

噶瑪巴教言系列			
1	報告法王：我做四加行	作者：第十七世大寶法王 鄔金欽列多傑	300 元
2	法王教你做菩薩	作者：第十七世大寶法王 鄔金欽列多傑	320 元
3	就在當下	作者：第十七世大寶法王 鄔金欽列多傑	500 元
4	因為你，我在這裡	作者：第一世噶瑪巴 杜松虔巴	350 元
5	千年一願	作者： 米克．布朗	360 元
6	愛的六字真言	作者： 第 15 世噶瑪巴．卡恰多傑、第 17 世噶瑪巴．鄔金欽列多傑、第 1 世蔣貢康楚仁波切	350 元
7	崇高之心	作者：第十七世大寶法王 鄔金欽列多傑	390 元
8	深藏的幸福：回憶第十六世大寶法王	作者：諾瑪李維	399 元
9	吉祥如意每一天	作者：第十七世大寶法王 鄔金欽列多傑	280 元
10	妙法抄經本__心經、三十五佛懺悔文、拔濟苦難陀羅尼經	作者：第十七世大寶法王 鄔金欽列多傑	300 元
11	慈悲喜捨每一天	作者：第十七世大寶法王 鄔金欽列多傑	280 元
12	上師之師：歷代大寶法王噶瑪巴的轉世傳奇	講述：堪布卡塔仁波切	499 元
13	見即解脫	作者：報恩	360 元
14	妙法抄經本__普賢行願品	作者：第十七世大寶法王 鄔金欽列多傑	399 元
15	師心我心無分別	作者：第十七世大寶法王 鄔金欽列多傑	280 元
16	法王說不動佛	作者：第十七世大寶法王 鄔金欽列多傑	340 元
17	為什麼不這樣想？	作者：第十七世大寶法王 鄔金欽列多傑	380 元
18	法王說慈悲	作者：第十七世大寶法王 鄔金欽列多傑	380 元
講經系列			
1	法王說心經	作者：第十七世大寶法王 鄔金欽列多傑	390 元
經典開示系列			
1	大願王：華嚴經普賢行願品釋論	作者：堪布 竹清嘉措仁波切	360 元
2	大手印大圓滿雙運	原典：噶瑪恰美仁波切 、釋論：堪布 卡塔仁波切	380 元
3	恆河大手印	原典：帝洛巴尊者、釋論：第十世桑傑年巴仁波切	380 元
4	放空	作者：堪布 慈囊仁波切	330 元
5	乾乾淨淨向前走	作者：堪布 卡塔仁波切	340 元
6	修心	作者：林谷祖古仁波切	330 元
8	除無明闇	原典：噶瑪巴旺秋多傑、講述：堪布 卡塔仁波切	340 元
9	恰美山居法 1	作者：噶瑪恰美仁波切、講述：堪布卡塔仁波切	420 元
10	薩惹哈道歌	根本頌：薩惹哈尊者、釋論：堪千 慈囊仁波切	380 元
12	恰美山居法 2	作者：噶瑪恰美仁波切、講述：堪布卡塔仁波切	430 元
13	恰美山居法 3	作者：噶瑪恰美仁波切、講述：堪布卡塔仁波切	450 元
14	赤裸直觀當下心	作者：第 37 世直貢澈贊法王	340 元
15	直指明光心	作者：堪布 竹清嘉措仁波切	420 元

17	恰美山居法 4	作者：噶瑪恰美仁波切、講述：堪布卡塔仁波切	440 元
18	願惑顯智：岡波巴大師大手印心要	作者：岡波巴大師、釋論：林谷祖谷仁波切	420 元
19	仁波切說二諦	原典：蔣貢康楚羅卓泰耶、釋論：堪布 竹清嘉措仁波切	360 元
20	沒事，我有定心丸	作者：邱陽．創巴仁波切	460 元
21	恰美山居法 5	作者：噶瑪恰美仁波切、講述：堪布卡塔仁波切	430 元
22	真好，我能放鬆了	作者：邱陽．創巴仁波切	430 元
23	就是這樣： 《了義大手印祈願文》釋論	原典：第三世大寶法王噶瑪巴 讓炯多傑、 釋論：國師嘉察仁波切	360 元
24	不枉女身： 佛經中，這些女人是這樣開悟的	作者： 了覺法師、了塵法師	480 元
25	痛快，我有智慧劍	作者：邱陽．創巴仁波切	430 元
26	心心相印，就是這個！ 《恆河大手印》心要指引	作者：噶千仁波切	380 元
27	不怕，我有菩提心	作者：邱陽．創巴仁波切	390 元
28	恰美山居法 6	作者：噶瑪恰美仁波切、講述：堪布卡塔仁波切	430 元
29	如是，我能見真實	作者：邱陽．創巴仁波切	470 元
30	簡單，我有平常心	作者：邱陽．創巴仁波切	430 元
31	圓滿，我來到起點	作者：邱陽．創巴仁波切	390 元
32	國王之歌：薩惹哈尊者談大手印禪修	原典：薩惹哈尊者、釋論：堪千創古仁波切	390 元
33	那洛巴教你：邊工作，邊開悟	原典：那洛巴尊者、釋論：堪千創古仁波切	390 元
34	明明白白是自心	原典：達波札西南嘉、釋論：堪千創古仁波切	390 元
35	帝師的禮物：八思巴尊者傳記與教言	原典：八思巴尊者、釋論：第 41 任薩迦法王	390 元
36	恰美山居法 7	作者：噶瑪恰美仁波切、講述：堪布卡塔仁波切	430 元
37	禪定之王：《三摩地王經》精要釋論	作者：帕秋仁波切	350 元
禪修引導系列			
1	你是幸運的	作者：詠給．明就仁波切	360 元
2	請練習，好嗎？	作者：詠給．明就仁波切	350 元
3	為什麼看不見	作者：堪布竹清嘉措波切	360 元
4	動中修行	作者：創巴仁波切	280 元
5	自由的迷思	作者：創巴仁波切	340 元
6	座墊上昇起的繁星	作者：堪布 竹清嘉措仁波切	390 元
7	藏密氣功	作者：噶千仁波切	360 元
8	長老的禮物	作者：堪布 卡塔仁波切	380 元
9	醒了就好	作者：措尼仁波切	420 元
10	覺醒一瞬間	作者：措尼仁波切	390 元
11	別上鉤	作者：佩瑪．丘卓	290 元
12	帶自己回家	作者：詠給．明就仁波切 ／ 海倫特寇福	450 元
13	第一時間	作者：舒雅達	380 元

14	愛與微細身	作者：措尼仁波切	399 元
15	禪修的美好時光	作者：噶千仁波切	390 元
16	鍛鍊智慧身	作者：蘿絲泰勒金洲	350 元
17	自心伏藏	作者：詠給・明就仁波切	290 元
18	行腳：就仁波切努日返鄉紀實	作者：詠給・明就仁波切	480 元
19	中陰解脫門	作者：措尼仁波切	360 元
20	當蒲團遇見沙發	作者：奈久・威靈斯	390 元
21	動中正念	作者：邱陽・創巴仁波切	380 元
22	菩提心的滋味	作者：措尼仁波切	350 元
23	老和尚給你兩顆糖	作者：堪布卡塔仁波切	350 元
24	金剛語：大圓滿瑜伽士的竅訣指引	作者：祖古烏金仁波切	380 元
25	最富有的人	作者：邱陽・創巴仁波切	430 元
26	歸零，遇見真實	作者：詠給・明就仁波切	399 元
27	束縛中的自由	作者：阿德仁波切	360 元
28	先幸福，再開悟	作者：措尼仁波切	460 元
29	壯闊菩提路	作者：吉噶・康楚仁波切	350 元
30	臨終導引	作者：噶千仁波切	320 元
31	搶救一顆明珠： 用一年，還原最珍貴的菩提心	作者：耶喜喇嘛、喇嘛梭巴仁波切	440 元
32	轉心向內。認出本覺	作者：普賢如來、慈怙 廣定大司徒仁波切	380 元
33	見心即見佛	作者：慈怙 廣定大司徒仁波切	380 元
34	城市秘密修行人： 「現代瑜伽士」的修學指南	作者：堪布巴桑仁波切	360 元
密乘實修系列			
1	雪域達摩	英譯：大衛默克、喇嘛次仁旺都仁波切	440 元
儀軌實修系列			
1	金剛亥母實修法	作者：確戒仁波切	340 元
2	四加行，請享用	作者：確戒仁波切	340 元
3	我心即是白度母	作者：噶千仁波切	399 元
4	虔敬就是大手印	原作：第八世噶瑪巴 米覺多傑、講述：堪布 卡塔仁波切	340 元
5	第一護法：瑪哈嘎拉	作者：確戒仁波切	340 元
6	彌陀天法	原典：噶瑪恰美仁波切、釋義：堪布 卡塔仁波切	440 元
7	藏密臨終寶典	作者：東杜法王	399 元
8	中陰與破瓦	作者：噶千仁波切	380 元
9	斷法	作者：天噶仁波切	350 元
10	噶舉第一本尊：勝樂金剛	作者：尼宗赤巴・敦珠確旺	350 元
11	上師相應法	原典：蔣貢康楚羅卓泰耶、講述：堪布噶瑪拉布	350 元
12	除障第一	作者：蓮師、秋吉林巴，頂果欽哲法王、祖古烏金仁波切等	390 元

13	守護	作者：第九世嘉華多康巴 康祖法王	380 元
14	空行母事業： 證悟之路與利他事業的貴人	作者：蓮花生大士、秋吉德千林巴、蔣揚欽哲旺波、 祖古・烏金仁波切、鄔金督佳仁波切等	390 元
15	無畏面對死亡	作者：喇嘛梭巴仁波切	480 元
心靈環保系列			
1	看不見的大象	作者：約翰・潘柏璽	299 元
2	活哲學	作者：朱爾斯伊凡斯	450 元
大圓滿系列			
1	虹光身	作者：南開諾布法王	350 元
2	幻輪瑜伽	作者：南開諾布法王	480 元
3	無畏獅子吼	作者：紐修・堪仁波切	430 元
4	看著你的心	原典：巴楚仁波切、釋論：堪千 慈囊仁波切	350 元
5	椎擊三要	作者：噶千仁波切	399 元
6	貴人	作者：堪布丹巴達吉仁波切	380 元
7	立斷：祖古烏金仁波切直指本覺	作者：祖古烏金仁波切	430 元
8	我就是本尊	作者：蓮花生大士、頂果欽哲仁波切、祖古烏金仁波切等	440 元
9	你就是愛，不必外求： 喚醒自心佛性的力量	作者：帕秋仁波切	390 元
10	本淨之心： 自然學會「大圓滿」的無條件幸福	作者：鄔金秋旺仁波切	399 元
11	你的水燒開了沒？ ——認出心性的大圓滿之道	作者：寂天菩薩、蓮花生大士、祖古烏金仁波切等	450 元
如法養生系列			
1	全心供養的美味	作者：陳宥憲	430 元
佛法與活法系列			
2	我的未來我決定	作者：邱陽・創巴仁波切	370 元
4	蓮師在尼泊爾	作者：蓮花生大士、拉瑟・洛扎瓦、賈恭・帕秋仁波切	390 元
6	薩迦成佛地圖	作者：第 41 任薩迦崔津法王	370 元
7	蓮師在印度	作者：蓮花生大士、拉瑟・洛扎瓦	430 元
不思議圖鑑系列			
1	王子翹家後	作者：菩提公園	360 元
2	福德與神通	作者：菩提公園	350 元